Xueke Xuexi Celüe Zhidao

# 学科学习策略指导

刘英琦◎主编

江蘇鳳凰教育出版社
Phoenix Education Publishing, Ltd

**图书在版编目（CIP）数据**

学科学习策略指导 / 刘英琦主编. — 南京 ：江苏凤凰教育出版社，2019.6（2023.11重印）

ISBN 978-7-5499-8078-9

Ⅰ. ①学… Ⅱ. ①刘… Ⅲ. ①课程－初中－教学参考资料 Ⅳ. ①G634

中国版本图书馆CIP数据核字(2019)第104427号

**书　　名** 学科学习策略指导
**主　　编** 刘英琦
**责任编辑** 雷利军　万晓文
**出版发行** 江苏凤凰教育出版社（南京市湖南路1号A楼　邮编210009）
**苏教网址** http://www.1088.com.cn
**照　　排** 红十月图文设计有限公司
**印　　刷** 唐山富达印务有限公司
**厂　　址** 唐山市芦台经济开发区农业总公司三社区
**开　　本** 787毫米×1092毫米　1/16
**印　　张** 22.5
**字　　数** 324千字
**版　　次** 2019年10月第1版　2023年11月第2次印刷
**书　　号** ISBN 978-7-5499-8078-9
**定　　价** 98.00元
**网店地址** http://jsfhjycbs.tmall.com
**邮购电话** 025-85406265，85400774　短信 02585420909
**E － mail** jsep@vip.163.com
**盗版举报** 025-83658579

## 本 书 编 委 会

**主　编**　刘英琦

**副主编**　彭伟林　肖仕扬　汤　颖

**编　委**（按姓氏拼音排序）

陈建香　陈晓锋　杜湘琴　段文宁　范海梅
高　晋　胡淑云　黄海英　黄婉庆　黄子桐
姜灵斐　廖　乐　刘江涛　鲁　萍　吕红霞
孟利娟　潘秋莲　庞丕石　祁福义　邱　玲
孙　超　孙云玲　王国洲　王雁声　卫洪波
谢　红　薛　敏　杨燕皎　岳彩东　张成志
郑淑慧　郑淑燕

# 序

“学会学习”是学生核心素养的重要组成部分。中共中央、国务院在《关于深化教育体制机制改革的意见》中明确提出：要注重培养支撑终身发展、适应时代要求的关键能力。在培养学生基础知识和基本技能的过程中，强化学生关键能力培养，并进一步指出要培养四种关键能力，即认知能力、合作能力、创新能力、职业能力。怎样帮助学生学会学习，培养学生的认知能力，提升学生的学科素养？一个十分有效的方法就是紧密结合各学科具体的核心知识，针对学生学习中普遍存在的问题，开发系列学科学习策略，使学生通过系统的学习和应用，掌握各学科学习策略，提升学习智慧和学习效能，提高学科核心素养，并为终身学习和持续发展奠定坚实基础，为创新能力的发展创造重要条件。

为此，笔者主持申报了广东省教育科学 “十三五”规划课题“基于核心素养的中学各学科学习策略的系统开发与实践研究”（课题批准号：2017YQJK318），并且组织深圳市刘英琦教育科研专家工作室成员以及深圳市内外二十多所学校的一批高、初中名师参加。在学科学习策略开发、实验和教学用书的编写过程中，全体老师站在前沿、面向实际、深入研究，从准备、实施到提炼、总结，整个过程历时三年多。本书是初中各学科学习策略研究的重要结晶，正如在实验阶段很多老师和学生所言，这个“结晶”和许多教辅用书不同，是帮助学生学会学习、学会思考，通向高效学习的一把很好的“钥匙”！

本书由刘英琦负责框架设计、编写指导和稿件审定工作，彭伟林、肖仕扬、汤颖协助进行书稿的汇总、统稿等工作，各章节编者在相应内容后均有署名。由于水平和时间等方面的限制，书中一定存在不足，恳切盼望广大师生提出宝贵意见。在课题研究和本书的编写过程中，得到了有关专家、领导、老师和出版社编辑的支持帮助，在此深表感谢!

刘英琦

2019年10月8日于深圳益田村

（电邮：1136051376@qq.com）

# 目 录

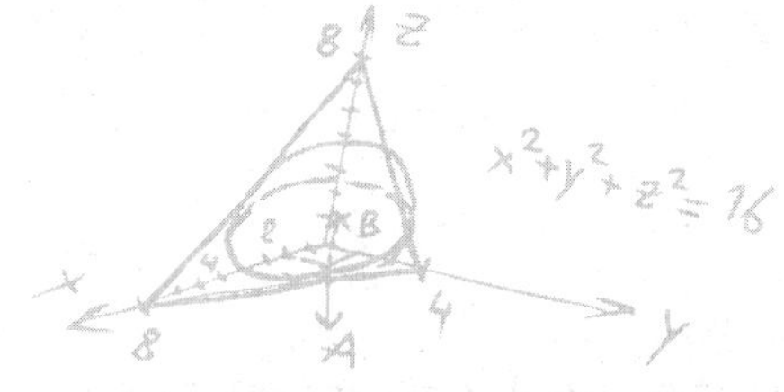

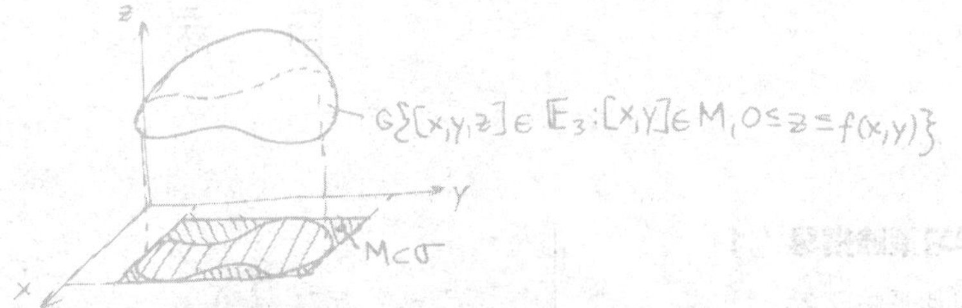


## 第五章　化学学习策略指导 / 231



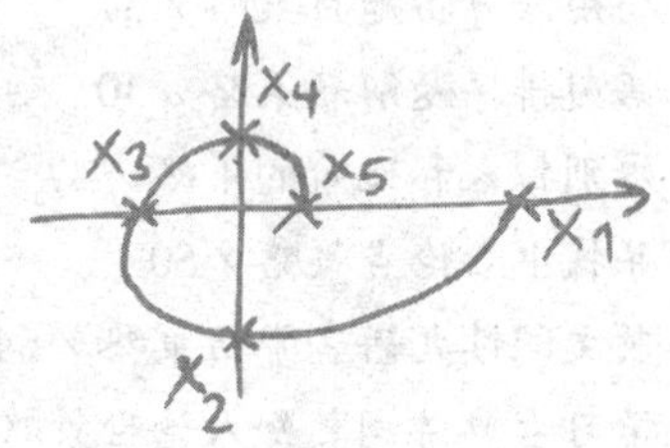


## 第六章　生物学习策略指导 / 269



## 第七章　地理学习策略指导 / 297



## 第八章　历史学习策略指导 / 323



$$R_0=\frac{\sqrt{1000}}{3\sqrt{\pi}}=\frac{10}{\sqrt[3]{\pi}}\doteq 7$$

# 第一章
# 语文学习策略指导

# 分析文题阅读策略

## 一、活动导入

《微尘远，山花近》《一碗汤的温度》《棉花里的父亲》《黑发底下》……这些文章标题同学们一看就觉得好，待了解文章内容后，更觉得这些标题实在是巧妙。但要说出这些标题好在哪里，妙在何处？好多同学要么无言以对，要么词不达意。有什么好的策略可以帮助我们更好地理解标题的作用呢？这里要讲解一个重要的阅读策略——分析文题阅读策略。

## 二、活动过程

### （一）策略剖析

标题是一篇文章的眼睛，是文章内容和读者情感之间的第一个接触点，也是提供给读者了解文章大意的一扇窗子。文章的标题常常蕴含作者的观点或感情倾向，因此，标题类试题能考查出考生领悟作品思想内涵和理清文章思路的能力。这类试题的考查形式有：文章标题（或标题中的某个词）的含义是什么？文章标题的作用是什么？文章标题有什么妙处？文章为何以此为题……掌握一定的规律，在阅读实践中不断提高领悟能力，是解答此类问题的不二法门。

第一步，理解标题的含义。

标题的含义有表层含义和深层含义两种。

（1）表层含义：根据字面意思分析标题的表层含义，如《爸爸的花儿落了》的表层含义指爸爸种的夹竹桃凋谢了，《变色龙》的表层含义指善于变色的蜥蜴。

（2）深层含义：结合文章的内容和主旨分析标题的深层含义，即标题的比喻义、象征义、引申义、双关义等，如《爸爸的花儿落了》的深层含义指爱花的爸爸去世了，花落象征人亡，这里采用的是象征义；《变色龙》的深层含义是比喻像变色龙一样善变的沙皇警察，具有很强的讽刺性，这里采用的是比喻义。

第二步，分析标题的作用。

标题的作用有如下六种：

（1）表明写作对象，如《藤野先生》《邓稼先》。

（2）体现主要事件，如《智取生辰纲》《湖心亭看雪》。

（3）贯穿全文的线索，如《背影》《羚羊木雕》。

（4）揭示情感主旨，如《再塑生命的人》《爱莲说》。

（5）采用修辞，语带双关，如《爸爸的花儿落了》《变色龙》。

（6）制造悬念，吸引读者兴趣，如《喂——出来》《大自然的语言》。

一个标题往往同时具备多种作用，解答时要结合文章内容进行全面分析，也可按上述六种作用“对号入座”，以防疏漏。如《爱莲说》的标题既点明写作的主要对象是莲花，又表明了作者的情感和文章的主旨——对莲花的喜爱和赞美。

第三步，品味标题的妙处。

品味标题的妙处，其实就是在分析标题的含义和作用的基础上，分析其表达效果，如生动形象、新颖含蓄、言简意丰、耐人寻味、发人深思、引起阅读兴趣等。

现在，我们一起来看2015年福建省泉州市中考语文卷阅读文章《微尘远，山花近》（见正文第6页）的第5题：结合全文，探究标题的含义（6分）。

【参考答案】

① 尘，山花，都用了象征（或比喻）的手法。用微尘来形象地说明村民身置乡郊野岭，微不足道，平凡无奇。用山花来比喻他们那种朴实无华、真诚热心的优秀品质。（深层含义）

② 通过“远”和“近”的对比，表现出虽然“我”已离别他们，但是他们的优秀品质却依然沁人心脾，让人激动不已。（揭示情感主旨）

③ 首尾遥相呼应，揭示本文主题。

## （二）策略运用

请运用以上策略，完成如下试题。

1. 联系全文，说说2016年广东省深圳市龙华新区初三一模统考语文卷阅读文章《心中盛开的向日葵》（见正文第8页）的标题有什么含义？（3分）

______

______

______

2. 说说2015年宁夏回族自治区中考语文卷阅读文章《黑发底下》（见正文第11页）的标题的含义。（2分）

______

______

______

3. 联系全文，说说对2013年湖北仙桃中考试卷文学作品阅读《棉花里的父亲》（见正文第13页）的标题的理解。（2分）

______

______

______

## 三、活动反思

1. 标题有哪些作用？

2. 学习本策略后，你能否快速而准确地说出一篇文章的标题究竟好在哪里？

## 四、活动拓展

收集本省（市）近5年中考语文卷的阅读文章，并分析每篇文章标题的妙处。

---

【参考答案】

策略运用

1. 表层含义指向日葵盛开，深层含义是我们要像向日葵那样有对社会、对人生、对生活执着而暖人的爱。

说明：对于标题的含义，要结合主旨进行分析。一般来说，标题会暗示人物品质，表达作者的思想感情等。当然，具体情况需具体分析，不能生搬硬套。

2. （从一个角度作答，言之成理即可）①指父亲这个人物形象。（答题角度：标题与人物）②是白发，是脱落。③是父亲对孩子的呵护和家庭的责任。④是父亲生命的流逝和孩子的成长。（答题角度：标题与主旨）

3. 表层含义：①指在棉花田里劳作的父亲。②指侧躺在棉花上睡着的父亲。

深层含义：①指棉花田承载着父亲全部的希望。②指父亲把一生的心血和汗水都浇灌在这棉花田里了。③指棉花就是父亲的花朵，就是父亲的攒钱罐。

（说明：表层含义和深层含义各答出一点即可得全分。）

（深圳市观澜中学　孟利娟）

---

## 附录：
## 2015年福建中考文学作品阅读

### 微尘远，山花近

秦锦屏

（1）那年，万山红遍的金秋，在遥远的大西北，我带着任务，远赴乡郊野岭采风，在前不巴村、后不着店的地方遭遇道路塌方。坐在副驾驶位置，为我带路的摩的司机刘师傅，急忙摘掉金边墨镜，跳下车，站在黄尘漫漫的土路上，双手拢成喇叭放声吆喝：“喂，路那边有人吗？……能帮忙挖通路吗？”

（2）我沮丧地蹲在路边，盯着刘师傅高大的背影，惶恐而焦虑，大脑里不断闪回播放我和他初见的情景，顿时悔意重重，心乱如麻！眼前这条偏僻蜿蜒的乡间土路是单行道，就算驾车端直前行，稍有不慎都有可能连人带车翻入荆棘丛生的鸿沟之中！现在，即使我放弃此行的计划，这代步的出租车也根本无法调头！

（3）五分钟，十分钟过去了，刘师傅还在那里费力而徒劳地呐喊着。我咬牙憋气，心里做好了在这荒山野岭徒坐一整夜、听天由命的最坏打算。这时，一直紧握方向盘蹙眉沉默的出租车司机也下了车，跟刘师傅一起吆喝“喂，路那边有人吗？……能给客人帮个忙吗？”

（4）“喂、喂、喂……忙、忙、忙！”回应我们的只有鹦鹉学舌的群山和越来越凉的山风。

（5）一声悠扬的应答，带动唰啦啦一阵细响，塌方路那端，一片不起眼的、依山靠坡的庄稼地里，忽地冒出个裹着白羊肚手巾的脑袋，在扬声问清楚我们的意图后，这手拄柴棒的老人掉头而去，嘴里说的是他这就回村里去喊人来帮把手，现在手里没拿家什（工具），没法将垮塌在路当腰的土堆铲平。

（6）听人家这么一说，刘师傅和那位不知名的司机一齐转回头看我，面露喜色。我撇撇嘴，心想，这老人，十有八九不会回来了，因为，这地方离他居住的村庄一定十分遥远，任凭我手搭凉棚望尽村路，也未见窑洞组成的村郭坐落在何处！

（7）沉默。等待。

（8）又是数十分钟过去了，夕阳像一个没有烧透的夹生煤球，半红半黑悬挂在天际，树梢上满是寒凉寡情的秋风。刘师傅将他那镶了金边的墨镜推至头顶，活像一个整装待发的宇航员。他站一会儿，蹲一会儿，“啪啪”打火抽烟。那平头细腰的司机则反复在原地看表、兜圈子，看样子，他有些后悔接了我这档活儿。

（9）听，土堆后面好像有人声！

（10）我们一跃而起，探头看去，呀，好多手执铁锹、锄头的村民，正从带状的小路上陆陆续续汇集而来，带头的就是那弓背老人！他们舞动工具又铲又挖。刘师傅和司机高兴坏了，挽起袖子在路的这端徒手刨土，我也要效仿他们，却被硬生生推开：“你是客人呢，不要把手弄脏了！”

（11）蒙在夕阳脸上的灰色面纱被风掀开了，夕阳一跃而出，安详地注视着大地，橘色的薄暮里，一群人，正在为一个素不相识的人刨土开路！呵，不说别人，就那位黑脸白牙的刘师傅，我认识他也才不到两小时。当时，我在绥德县城里招手问驾摩托车兜生意的他：“黑家洼村怎么走？”他推起遮住半张脸的墨镜，认真打量了我一下，自告奋勇要弃车带路，理由是，我要去的那地方路况不好，驾摩托车去危险，只有要出租车去，但不识途的人很容易走进丛生的岔道，路走岔了，非但今晚回不了城，连个宿住的地方也难找到。他特别强调：“你看看，这天都快黑了，你一个女人家，身上还背着个包……”我见他满脸真诚，便接受了建议，由他带路，当街拦了一辆出租车……哪知，路上遇到这坟包一样意外出现的“拦路虎”！刚才，我心情忐忑，还差点误会了他。

（12）“拦路虎”被一群素不相识的陌生人合力“打败了”！我强忍住满眼激动的泪花，掏出钱想略表谢意，却被那些粗糙的大手坚决挡回来了：“那不能要呢，都是小事情嘛！谁人出门不遇个事儿嘛……”

（13）一旁的刘师傅拍拍满是灰尘的手，竟也替他们帮腔，他十分珍爱地将墨镜在衣角上擦一擦，然后端端正正地架放在高挺的鼻梁上，说：“对噢，都不能要嘛！谁叫你是咱的客人呢？应该的，咱们这里的人，都这个样儿。快走，天快黑了！”

（14）车子“嘀嘀”唱了几声，再次启动，两厢车窗洞开，夹道而立的是扛着、拄着劳动工具的村民，他们微笑的脸庞朴实而憨厚，挥舞的手臂，像广袤大地上鲜明生动的平安路标，被夕阳镀上了灿灿金色。

（15）车子颠簸前行，我频频回头。远远看去，他们散落道旁，如微尘一样越来越小越来越小，又像朵朵沁人心脾的山花，越来越近，越来越近。

2016年深圳龙华新区初三一模统考文学作品阅读：

## 心中盛开的向日葵

张　晴

（1）记忆中，有一个很大的菜园子，园子的周围，密密地盛开着一圈金黄色的向日葵。

（2）明亮、灿烂的向日葵，对着太阳，不知疲倦地微笑；一个瘦弱的小女孩，坐在土埂上，仰着小脸，对着向日葵如痴如醉地微笑。当时，如果梵高看到那个画面，相信一定会画下来的。

（3）那个画面，就是我的童年。

（4）我童年中最美最暖的花朵，就是向日葵。向日葵执著而暖人的微笑，映刻在我幼小的心中，即使冰天雪地的冬天到来之时，也仿佛能感受那灿然的温暖。

（5）秋天，向日葵相继成熟，我差不多总是忘记了吃饭，每天坐在土埂上，怀抱一个对我来说有点巨大的向日葵，一颗一颗剥着，吃着，那湿润而清香的丝丝甜味，萦绕在唇边，渗透到心里。长大后嗑葵花籽的嗜好，就是从那个时候打下的基础。

（6）年岁渐长，向日葵盛开的模样在心中慢慢淡出，那是因为我有机会认识了更多更美的花朵，而嗑瓜子的喜好却一直被保持了下来。每年，我嗑的葵花籽，数量是惊人的，但再也没有嗑那种新鲜的湿湿的葵花籽的机会了。

（7）念大学时生活费比较拮据，到了月底，哪怕一天不吃饭都行，葵花籽却万万不能少。每天晚自习时，我一边看书，一边嗑瓜子，或一边嗑瓜子一边做作业，两三个小时过去，常常是作业做完了，瓜子也嗑尽了。起初，我嗑瓜子的声音引起了同宿舍姐妹们的不满，说影响了她们的思维，无法静心学习。我说我要是不嗑瓜子，所有作业都完不成，所有书也看不进去。为了不激化矛盾，更为了我继续顺利地嗑瓜子，我开始在其他方面拼命节俭，用省下的钱，买了更多的瓜子。晚自习前，我就在每位室友的学习桌上，放上一堆瓜子，女孩子嗑瓜子是天性，于是她们不自觉就伸手拿了瓜子嗑，半个多月下来，我发现，她们都不用我再给她们放瓜子了，因为她们都跟我一样嗑上了瘾，且绝不比我逊色，她们晚饭后的第一件事就是跑出去买瓜子。每天早晨从我们宿舍扫出去的大量瓜子壳，常常让邻舍的女生们惊叹不已。

（8）天底下凡事都要付出代价，哪怕仅仅是一种嗜好。许多年过去，因为嗑瓜子，我自认为很漂亮的两颗门牙，不幸都变成了半颗，看了多次牙医，修了又修，补了又补，漂亮的门牙再也没能在我唇边光彩重现。

（9）一天，一位作家死于癌症，留下许多精彩文章在身后，网上因此而展开了隆重的纪念活动，很多很多美丽的花朵，我不假思索献上去的，竟是梵高的《向日葵》。

（10）我长时间注视着电脑屏幕上那一望无尽的向日葵，记忆的闸门瞬间打开，我的思绪锁定在童年时的那个大菜园子里，我仿佛看见，密密地盛开着的那一圈金黄色的向日葵，在我眼前热烈绽放——向日葵，对着太阳，不知疲倦地微笑；一个瘦弱的小女孩，坐在土埂上，仰着小脸，对着向日葵如痴如醉地微笑……

（11）哦，向日葵！

（12）世界上再也没有第二种花朵，对太阳的爱，如此痴迷如此执著，如此沉默而专一，从绽放的开始到结束，一直都顽强地积极向上地保持着对光明的追求。有幸的是，我现在卧室的窗前有块小花园，我毫不犹豫种下去的是密密的向日葵。花开季节，我长时间坐在宽阔的飘窗前凝望，仿佛又回到了无忧无虑的童年，那一片明黄热烈的花朵，那激动人心的画面，让人忘记生活中许多的郁闷与烦忧。

（13）那一刻，我深深明白了向日葵在梵高心中的意义。虽然我不认识梵高，但我知道，他生性善良，同情穷人，他是一个为了“抚慰世上一切不幸的人”而执著一生的画家，他生前十分潦倒，去世后留在他身后的《向日葵》，却是价值连城。他的生命只有短短的37年，可他那激情喷薄的《向日葵》，让无数人的心灵为之震颤。他笔下的向日葵，是带有原始冲动和热情的生命体，对光明、希望和自由，充满了积极而永恒的向往与追求。

（14）现代人活得太沉重太压抑了，实在有必要给自己的心灵花园也种上一片向日葵，当金色的花朵在心中明亮开放时，生命的脆弱与暗淡，也许会折射出挺拔而美丽的光辉。

（15）愿我们每个人的心中，都能盛开一片黄灿灿暖洋洋的向日葵。

## 2015年宁夏中考文学作品阅读

### 黑发底下

简　默

（1）父亲如书，我是他的再版。从头到脚，我们神奇地保持一致。像是隔着上下三十年的同一个人。

（2）我们都顶着一头坚硬的黑发，它仿佛含有铁质，根根向上，挺立如戟。抬手轻轻拍打，会发出稠密结实的“嘭嘭”声，像电流穿透掌心击中身体。在我们个体生命的海拔上，它高高在上，乌黑茂盛，像潜藏在大地深处的煤一样不说话，我们在它底下日复一日地生活着。

（3）小时候，我们一家日子过得紧巴巴的。一到星期五，天麻麻亮，父亲就独自一人趟着露水，一根扁担挑起两只箩筐，走上弯弯山道，到几十里外的深山里去挑煤来烧。傍晚踏着夕阳，挑了满满两箩筐煤回家，正赶上吃晚饭。母亲给他准备一只杏儿大小的杯子，盛满酒，父亲端起酒，贴近唇边轻抿一下，仿佛浑身的困乏与疲惫就被这杯酒解除了。母亲就在这时瞥见了他黑发中躲来躲去的几根白发，惊呼道：“哎呀，你都有白头发了。”说着，她拨开发丝，小心翼翼地拔下，摊到父亲掌中。

（4）白发寥寥几根，躺在父亲掌心，枕着纵横的掌纹，银光闪亮，像是会发光的羽毛。

（5）南方的冬夜沉静如石，落入幽深漆黑的古井中，漫长而冷清地守望黎明。天难得地飘起了雪，越飘越大，压在银杏枝头，不时可以听见树枝清脆的断裂声。狭窄的厨房里，头顶一豆灯光，炭炉傍墙站立，烧壶沉默不语，散发淡淡的热量。我们一家围炉取暖。父亲注视着我和弟弟，就像牧人盯着两只可爱的羊羔羔，问道：“你俩谁给我拔白头发？一根一分钱。”正在打瞌睡的我们顿时来精神了，抢着拔。

（6）父亲的白发不多，稀稀疏疏地像微薄的雪花撒入广袤的黑土地，倏忽拧身捉迷藏似的躲了起来，在灯下实在不容易寻找到。每拔到一根，我们都像发现新大陆似的，溅起一片响亮的欢呼。一晚上下来，收获并不多。

（7）然而，明明头天晚上拔光了，可是，过了一夜，父亲的白发又蹿出了一些，似乎拔的速度总也撵不上蹿的速度。一到晚上，无所事事的我们还是乐意给父亲拔白头发，我们只是觉得自己长大了，父亲坐着，我们站着，我们与父亲一样高了。一个个冷寂无聊的冬夜很快蹑手蹑脚地溜走了，我和弟弟同时分享着一个心照不宣而且自鸣得意的秘密。

（8）等我们都上学了，父亲不再叫我们拔白头发了。生活的困窘和难以排遣的忧愁日渐沉重地压迫着他，他的白发越生越多，几乎占据了“半壁河山”，一眼望去，触目惊心。我想他除了怕耽误我们的功课外，可能连他自己都泄气了，听任那些白发喧嚣地恣肆疯长。

（9）后来，父亲被病魔缠身，惊心动魄的手术后，就是不停地吃药、打针，各种治疗。有时候父亲斜靠在病床上，双眼微闭，我觉得他仿佛又回到了年轻的时候，坐在那里，用手轻轻地拍拍头发，发出“嘭嘭”的声音，这声音把一切嘈杂和烦恼都给隔离了开来。但是，事与愿违，他的头发很快就掉光了，露出了空荡荡的头皮，一根不剩地失去了他无比珍爱的头发，他不得不戴上帽子。不知道为什么，我竟觉得掉了头发的父亲是丢了羽毛的孔雀或凤凰，在人群间有些落寞。

（10）有一天，我忽然提起儿时拔白头发的事，父亲一愣，马上孩子似的笑了，瘦削的脸颊上猛地腾起了两片火烧云，沉浸在对往事的愉悦回忆中，良久，才慢悠悠地说：“那时，你俩真淘气，老是拔了黑发糊弄我。”

（11）秘密像包袱被父亲轻描淡写地抖开，我有些无地自容。在岁月面前，一天天变老的父亲曾束手无策，试图借助剔除白发来抗拒生命的一次次落雪，赶在大雪封山以前挽留住某些悄悄远行的记忆，这很像一个农夫靠铲掉杂草来保护庄稼的成长。可我们顽皮的行为却在加速岁月流逝的脚步，我们以帮凶和同谋的身份与父亲鲜明对立。

（12）今天这个日子，在父亲积雪一样飞速消融的生命海拔上，我多么想为他种下一头黑发让他重新骄傲地穿过人群，像煤被阳光点燃。

（13）但岁月如流水，匆匆逝去，不舍昼夜，无法回头。

## 2013年湖北仙桃中考试卷文学作品阅读

### 棉花里的父亲

章中林

（1）回家的时候，大门紧锁着，只有那条癞皮狗还在门前吐着舌头。我左右喊了几声，没有人应声，这人都去哪儿了呢?他们应该知道我回来呀，突然看到场院里如雪的棉花。是捡棉花去了?赶到大叔家一问，他说父亲去前山捡棉花去了。

（2）我放下行李，奔向棉花地。正午的太阳火辣辣的，晒在身上毛毛刺刺的，像是有虫子在爬，十分不自在，还没走几步就汗流浃背了。空旷的田野里没有风，也没有一个人影。是啊，这样的毒日，谁不愿意窝在家里，躺在电扇下面?可是，父亲?不知说过多少回：棉花少种点，有事情做就行。可是他却非要拉上十亩棉花，还说，自己动得，不要我们负担。但是你也不要这样拼命哪。

（3）我循声站进棉田里。父亲正弓着背捡着棉花，腰间系着蛇皮袋，鼓鼓囊囊的，每移动一步都显得吃力。两只手却不闲着，熟练地抓住盛开的棉花随手塞进袋里。父亲看着走近的我笑着，打着招呼。黢黑的脸上深深的皱纹颤抖着；白发凌乱地贴在额前；衣服就像从水里捞上来的一样，还结出了盐花。

（4）阳光下，父亲的背影溅起凄惨的白光，坚硬而嶙峋——一种说不出来的酸楚涌上心头。父亲的一生都是在这片洁白的棉花中佝偻着前行的。一天天，一年年，他就像一个倔强的牧民看护着自己的羊群，就像一个固执的渔民守望着自己的鱼塘，不眠不休，不离不弃。父亲啊，父亲！

（5）棉花，就是父亲的花朵，就是父亲的攒钱罐。父亲用自己最虔诚的跪拜来侍弄棉花——育秧，移苗，间苗，施肥，打药，锄草，每一个环节他都一丝不苟，就像培育着襁褓中的婴儿。那些岁月，父亲就是用自己坚定的脚步，羸弱的肩膀种下繁华的棉花，背起一家丰满的希望——我们的学费，过年的新衣，喷香的猪肉，还有久违的微笑。现在，我们都已经成家，他也应该停下奔跑的脚步，和我们一起分享这棉花一样舒适而温暖的生活。可是，山一样的父亲依然像一头倔强的老牛一样默默守护着，坚持着。父亲啊，父亲！

（6）一点多钟我们才回到家。父亲草草地扒了几口饭，就又坐到了簸箕前剥起棉花。也许是太疲劳了，还没一会儿，父亲就躺在棉花上睡着了——头枕着棉花一动不动地睡着了。他睡得是那么酣畅，睡得是那么沉静。

（7）他侧着身子，躺在灰色的棉花壳上，头枕着雪白的棉花。头上银白的头发根根扎眼；一张脸就像皱缩的核桃沟壑纵横；青筋暴突的手就像柘树枝，上面是道道血口。看着日渐苍老的父亲，我真想摸一摸他粗糙的手，抚一抚他的白发，对着他的耳朵说说心里话，可是，他睡得那么沉，那么香，我又怕惊扰了他的清梦。

（8）静静地睡着的父亲，脸上露出淡淡笑意，粲然如盛开的棉花。他是看到了桃红李白的绚丽，还是闻到了油菜芝麻的浓香?是尝到了大米麦子的绵软，还是摸到了蚕茧棉花的和暖呢?我不知道，但是我知道，父亲一定在惦记着他的春种秋收，他的夏播冬藏，不然，他的笑里怎么会飘来丝丝的甜呢?

（9）也许怕打扰了父亲，风顽皮地小跑来；也许怕惊醒了父亲，太阳躲进了云里。在这里，除了父亲均匀而舒畅的呼吸在轻轻地流淌，再也听不到一点声响。

（10）这个世界仿佛成了一种永恒——因为有一朵厚实、热烈的棉花在我的心里霍然盛开。

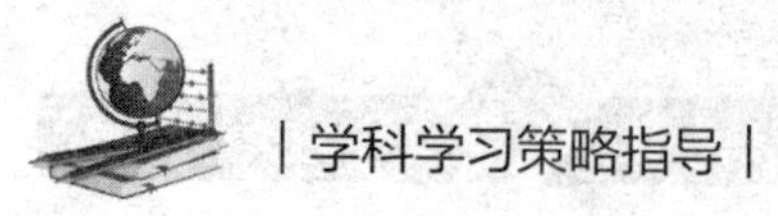



# “句段作用看位置”阅读策略

## 一、活动导入

理解文中重要句段的作用，是现代文学作品阅读的一个能力考查点，但同学们在这方面还存在不少问题。如右图，这是2016年广东省深圳市宝安区初三一模统考语文卷阅读文章《一辆邮电蓝的自行车》的第15题“试分析第一段在文中的作用”的学生作答截图。三份答案存在着不同的问题，应如何完善？接下来，我们一起来学习“句段作用看位置”阅读策略。

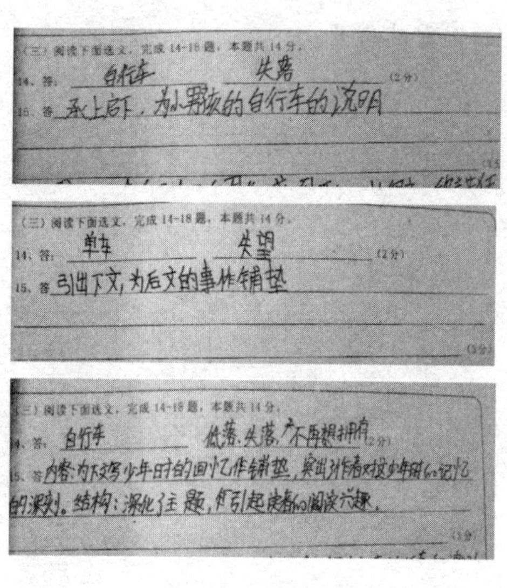


## 二、活动过程

### （一）策略剖析

对文中重要句段的把握，有助于筛选文章信息、概括内容要点、理清文章思路、分析文章结构。因此，试卷命题者常喜欢这样来考查句段的作用：“从内容和结构上看，这一段画线的句子有什么作用？”“作者在文章开头写……，作者为什么要这样写？请你谈谈这一段在文中的作用。”……不管是怎样的考查形式，其实这些都是属于句段作用分析题。

分析句段在文中的作用，要注意从整体上感知文章内容，结合文章主旨，联系上下文，从内容和结构两方面进行思考。

第一步，明确句段的位置，确定句段在结构上的作用。

句段在结构方面的作用，要看句段在文章中的具体位置。

（1）句段在文章开头的作用：统摄全篇，总领下文；照应标题，点明题意；引出下文，行文巧妙；渲染气氛，为全文奠定感情基调；为下文做铺垫，埋下伏笔；设置悬念，吸引读者；等等。如《一辆邮电蓝的自行车》（见正文第20页）的第一段在结构方面的作用是：总领下文，奠定感情基调，引出对“一辆邮电蓝的自行车”的重温与回忆。

（2）句段在文章中间的作用：承接上文，开启下文（引出下文），承上启下（过渡）；标示思路，为下文做铺垫，埋下伏笔；扩展思路，推动情节发展，丰富内涵；等等。

（3）句段在文章末尾的作用：总结全文，卒章点题，照应开头（首尾呼应），点明中心，深化主题；独立成段，使文章戛然而止，意味绵长，发人深省，升华感情，言有尽而意无穷；提出问题，引起思考；充满哲理，委婉含蓄；等等。

还要注意，在表述时切忌光讲套话，一定要结合具体内容来说。例如，做铺垫的规范表述为：承接上文写……，为下文写……做铺垫。

第二步，理解指定句段的内容，明确句段在内容方面的作用。

句段在内容方面的作用，要结合具体句段的内容，紧密联系人物形象、文章主旨、写作特色来分析，通常用“写了……，表达了……，突出了（衬托出）……”这个句式来表达。如《一辆邮电蓝的自行车》的第一段在内容方面的作用是：文章开头用两个生动形象的比喻，写出岁月流逝、往事凋零的失落和伤

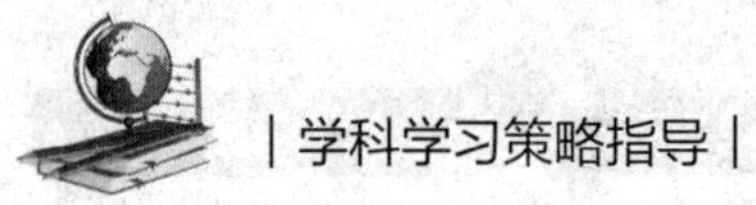


感，表达少年时期在人生中所留下的深刻印记。

第三步，结合句段位置和在文中所起的作用有条理地表达。

例如，2014年广东省深圳市中考语文卷阅读文章《红花衣与日记本》（见正文第23页）的第14题：阅读第3段画线的句子，从结构和内容上说说它的作用。（3分）

画线句子：尽管样子难看，尽管从来出不了风头，尽管老师也因为我的“出身”看我时带着异常的眼神，我却并不消沉。

【参考答案】

在结构上，起承上启下（过渡）的作用（1分）；在内容上，既承接上文中难看的衣着带给我的委屈（1分），也引出下文中我毫不消沉的种种表现（1分）。

（二）策略运用

请运用以上策略，完成如下试题。

1. 分析第6段画线的句子在内容和结构上有什么作用。（2分）（2015年广东省深圳市中考语文卷文学作品阅读《乡野高人》的第14题，文章见正文第25页）

画线句子：这回我相信了，但还是惊愕未消。

2. 从结构和内容两个方面，分析文尾段（第10段）的作用。（3分）（《棉花里的父亲》，见正文第13页）

## 三、活动反思

1. 分析句段的作用要从哪三步进行思考?

2. 学习本策略后，你能否快速而准确地说出某一句段的作用?

## 四、活动拓展

收集本省（市）近10年中考语文卷阅读文章中考查句段作用的考题，并作答。

【参考答案】

策略运用

1. 在结构上，起承上启下的作用，承接上文——最初听说相框中逼真的画像是老汉所画时的惊诧与怀疑，引出下文——老汉年轻时学画的故事，推动文章情节的发展。在内容上，表现“我”对画是老汉所画并不完全相信的心理。

2. 在内容上，深化主题，写出了父亲的精神给我的影响，表达了我对父亲的深切感激和由衷热爱之情。（意思对即可，1分）

在结构上，照应题目（或点题），以“一朵厚实、热烈的棉花在我心里霍然盛开”收束全文。（意思对即可，1分）

（表达流畅，1分。）

（深圳市观澜中学　孟利娟）

**附录：**

2016年宝安区初三一模统考文学作品阅读

## 一辆邮电蓝的自行车

阎连科

（1）岁月是久远地去了，往事如河流上顺水而下的空荡荡的船只，而少年时的一些事情，则好像船头上突兀站立的找不到主人的鹰。

（2）我总是主动地去寻找它们，总是能首先看到一辆邮电蓝的自行车醒目地朝我驶来。它是那样破旧，不知道已在人生的路上经过多少次命运的轮回，待我成为它年少的主人时，它轮胎上的牙痕都已被磨平，铃铛上的光亮已经黯淡，锈斑像旧雨布一样在那上面披挂着。车圈上倒还有不少亮光，可闸皮落脚的四个地方，却是四条狠狠擦去亮光的黑环，像车圈上四条永远抽着让它不停歇地转动的鞭子。

（3）这是哥哥给我买的自行车。将近30年之后，这辆自行车还在转着它的轮子，驮运着我的记忆，从遥远的地方孤零零地朝我驶来，如雨天里找不到父母的孩子。

（4）那是二十七八年之前，我16岁，读了高中。学校在离我家八九里外的一座山下、一条河边。我每天一早在天色蒙蒙亮中起床出村，急急地沿着一条沙土马路，朝学校奔去，午时在学校吃饭，天黑之前再赶回家里。读书是一件辛苦的事情。辛苦的不是读书本身，而是徒步早出晚归。中午为了节俭，我不在学校食堂买饭，而在校外的围墙下面、庄稼地边，用三块砖头，架起锅灶烧饭煮汤。学校的四周，一片炊烟。那里，早中晚都是炊烟袅袅中夹有读书之声，读书的声音被炊烟熏得半青半黑。

（5）现在看来似是诗意，然而在那时，却浓缩了一代乡下孩子的学业生涯。所以，每每在上学的路上、在烧饭的围墙下面，看到有骑自行车的同学从身边过去，看到他们可以骑车上学、下学，可以骑一辆车回家吃饭，我就像一个农民站在干旱的田头眼巴巴地望着大山那边的落雨。

（6）羡慕是不消说的，而最重要的，是感到人生与命运的失落。仿佛，有一辆自行车骑着上学，就等于自己进了人生中的另一个阶层；仿佛，一辆自行车就是一个人的标码，是脱离贫穷与少年苦难的标志。

（7）我对一辆自行车的渴望，犹如饥鸟对于落粒的寻找，犹如饿兽在荒野中沿着牛蹄羊痕漫行。可我知道，自行车对于那时乡村绝大多数的农户是多么奢侈，尤其对于我家——连一棵未成材料的小树都要砍掉卖了买药的常年有着病人的家庭，想买自行车无异于想让枯树结果。

（8）我从没给家里人说过我对自行车的热求，但我开始自己挣钱存钱。我到山上挖地丁之类的中药材去卖，我开始不断向父母要上几毛钱说学校要干某事用，我到附近的县水泥厂捡人家扔掉不用的旧水泥袋，捆起来送到镇上的废品收购站去……我用三个多月的课余时间存下了32元钱。我决定到县城买一辆旧自行车，哪怕是世界上最旧最破的自行车。从我家到县城是60里路，坐车要6角钱。为了节约这6角钱，我在一个星期天以无尽的好话和保证为抵押，借了同学一辆自行车，迎着朝阳朝县城赶去。为了能够把买回的车子从县城弄回来，我又请了一位同学坐在借来的自行车的后座上。可就在我们一路上计划着买一辆什么样的旧车时，我们和迎面开来的一辆拖拉机撞在了一起。我的手破了，白骨露在外面。同学的腿上血流不止。最重要的是，我借的自行车的后轮圈被撞得叠在了一块儿，断了的车条像割过的麦茬儿。我和同学把自行车扛到镇上修理，一共花去了28元钱。当手里的32元钱还剩下4元时，我再也不去想拥有一辆自行车的事情了。

（9）在一个黄昏，我回到家里，忽然发现院落里停了一辆半旧的邮电蓝自行车，说是县邮电局有一批自行车退役，降价处理，哥哥就给我买了一辆，60元钱。我知道哥哥那时作为邮电局的职工，每月只有21元6角的工资，骑车往几十里外的山区送报时，几乎每天只吃两顿饭。

（10）可我还是为有了一辆自行车欣喜若狂，一夜没有睡觉，还居然在深夜偷偷地从床上起来，悄悄地把自行车推到街上，在村头骑了许久许久。

（11）这辆邮电蓝的自行车，实在是伴随着我走过了生命中印痕最深的一段行程，我不仅骑着它有些得意地读了一年半的高中，而且高中肄业以后，我每天骑着它到10里外的水坝子上当了两年小工，甚至，我还骑着它到100多里外的洛阳干活挣钱，以帮助家庭度过岁月中最为困难的一段漫长的光阴。

（12）然而，最重要的似乎还不是这些，而是它满足了我少年的虚荣，使我感到了生活的美好，使我对生活充满了信心，感到一切艰辛都会在我的自行车轮下被我碾过去；感到世界上没有什么大不了的事情，只要敢于抬起脚来，也就没有过不去的河；重要的是无论在什么时候、在什么景况下，都要敢于把脚抬起来。

（13）在那几年里，我总是把那辆自行车有锈的地方涂上机油，把有亮光的地方擦得一尘不染，把它收拾得利索舒适，借以抬高、加快自己人生的脚步。直到20周岁我当兵离家以后，因为家里总有病人，急需用钱时又把这车以60元的价格卖给了别人。

（14）如今，每年回家走在镇街上，我都忍不住要四处寻找张望。

2014年深圳中考文学作品阅读文章：

## 红花衣与日记本

残 雪

（1）我们家里小孩多，布票远远不够用，母亲就买回一大匹极便宜的粗麻布给我们做衣服。衣服做好后，男孩子的全部用染料染成黑色，只有我的那一套没有染。我记得裤子是紫色的底子上起花朵，上衣是大红底子起小绿叶。我一点都不喜欢这种色彩搭配，觉得怪扎眼的。可是没有别的衣服穿，只能穿它们。我穿着这身衣服忐忑不安地来到学校。有一个同学还特地到我跟前来问："你怎么穿这种衣服啊?"我答不出，我的脸发烧，恨不得钻进地里去。

（2）那一天，大家都不愿和我玩游戏，嫌我土里土气。不过毕竟是孩子，到了第二天、第三天，他们就忘了这事，又和我玩起来了。想想看，一个奇瘦的女孩，脸色苍白，穿着那种母亲用手工赶制的、硬邦邦红彤彤的大花衣和同样硬邦邦的紫色花裤子，那会是什么样子，当然土得掉渣了。我是不敢同人比穿的，我最大的愿望是不要引起别人的注意。一来我瘦骨伶仃，穿衣服撑不起；二来我的所有衣服是便宜布，母亲粗针大线缝制的上不得台面。

（3）尽管样子难看，尽管从来出不了风头，尽管老师也因为我的"出身"看我时带着异常的眼神，我却并不消沉。现在回想起这事来有点怪，或许是我体内超出常人的活力给了我某种自信?我总是蠢蠢欲动，跃跃欲试，从来没有一刻消沉过。荡秋千我能荡得高，作文我能写得最好，算术总是第一。当然我做这些事远比别人认真，比别人付出要多。

（4）老师让我们每天写日记，交给他批改。他要求我们每个人买一个正式的日记本，外面有塑料壳的那种。那时的塑料是很贵的、时髦的东西。

（5）休息日，父母带我上街去买本子。我们来到百货店的文具柜，我看中了柜里的好几种，红的、黄的、有花儿的，我激动得一颗心在胸膛里怦怦直跳。可是他们叫营业员拿出来翻了翻，又退回去了，说：“太贵了。”我大失所望。后来我们又去第二家，又看了一遍，父母还是说“太贵”。这时 我已经很不高兴了，但还抱着希望。第三家是大百货公司，里头什么日记本都有，我简直看得眼花缭乱。我觉得那本鹅黄色的、厚厚的最合我意。我眼巴巴地看他俩商量了很久，最后，父亲居然叫营业员拿出一个墨绿色的、马粪纸的外壳，然后再要了一个小小的写字本，将那简易写字本往马粪纸的外壳里头一套，说：“好!这不就是日记本吗?”我站在那里，眼泪几乎就要夺眶而出!我脑海里不断地出现同学们那些花花绿绿的塑料壳的日记本，委屈得一个字都说不出来。

（6）于是我就在这个一半马粪纸一半漆布做成外壳的日记本上写日记了。我的字迹端端正正。当老师将全班同学的日记本放在讲台上时，我看见我的墨绿色的小本子缩在那一堆花花绿绿的豪华本里头，那么不起眼，那么让人害臊!

（7）当我长大后，再去看父亲给我买的日记本时，才发现了他深藏的一番苦心。本子的纸张十分好，根本不是低档货；而墨绿色的外壳更是大方朴素，很有格调，确实比那些塑料壳本本好看多了。我那个时候看不出，是因为我还没修炼到他那个份上吧。回想这一生，的确从未真正轻浮过，主要还是得益于“老谋深算”的父亲的影响吧。

（8）母亲让我穿难看的红花衣是为了省钱，以维持家庭的收支平衡，父亲给我挑日记本则于无言中教会我什么是朴素之美。那一次的委屈刻骨铭心，是不是就因为这，我的小说里头才从来容不得花哨的形容词，也容不得轻浮呢?

【注释】布票：我国20世纪八十年代前限购布料的凭证。

## 2015年深圳中考文学作品阅读

### 乡野高人

查一路

（1）我行走在山野，迷路了。

（2）问道于田间一位老汉。此刻江南的天空烟雨迷蒙，他穿蓑戴笠，躬身插秧。当他直起腰时，愣愣地，看了我半天。突然说，要不，去我家坐坐？对于他的邀约，我感到好奇，也特别愿意。

（3）他的村庄，坐落在河边，一条浅浅的河，盈满清亮的溪水，河床散落大小参差的麻石，一座古朴的石桥高高架起，沟通两岸。农妇捣衣声从桥下传出，在空寂的山野发出响亮的回声。

（4）跟随老汉来到他家。他站在客厅靠墙的一只方桌前仰 望正面的墙壁。墙上，相框里两位老人面容慈善，挂着永恒的微笑，看堂屋里的人走来走去——想必是老汉的父母了。老汉坐着，一直盯着相框看。我一时无言，沉默。突然，他指着相框，说：“你瞧，这像是我画的。”

（5）我愣 在那里，半天不知道如何反应。突兀的一句话，仿佛是对我心理的突袭，我的确猝不及防，因为那画画得太好了。他背对着我，似乎心中有所料定，笑了，然后急促地去了房间，拿出一叠纸，冲着我，拍一拍，真的是我画的，这些都是我画的！

（6）这回我相信了，但还是惊愕未消。老汉异常兴奋，此刻话语已如小河流水，绵绵不断。

（7）上个世纪六七十年代，这里几乎人迹罕至、与世隔绝。山里的人，不知山外有城。见过世面的，只有几个村干部。那时的老汉尚年轻，心里却一直埋着一桩心思。看日渐衰落的爹娘，想给他们留个影，做身后的纪念。打听好了去城里的车与路，下了排除万难的决心。这时爹娘却先后病倒在床，难以长途跋涉了。

（8）某天，老汉扛着锄头上山挖树桩，遇见了一位写生的画家。一支铅笔，一袋烟的功夫，就将眼前的东西搬到了纸上。老汉觉得太神奇了，讷讷地向他请教，画家说这可不是一日之功啊，但还是教了他一些基本的训练方法。于是，回家练。开始，握惯了锄头的手握铅笔，戳出满纸筛眼一样的小窟窿。老汉不放弃，见纸就画。

（9）终于，有一天，他看见鸟在纸上飞，小鸡小鸭在纸上奔跑戏水，门前的河和屋后的山都在纸上安妥了。他开始画父母。刚画，不是画丢耳朵，就是画斜了眼睛。

（10）爹娘忘了疼，咧嘴微笑，让他照着画。而他满脑子，除了庄稼，就是画，梦里，一只手还在空中握笔飞舞。

（11）几年后，他把画好的像给爹娘看，爹娘边照镜子，边看画像，大笑，笑得嘴就一直没有合上。

（12）说到此，眼前的老汉，神情由亢奋而黯然：像画好没多长时日，爹娘就相继走了。我这 一辈子最不孬的地方，就是把爹娘的样子留下来了，一模一样，没有走模子。

（13）看一张张画，家禽、飞鸟、村庄、树木、河流、山川写意纸上，虽不求章法，但传神、生动，我一直处在惊愕中。当我称他为“高人”，时，老汉同样惊愕，他在误解中澄清：村里人都说我个子矮。

（14）回去的路上，我被绿色包围，四周的田畴是绿的，空气也是绿的，人似乎在一杯绿茶中沉浮。

（15）世事也怪，我接触到的有些人，大半辈子都在揪着自己的头发往上拔，刻意想成为高人，终究还是庸人。有些人，只是想达成生活中的某种朴素愿望，一不小心，却成了高人。

# 探究主旨阅读策略

## 一、活动导入

右图是一幅深得大家称赞的高妙之画，画题是《深山藏古寺》，可任凭怎么找，也没见到古寺的踪影。那么，这幅画妙在何处呢？

遥看画作，崇山峻岭之中，一股清泉飞流直下，泉边有个老态龙钟的挑水和尚。就是这个挑水和尚，让人想象到深藏于山中的古寺，因此此画妙在“藏”字。

这幅画和我们的现代文阅读是多么的相似，现代文阅读中文章的主旨就如深藏在山中的古寺。读完一篇文章后，多数同学往往难以准确地把握文章的主旨，有的同学虽能捕捉到一些关键信息，但往往不全面。那怎样才能准确而快速地捕捉到“藏”于文字之后的主旨呢？接下来，我们一起来学习探究主旨阅读策略。

## 二、活动过程

### （一）策略剖析

“文以意为主”，写文章的目的总是为了向人们传情达意，起到沟通和交流的作用。主旨是文章的灵魂，有了灵魂，文章才有生命，才有活力。阅读文章，旨在读它所传达的意蕴，是绘人，还是写景，抑或昭示某种经历……无论文章的目的何在，都可以通过作者的选词、文章的结构方式和句子及段落的行文方法，来探究出文章的主旨意蕴。

下面，我们结合2015年安徽省中考语文卷阅读文章《槐花》（见正文第31页），从以下三个步骤来讲解这个策略。

第一步，找准把握文章主旨的角度。

（1）从分析文章标题入手：标题是文章的眼睛，或点明写作对象，或概括中心，或体现文章的主要内容，等等。《槐花》的标题揭示了文章的写作对象。

（2）从文章开头和结尾入手：开篇点题，篇末揭示或深化文章主旨。《槐花》的结尾句“一切眼前的东西联在一起，汇成了宇宙的大欢畅”，深化文章主旨，点明要达到“大欢畅”的效果，就得如前文第16段第2句所说的，同客观存在的东西保持一定的距离，才能客观地去观察；对自己看惯了的东西，要用欣赏的眼光（或“新的眼光”）去看待。

（3）从分析文中议论抒情句（中心句、主旨句、结论句）入手：议论抒情句往往能画龙点睛、揭示主旨。《槐花》的第16段第2句是整篇文章的主旨句，点明了文章的深刻意蕴。

（4）从分析段意、人物情感和事件入手：要对各段段意、人物情感和事件进行综合归纳。《槐花》第3～15段写了两个事件，第一个事件是印度朋友看见槐花非常惊讶，第二个事件是我看到木棉花大为慨叹。

（5）从分析文章的背景入手：文章的内容和主旨与写作背景和写作意图相关联。

第二步，准确把握文章的主旨后，注意表达的规范格式。

（1）概括文章或语段主要内容的格式，即“时间＋地点＋人物＋事件”，用“（何时、何地）谁／干什么／结果怎样”或者“什么／怎么样”的思路组织语言，要注意准确、清楚和简洁，千万不要把内容概括变成原文复述。

（2）概括文章中心（主旨）的格式，即“本文通过记叙（描写）……，表现了（赞扬了）……，抒发了作者……的感情”。其中，“本文通过记叙……”中省略的内容是用前面概括文章主要内容的格式来组织语言的。

第三步，在前两步的基础上，结合文本，有条理地表达。

根据以上分析，《槐花》的主旨是：通过叙述印度朋友看见槐花很惊讶，回忆自己曾经看见木棉花而慨叹这两个事件（事件），表达了自己对生活的认知和感慨，即同客观存在的东西要保持一定的距离，要客观地去观察；对自己看惯的东西，要用欣赏的眼光去看待（文章的抒情议论句）。

对文章主旨的把握，对阅读试题答案方向的定位至关重要。因为阅读考题中，除了语法题外，几乎所有的题目都是命题者以主旨（中心思想）为核心精心编拟的。

## （二）策略运用

请运用以上策略，完成2014年广东省深圳市中考语文卷阅读文章《红花衣与日记本》（见正文第23页）中的试题。

1. 这篇叙事性散文有两个主要的情节，请用简洁的语言概括。（2分）

______________________________

______________________________

2. 文中第5段写到，“我眼巴巴地看他俩商量了很久，最后，父亲居然叫营业员拿出一个深墨绿色的，马粪纸的外壳，然后再要了一个小小的写字本”。请联系上下文，合理想象父母的对话。（3分）

______________________________

______________________________

## 三、活动反思

1. 捕捉文章主旨需要从哪些角度进行思考和分析？你掌握了表述的规范格式吗？

2. 学习本策略后，你是否能快速而准确地把握文章的内容和主旨？

## 四、活动拓展

请画出探究主旨阅读策略的思维导图，并试着快速捕捉本市近5年中考语文卷阅读文章的主旨。

---

【参考答案】

策略运用

1. ①我穿难看的红花衣上学，遭到同学嘲笑。（1分）

②父母给我挑“低档”的日记本让我感到委屈。（1分）

2. 父母的对话中能突出母亲省钱的观点，父亲追求朴素的主张（2分），符合语境与人物身份，语句通顺（1分）。

示例：

母亲：家里花钱的地方多，还是买便宜一点儿的吧。

父亲：嗯，也不要助长孩子的攀比心理，买一个大方、朴素、实用的就好。

（深圳市观澜中学　孟利娟）

---

## 附录：

2015年安徽中考阅读文章

### 槐　花

季羡林

（1）自从移家朗润园，每年在春夏之交的时候，我一出门向西走，总是清香飘拂，溢满鼻官。抬眼一看，在流满了绿水的荷塘岸边，在高高低低的土山上面，就能看到成片的洋槐，满树繁花，闪着银光；花朵缀满高树枝头，开上去，开上去，一直开到高空，让我立刻想到在新疆天池上看到的白皑皑的万古雪峰。

（2）这种槐树在北方是非常习见的树种。我虽然也陶醉于氤氲①的香气中，但却从来没有认真注意过这种花树——惯了。

（3）有一年，也是在这样春夏之交的时候，我陪一位印度朋友参观北大校园。走到槐花树下，他猛然用鼻子吸了吸气，抬头看了看，眼睛瞪得又大又圆。

（4）“真好看呀！这真是奇迹！”

（5）“什么奇迹呀?”

（6）“你们这样的花树。”

（7）“这有什么了不起呢？我们这里多得很。”

（8）“多得很就了不起了吗？”

（9）我无言以对，看来辩论下去已经毫无意义了。可是他的话却对我起了作用：我认真注意槐花了，我仿佛第一次见到它，非常陌生，又似曾相识。我在它身上发现了许多新的以前从来没有发现的东西。

（10）在沉思之余，我忽然想到，自己在印度也曾有过类似的情景。我在海德拉巴看到耸入云天的木棉树时，也曾大为惊诧。碗口大的红花挂满枝头，殷红

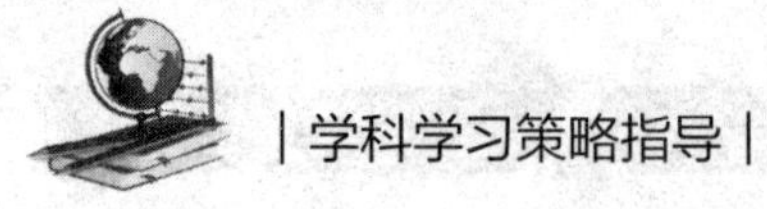


如朝阳，灿烂似晚霞，我不禁大为慨叹：

（11）“真好看呀!简直神奇极了！”

（12）“什么神奇?”

（13）“这木棉花。”

（14）“这有什么神奇呢？我们这里到处都有。”

（15）陪伴我们的印度朋友满脸迷惑不解的神气。我的眼睛瞪得多大，我自己看不到。现在到了中国，在洋槐树下，轮到印度朋友(当然不是同一个人)瞪大眼睛了。

（16）在日常生活中，我们都有这样一个经验：越是看惯了的东西，便越是习焉不察，美丑都难看出。这种现象在心理学上是容易解释的：一定要同客观存在的东西保持一定的距离，才能客观地去观察。难道我们就不能有意识地去改变这种习惯吗?难道我们就不能永远用新的眼光去看待一切事物吗？

（17）我想自己先试一试看，果然有了神奇的效果。我现在再走过荷塘看到槐花，努力在自己的心中制造出第一次见到的幻想，我不再熟视无睹，而是尽情地欣赏。槐花也仿佛是得到了知己，大大小小、高高低低的洋槐，似乎在喃喃自语，又对我讲话。周围的山石树木，仿佛一下子活了起来，一片生机，融融氤氲。荷塘里的绿水仿佛更绿了；槐树上的白花仿佛更白了；人家篱笆里开的红花仿佛更红了。风吹，鸟鸣，都洋溢着无限生气。一切眼前的东西联在一起，汇成了宇宙的大欢畅。

【注】①氤氲（yīn yūn）：形容烟或云气浓郁。

# 半命题作文补题策略

## 一、活动导入

一年，某市举办“难忘的__________”半命题摄影比赛。有一位摄影爱好者拍摄了一张一个少女在树林里撑着伞的照片，画面、色彩和角度都不错，起名《难忘的早晨》，此稿投向多个杂志社，结果都被退稿。后来，有一位专业人士建议作者把题目换为《难忘的相约》。结果这张照片不但见诸报刊，还获得了三等奖。这则故事告诉我们，标题是文章内容和读者情感之间的第一个接触点。“眼睛有神龙会飞，标题有神文添彩”，接下来，我们一起来学习半命题补题策略。

## 二、活动过程

### （一）策略剖析

近年来，半命题作文成了中考的新宠。相比较话题作文的过自主化和命题作文的过多限制，半命题作文既适当体现了命题的广阔思路，又给考生留下了较为自由的写作空间，有利于考生充分展示自己的写作才能。写作的第一步就是要将题目补全，并引起阅卷老师的阅读兴趣。下面就介绍几种行之有效的补题方法。

第一步，选择恰当的补题方法。

1.具体事物拟题法。

这种方式可以以小见大，使选材新颖具体，切入点要求小而具体。如半命题作文“想起_________”，我们可以填上“妈妈的目光”，叙写母亲内容丰富的眼神。又如“当我面对_________的时候”，很多同学会写“成功、挫折、失败”等抽象事物，其实可将其改为“一张奖状”“一道伤口”，讲述自己成功或失败的某次经历，但以具体事物拟题就更加新颖、更加吸引人，也给自己限定了写作思路。

2. 特定情境拟题法。

这种拟题方式新颖别致、化虚为实，将抽象的话题具体为可知可感的具体情节。如“难忘_________”，若想写颂扬母爱的文章，可填写为“难忘母亲的第一根白发”，不但具有画面感，而且直指主题。再如“难忘那个鲜红的59分”，写自己一次考试失败的经历，读者仿佛能看到那张面目可憎的刺眼的不及格试卷，这个题目比“难忘的一次失败”更加直观、更加吸引人。

3. 特殊符号拟题法。

此法是借用数学、物理或化学等学科的特殊符号或公式来拟题。但在行文中必须恰当地体现公式或符号与社会现象、某种道理的契合点，使形式和内容统一。如以“当我面对1+1>2的时候”为题，抒写自己对友情、对集体凝聚力的感悟。如“我好想得到一个100分”，形象生动，令人耳目一新。有一位同学在书写家庭类文章中，用了“1+1=3”这个标题，讲述了父母用爱呵护三口之家的感人故事。还有同学在半命题作文“寻找_________”中，补题为“寻找$x$”，“$x$”是数学中的未知数，借指学习和生活中的未知世界，在寻找$x$、破解$x$中逐步成长，这样的题目多么新鲜生动啊！

4. 出其不意法。

当看到“带着_________出发”这个题目时，你会想到什么？很多同学会想到“带着微笑出发”“带着母爱出发”“带着感恩出发”“带着希望出发”等，这些都是从积极正面的角度拟题。在大家都极力赞颂美好事物、表达美好感情的时候，如果我们从反面的角度立意，也许更容易使自己的作文在“茫茫文海”“千兵万马”中跳出来。如“带着受挫的心出发”，显得多么新颖。以“带着你的鄙视出发”为题，作者记叙了学钢琴时因为乐感差而被同学嘲笑，而就是这种奚落声成为她前进的动力。以“带着对手出发”为题，作者从反面写友情，写学习上你追我赶的同学带给自己的进步。所以，事物具有两面性，不仅有阳光灿烂的日子，更有风雨兼程的时光，同学们不妨试着从反面的角度寻找写作的突破口，这样的补题不落俗套，容易吸引人的注意力。

第二步，补题策略运用的注意事项。

题贵新颖。半命题作文的拟题同样追求准确、生动而有魅力，但不能为了吸引注意，刻意起一些怪、偏、另类的题目。只要平时注意积累，正确理解半命题作文“另一半”的提示、“另一半”导引的内涵，并且掌握一定的拟题技巧，就能拟出让人击节叫好的标题。

（二）策略运用

1. 题目：在__________路上。

试着用特定情境拟题法补题。

2. 题目：给自己一些__________。

除了掌声、鼓励、微笑、阳光，能不能用出其不意法起一个吸引人的题目？

## 三、活动反思

不同的人生有不同的美丽，从不同的视角可以看到不同的美丽。有人说小草也美丽，落叶也美丽，残月也美丽；也有人说平凡也美丽，朴素也美丽，简单也美丽……请以“__________也美丽”为题写一篇文章。

试着拟几个夺人眼球的题目吧。

## 四、活动拓展

半命题作文与全命题作文相比，有一半或一部分的命题权掌握在考生手里，补充的内容灵活多样，可以较灵活自由地进行写作。与话题作文相比，它又适当地做了些限制，可避免考生千题一文的套文现象。

半命题作文补题有四原则：（1）熟悉性原则；（2）贴切性原则；（3）新颖性原则；（4）正确、深刻性原则。送给同学们一个补题要诀歌：熟悉贴切是基础，新颖独特引注目。正确深刻点主旨，规范生动有好处。

---

【参考答案】

策略运用

1.“在追梦的路上”“在习惯失败的路上”。

2.“给自己一些难忘的回忆”“给自己一些痛彻心扉的批评”。

活动反思

“夜里的灯光也美丽”“角落里的身影也美丽”。

（深圳市龙华区福苑学校　范海梅）

---

# 巧用修辞拟题目策略

## 一、活动导入

张僧繇是梁武帝时期的知名画家。有一次，他在金陵安乐寺的墙壁上面画了四条龙，可是没有画眼睛。有人就问他：“你为什么不画龙的眼睛呢？”他说：“眼睛是龙的精髓，只要画上眼睛，龙就会飞走的。”大家哈哈大笑起来，认为他是个疯子。没想到，张僧繇提起画笔，运足了气力，刚给两条龙点上眼睛，立刻乌云滚滚而来，电闪雷鸣，两条蛟龙腾空而起，人们惊得目瞪口呆。后来，“画龙点睛”这个成语就用来比喻讲话、写文章或画画时，一两句关键的话（画上关键的一两笔）会使它们立刻生动起来。标题是文章的眼睛，好的标题能引导读者理解文章的内容，具有强烈的吸引力和感染力。现在，我们就来学习巧用修辞拟题目策略。

## 二、活动过程

### （一）策略剖析

第一步，选择合适的修辞手法。

1. 比喻。用具体的事物比喻抽象的事物，用大家熟知的事物比喻大家陌生的事物，用浅显的道理比喻深奥的道理。用比喻拟题法的好处是情味盎然、生动形象，容易把读者带入文章的境界中，有助于突出中心思想。如《母爱如茶》《老师，我心中的灯》《学校是张调色板》。

2. 夸张。用言过其实的方法，突出事物的本质，或加强作者的某种感情，烘托气氛，引起丰富的想象和强烈的共鸣。如《“小心眼”的班主任》《我妈是个“谎话精”》《贪心不足蛇吞象》《胆大包天》。

3. 设问。设问能引起注意，启发读者思考。如《挫折告诉了我什么？》《是谁动了我的奶酪？》《时间都去哪了？》《幸福是什么？》。

4. 拟人。把事物当人写，语言形象生动，自然灵动而吸引人。如《冬天的诉说》《故乡的叹息》。

5. 引用。巧用引用，具有画龙点睛之效，能够启人心智、升华主题。不仅可以引用我们学过的古诗词，更可以将广告语、歌词和流行语巧妙地融入题目中，如《我的未来不是梦》《成长的烦恼》《你是我的眼》。

第二步，在巧用修辞拟题目策略时的注意事项。

好题目是作文的眼睛。要想有画龙点睛之笔，就要注意平时的积累，积累自己的情感、思想、知识、语感，丰富自己的语言和见闻，才能在书写时有取之不尽、用之不竭的“源头活水”。在运用巧用修辞拟题目策略时，应该注意以下三点。

1. 准确鲜明。标题应紧扣文章主题，一目了然。

2. 新颖生动。标题应不落俗套，让人耳目为之一新，激起阅读兴趣。

3. 简洁凝练。标题应短小精悍、醒目上口，给人广阔的联想空间。

## （二）策略运用

1. 运用修辞法，结合平时的积累，以“挫折”这个话题拟题。

2. 以“母爱”为题，请你用比喻法拟个标题。

3. 下面有以“父爱”为话题而拟的几个标题，比较其优劣：《我的父亲》

《伟大的父爱》《父爱深深》《牵手》《父亲，我想对你说……》《天凉了，别冻着》。挑选出你喜欢的标题，并谈谈对你有何启示。

## 三、策略反思

家给人的感觉是多么温暖，可有时家给人的感觉却是那么复杂。身为家庭一员的你，对家一定有一种特殊的感受吧！对家庭中的其他成员更是有一种特殊的情感吧！还记得妈妈的双手吗？还记得爸爸的背影吗？还记得……请以“家”为话题，写一篇600字左右的文章，立意自定，文体不限，标题自拟。

请给你的作文拟几个精彩的标题。

## 四、活动拓展

拟个好标题，作者除了要有对材料的洞察力和分析力之外，还要有过硬的文字功夫。鲁迅先生的文章《药》和《祝福》，其标题都包含着极其深刻的思想内涵，而文字表述又是那么精粹、醒目和新颖。语文课本中还有许多范文的标题值得同学们好好揣摩和学习，如《背影》《变色龙》《俗世奇人》《爸爸的花儿落了》等。这些标题，不论是在阐明文章内容、点明文章主旨方面，还是在遣词造句的精当、鲜明和生动方面，都堪称典范。同学们在研读课文的同时，也应该在品味标题上下一番功夫。

【参考答案】

策略运用

1.“别抱怨手上的牌”（比喻）；“不经历风雨，怎么见彩虹”（引用）。

2.“母爱，一本永远品不完的书”“母爱的深度，似海”“剪不断的‘脐带’”。

3.开放试题答案略。

策略反思

“爱你在心口难开”“家的N次方”“我爱我家”。

（深圳市龙华区福苑学校　范海梅）

# 语句排序题解题策略

## 一、活动导入

语句排序题属于语言理解与表达模块的公认难点，也是很多省市中考语文卷的必考题。有的同学甚至有“逢语序必死”的苦恼。语句排序题真的有那么难吗？现在，我们来学习语句排序题解题策略，掌握了这一利器，便可“降服”语句排序题这个“纸老虎”啦！

## 二、活动过程

### （一）策略剖析

第一步，理顺序。

一般来说，语段的排序主要涉及以下一些因素。

1. 时间顺序：或从早到晚，或从过去到现在等。

2. 空间顺序：或从上到下，或从左到右，或从里到外。

3. 逻辑顺序：找出几个句子的逻辑关系，决定句子的先后次序。

例如，填入横线上的句子，顺序最恰当的一组是（　　）。

出土于河南新郑的莲鹤方壶是东周时期青铜礼器的代表器物。__________；__________；__________；__________；__________。其造型宏伟气派，装饰典雅华美，堪称“国之重宝”。

① 壶底还铸有两只卷尾兽，支撑全器重量

② 壶颈两侧有附壁回首的龙形怪兽双耳

③ 腹部的四角各攀附一条立体飞龙

④ 方壶通体满饰龙凤花纹，凝重而不失华丽

⑤ 壶冠呈双层盛开的莲瓣形，中间平盖上立有一只展翅欲飞的仙鹤

A. ⑤②③①④　　B. ④⑤③②①

C. ⑤③①②④　　D. ④⑤①②③

读完句子不难发现，这是介绍国宝青铜器莲鹤方壶的，只要抓住了“冠”“颈”“腹”“底”这些表方位（空间）的关键词，找出答案 A 就非常容易了。

这是最简单的语句排序题，读一读就能判断。如果给出的一组句子稍微复杂，那么我们就需要进一步思考判断了。

第二步，辨文体。

辨文体就是看所给文段是记叙文、说明文，还是议论文。不同文体的语段

有不同的排序思路：记叙文语段的语序常常以时间、空间或事情的起因、经过、结果的发展过程为顺序；议论文语段的语序常常把观点放在前面，把材料句放在中间，把总结句放在后面，结构形式为提出论点、分析论点、总结论点（或者说总—分—总）；一些说明性语段，结构很特别，要么是先总后分，要么是先分后总，要么是总—分—总。碰到这类语句排序题时，先整体判断一下语段呈什么结构，哪句是总写句，哪些是分写句，然后尝试排序，最后选出最合适的一项。

例如，给下列句子排序，最合理的一项是（　　）。

① 归结起来，有两种态度是正好相反的。

② 前者是错误的，注定会失败；后者是正确的，必然会胜利。

③ 人们对待事物运动的力量可以采取种种不同的态度。

④ 一种是积极疏导使之顺利发展。

⑤ 一种是堵塞事物运动发展的道路。

A. ③⑤④①②　　B. ③①⑤④②

C. ①⑤④②③　　D. ①②⑤④③

这道例题，先总写人们对事物的不同态度，接着从正反两方面分析，最后得出结论，总—分—总的结构很明显。而只要确定了③①，B这个答案也就出来了。

第三步，抓中心。

抓中心，就是看准文段选用的材料围绕一个怎样的中心（统一的话题），这样有利于定首句或尾句，对语句的认识也会逐渐清晰明朗起来。

例如，下列排序正确的一项是（　　）。

① 清风拂过，细纱在空中荡开，又滑下来。

② 这雨丝，是漓江之畔的苗女刚刚从碧水中拎起的那缕柔柔细细的纱。

③ 然后悄悄洒向扁舟，洒向村落，洒向群山。

④ 她伸展开手臂，轻轻地把细纱挂向云端。

⑤ 春雨如丝。

A. ⑤①②④③　　B. ⑤②④③①

C. ⑤②④①③　　D. ⑤①④②③

有些语句排序题，只要能准确地找到首句，然后依照上句，根据意思向下连接就行了。这道例题就是需要先抓中心句。读完此段话，我们不难发现⑤句先写“春雨如丝”，接着写“雨丝如纱”，然后写“把细纱挂向云端”，再写细纱“荡开”“滑下来”，最后写细纱被洒向各处，其顺序可谓一目了然，一下就能找到C这个答案。

第四步，理逻辑。

理清逻辑可以借助“首先”“其次”“再次”等关联词语，或事物发生发展的一般规律来判断，首先整体把握，找出中心句、起始句或总括句，然后按时间、空间、逻辑顺序进行梳理，再找准领字，看准关联词及其他表示起承转合的标志性词语，综合排出合理的句序。

例如，给下列句子排序，最恰当的一项是（　　）。

① 当阳光洒在身上时，它更坚定了心中的信念——要开出：一朵鲜艳的花。

② 不久，它从泥土里探出了小脑袋，渐渐地，种子变成了嫩芽。

③ 从此，它变得沉默，只有它知道它在努力，它在默默地汲取土壤中的养料。

④ 虽然它经受着黑暗的恐惧、暴雨的侵袭，但是它依然努力地生长着。

⑤ 种子在这块土地上的生活并不那么顺利，周围的各种杂草都嘲笑它，排挤它，认为它只是一粒平凡的种子。

A. ①⑤②③④　　B. ①③②⑤④

C. ⑤③④②①　　D. ⑤④②③①

答案：C。

第⑤句点出对象“种子”，指出种子正身处逆境；第③句紧接第⑤句，写种子在逆境中不懈地努力；第④句承接第③句，写种子在逆境中顽强抗争；第②句承接第④句，写种子在逆境中努力的结果；第①句承接第②句，写走出逆境的种子进一步坚定信念。解答这道题，须从以下几个方面思考：这几句话写的主角是谁？它处在一个什么样的环境中？它以什么样的态度面对这个环境？最后的结局如何？理清了事物发展的规律，就是理清了逻辑，选出正确的答案就不困难了。

### （二）策略运用

1. 下面一段话，语序排列正确的一项是（　　）。

① 另外，树木的年轮里，还储存着当地的气候、地震、火山爆发和水灾旱灾等丰富的自然信息。

② 人们所熟知的年轮，是树木的年龄。

③ 因此，科学家十分重视从树木的年轮里获取蕴藏着的科学信息资料。

④ 一棵树被锯倒了，数一数树墩上有多少圈条纹，人们就知道这棵树有多大年龄了。

A. ②④①③　　B. ④②①③

C. ②①④③　　D. ③②④①

2. 把下列句子组合成语意连贯的一段话。

① 读过《红楼梦》的人，自能体会诗中悲凉的意味。

② 没有作者、读者的一路同行，我们怎能在这漫漫长途上走到今天？

③ “字字看来皆是情，十年同路见真心。”

④ “字字看来皆是血，十年辛苦不寻常。”

⑤ 今天，编者如果学着写诗的话，最想说的是：

⑥ 当年曹雪芹写完《红楼梦》后，曾在题诗中写下这样两句：

正确排序为：________________。

3. 依次填入下面一段文字横线处的语句，衔接最恰当的一组是（　　）。

印象中，成熟的向日葵，花盘都是低垂的，________。________，________，________。________，________。

① 一阵晨风拂过

② 可我家的这几株向日葵初出茅庐

③ 所以有诗人赞叹，愈是成熟，愈是谦虚

④ 在绿叶一片低沉而嘈杂的合唱中，传出他们清亮而高亢的欢叫

⑤ 依然高昂着头，开心而单纯地笑着，就像稚气未脱的乡野小妹子

⑥ 尚不懂得伟大的谦虚，也不懂得虚伪的世故

A. ②⑥⑤①④③　　B. ④②①⑤⑥③

C. ③②⑥⑤①④　　D. ③①⑤②⑥④

## 三、活动反思

1. 解答语句排序题有哪些策略？四个步骤分别是什么？

2. 你还可以找到解答语句排序题的其他窍门吗？

## 四、活动拓展

1. 下列句子顺序排列正确的一项是（　　）。

① 有一些微生物发现，牛的胃是它们生长的乐园。

② 于是，这些小家伙纷纷光顾这里，居住下来。

③ 自然界存在着各种各样的微生物，它们总是各就各位，在适合它们生长的地方安家落户。

④ 分解纤维素是这些小家伙的拿手好戏，它们能分泌纤维素酸酶，将纤维素降解，同时释放有机酸，供牛吸收利用。

⑤ 这里不仅有它们喜欢的无氧环境，没有可怕的胃酸，而且总有着取之不尽的食物。

A. ①②④⑤③　　B. ①⑤④②③

C. ③①②⑤④　　D. ③①⑤②④

2. 把下列句子组合成语意连贯的一段话。

① 遥想中秋时节，这片片梨园当是枝叶葱茏，黄金万点，雪梨飘香。

② 更何况花落过后，还有果实的生长，还有秋天的希望。

③ 一年一度，花开花落。

④ 到那时，人们就又会想起这些洁白的，在细雨中飘落的梨花。

⑤ 梨花的花期虽短，留给人的美却是永恒的。

______________________________

【参考答案】

策略运用

1. A。　2. ⑥④①⑤③②。　3. C。

活动拓展

1. D。　2. ③⑤②①④。

（深圳市红岭中学　杨燕皎）

# 辨别拟人和比喻的策略

## 一、活动导入

高手过招，以选择题论英雄，这其实不无道理。选择题除了字词、病句、词语的运用和排序外，还时常涉及文学常识、语法、修辞等知识点，如果稍不留神，就会失分。所以，想当英雄的你不得不过修辞这一关。修辞手法中常见的是比喻，比喻有一个很相似的姐妹，叫拟人，你若不细心，就会把这两者混淆。那么，如何区别比喻和拟人呢？

## 二、活动过程

### （一）策略剖析

第一步，分别了解比喻和拟人这两种修辞的概念和特点。

比喻，就是打比方，用浅显、具体、生动的事物来代替抽象、难理解的事物。比喻句的基本结构分为三部分：本体（被比喻的事物）、喻词（表示比喻关系的词语）和喻体（比喻的事物）。本体和喻体不能是同一类事物。比喻句中常用的比喻词有：像、是、好像、好似、如、有如、如同、仿佛、成了、变为……

拟人，是根据想象把事物当作人来写，赋予事物以人一样的思想和行为的一种修辞方法。拟人是把物当作人来写——物的人格化。拟人句有三个特点：（1）所写事物必须具有人的特点。（2）不能出现比喻词。（3）不能出现表示人物的词语。拟人句的识别，主要看句中是否把物当作人来写，是否赋予了人的行为、表情、动作、思维等特征，是否有人的喜怒哀乐？只要所描写的事物具有了人的这些特征，那么这个句子就是拟人句。

第二步，仔细读句子，根据这两种修辞的特点来判断。

例如，“这只猴子像一个小男孩那样顽皮。”这句话采用的是什么修辞手法呢？先读一读句子，不难发现，它有本体“猴子”，有喻体“小男孩”，且两者不是同一类事物，可以断定它采用了比喻的修辞手法。再如，“菊花在秋雨里频频点头”，“菊花”能“频频点头”，显然把菊花当作人来写，具有人的行为动作，而且这句话中既没有出现比喻词，又没有出现表示人物的词语，因此这句就是拟人句。

第三步，必须关注容易混淆的句子。

辨别一个句子是比喻句还是拟人句，关键要看这个句子有没有人物的动作或神情。若有人物的动作、神情和心理，那么一定是拟人句。

例如，“春天来了，柳条随风摆动，像少女的秀发。”或许有部分同学不假思索就认为这是拟人句，是把柳条当作少女来写了。其实，这是把春天比作少女。它有本体“春天”，有喻体“少女”，有比喻词“像”。它没有人物的动作、神情、心理描写，所以非拟人句，而是一个标准的比喻句。

## （二）策略运用

请判断下面的句子采用的是比喻还是拟人的修辞手法。

1. 秋天迈着沉稳的脚步缓缓地向我们走来，又悄无声息地走开。（　　）

2. 翠绿欲滴的椰子从叶间探出了头。（　　）

3. 花儿在风中笑弯了腰。（　　）

4. 秋天是美丽的，在曼妙的韵律中舞着她的裙摆。（　　）

5. 夜空中的小星星眨着眼睛，似乎对你微笑。（　　）

6. 一本好书就是一个好社会，它能够陶冶人的感情与气质，使人高尚。（　　）

7. 皎洁的明月高挂在淡蓝色的天空中，月光像流水一样泻下来，大地一片银白色。（　　）

8. 月亮慢慢地从江心升起来了，圆圆的、亮晶晶的，好像一个银盘。（　　）

9. 春风像个慈祥的母亲，拂着你的脸颊，使你感到舒畅，心旷神怡。（　　）

10. 星星像一双双明亮的眼睛在夜空中照耀。（　　）

## 三、活动反思

1. 请分别写出一个比喻句和一个拟人句。

______________________________________________

______________________________________________

2. 在作文中多多使用比喻句和拟人句，会让你的文章更加生动优美。

## 四、活动拓展

判断下列句子采用的修辞手法。

1. 天渐渐破晓，淡青色的天空镶着几颗残星，大地朦朦胧胧的，如同笼罩着银灰色的轻纱。（　　）

2. 这朵莲花，好似亭中妩媚的女子，婀娜多姿，在池中轻歌曼舞。（　　）

3. 走进这片树林，鸟儿呼唤我的名字，露珠与我交换眼神。（　　）

【参考答案】

策略运用

1～5题采用了拟人的修辞手法，6～10题采用了比喻的修辞手法。其中第9题最容易出错，有的同学以为把“春风”比作“母亲”就是拟人。其实，这是一个比喻句，本体是“春风”，喻体是“母亲”，没有人的动作、神态和思想等，所以它是一个比喻句。

活动拓展

1. 比喻。

2. 比喻和拟人。

3. 拟人。

（深圳市红岭中学　杨燕皎）

## 寻找中心论点策略

### 一、活动导入

议论文注重逻辑思维，它不同于小说、戏剧之类的文体，有人物，有情节。我们要读懂议论文，就要先弄明白作者的观点和主张，就是议论文的论点，能弄明白作者的观点和主张，那么其他问题也就能迎刃而解了。下面，我们就来学习寻找中心论点策略。

## 二、活动过程

### （一）策略剖析

第一步，要先明确论点的概念。中心论点就是作者在文章中对所论述问题的见解或主张。

第二步，要了解论点的特点及形式要求。论点要正确、鲜明、有针对性。

第三步，要了解论点的形式要求。

论点的形式要求有：（1）完整的句子；（2）有明确的判断；（3）不能用疑问句（反问句要改成陈述句）；（4）不能用比喻、拟人的修辞手法；（5）不能用否定句；（6）往往有明确的主语（也可省略）。论点是观点，应具备表态谓语。例如，“人应勤俭”是观点，而“谈勤俭”“美德与勤俭”不是观点，而是论题。论点是对论题的明确的判断，必须是一个观点正确、鲜明的完整的句子。例如，“像骆驼一样隐忍负重”就不是论点，可转述为“人应该隐忍负重”；“难道阅读不是愉悦的吗”不是论点，可转述为“阅读是愉悦的”。

中心论点要能够统摄全文。一篇文章的中心论点只有一个（统帅全文，统帅分论点），分论点可以有多个，只能统帅某一个或几个段落。

第四步，要明白一般在文章的什么位置可以找到论点。

论点一般出现在文章标题（论点式标题），或文章第一段，或文章结尾一段。有一些论点或在文章中间出现，或需要归纳概括。例如，议论文《学会赏识》的第一段是“意大利著名雕塑家米开朗基罗，历尽心血雕刻出著名的大卫像。人们皆惊叹于大卫像的辉煌，可在此之前，很少有人对这块雕刻大卫的石材做出褒评。其实并非石头不美，只是无人赏识，而米开朗基罗发现了它，并赏识它是一块用于雕刻的好石材，然后赋予了它新的价值。所以，我们应该学会赏识。”很显然，这篇文章的论点是最后一句——“我们应该学会赏识”。再如，论文《涵养创新的精气神》的结尾段是：“古人云，‘日新之谓盛德’。创新兴则国家兴，创造强则民族强。始终保持锐意创新的勇气、敢为人先的锐气、蓬勃向上的朝气，涵养创新的精气神，在迈向现代化的征途上，当代中国一定能实现爬坡过坎、弯道超车。”这篇文章的论点无疑就在段尾。

### （二）策略运用

1. 说说下列哪些标题极可能是中心论点？是的画“√”，不是的画“×”，可转换的进行转换。

①《让有些话穿耳而过》（　　）

②《切不可捧杀英雄》（　　）

③《成熟的稻谷会弯腰》（　　）

④《阅读的愉悦》（　　）

2. 请找出论点，并在下面画线。

我们对于传说的话，应当经过一番思考，不应当随便就信了。我们信它，因为它“是”；不信它，因为它“非”。这一番事前的思索，不随便轻信的态度，便是怀疑的精神。这是做一切学问的基本条件。

3. 请于段尾找出论点，并在下面画线。

① 中华民族历史悠久如滔滔长河，若没有语言文字的记载，无论是汉唐盛世，还是唐诗宋词，都将在后人的世界里湮灭无迹。在所有的伟大发明中，最重要的当属文字。

略去②③④⑤⑥

⑦ 汉字是我们文化的根，是滋养我们现实生存发展的血液。我们不能以游戏的心态对待书写的随意和错误，而应当敬重汉字，把我们民族的优秀文化书

写、传承下去，为五千年的文明史续写新篇章。

## 三、活动反思

1. 论点具备什么样的形式特点？

2. 通过学习，你知道如何找准论点了吗？

## 四、活动拓展

补充论点：在横线处补写一句话，使它能够统率全段的论证内容。

人生犹如连绵的山脉，有峰峦也有沟谷。“天下不如意，恒十居七八。”____________“活着，就是为了改变世界”是苹果公司原总裁史蒂夫·乔布斯的人生信念，他凭着iPhone、iPad产品的畅销实现了自己“改变世界”的梦想。但正是这样一位影响全球的天才，也曾陷入长达近11年的人生逆境。在这段人生逆境中，他遭遇了三次重大的挫折。先因决策失误而被董事会赶出自己创立的公司，接着因开发NeXT电脑没有销量而被人嘲笑，后来又因他对皮克斯公司产业定位不准而成为市场的笑料。但在逆境与挫折面前，乔布斯能够沉住气，坚守人生信念，不屈不挠，积极进取，终于使得皮克斯的电脑动画大获成功，最终以丰厚的资产与超人的智慧，重新回归苹果公司，引领苹果实现了“改变世界”的梦想。

【参考答案】

策略运用

1. ①《让有些话穿耳而过》（√）

②《切不可捧杀英雄》（√）

③《成熟的稻谷会弯腰》（×，可换成“成熟的人懂得暂时放下尊贵和体面”）

④《阅读的愉悦》（×可以转换“我们要享受阅读的喜悦”）

2. 论点是第一句。

3. 论点是：我们应当敬重汉字，把我们民族的优秀文化书写、传承下去，为五千年的文明史续写新篇章。

活动拓展

面对人生逆境和挫折沉住气，才能坚守信念，努力拼搏，最终成大器。

（深圳市红岭中学　杨燕皎）

# 散文阅读之语言赏析策略

## 一、活动导入

曾经有文学评论家说：“说到底，散文就是一种味道，精神的味道，以及文字的味道。散文就是通过自己独有的语言方式把它背后的味道传达出来，如果没有语言个性，散文就没有多大的价值。”因此，在散文阅读中如何品味散文的语言就显得尤为重要。

## 二、活动过程

### （一）策略剖析

散文语言的特点是：有浓郁的抒情韵味和深刻的哲理蕴含；优美流畅，清新自然，富有诗意；常用多种修辞手法，增强语言的感染力和文学性。

下面，我们从五个维度（修辞手法、用词角度、描写方法、描写角度、理解精辟句子）来品读散文句子，希望一方面能提高同学们的阅读赏析能力，另一方面能陶冶同学们的情怀。

1. 从修辞的角度。

第一步，从例题出发，研究画线句子，探究从修辞手法角度赏析语言的答题方式。

（1）小草偷偷地从土里钻出来……

答案：运用拟人的修辞手法，生动形象地写出了小草萌芽之状，表达了作者对春天的喜爱与赞美之情。

（2）春天像刚落地的娃娃，从头到脚都是新的，他生长着。

春天像小姑娘，花枝招展的，笑着，走着。

春天像健壮的青年，有铁一般的胳膊和腰脚，他领着我们上前去。

答案：通过运用比喻、排比的修辞手法，生动形象地写出了春天是新的，有旺盛的生命力；是美的、活泼生动的；是健壮有力的三个特点，表现了春天蓬勃的生命力，表达了作者对春天的喜爱和赞美之情。

第二步，归纳答题形式。

| 答题形式 |
| --- |
| 运用______的修辞手法，生动形象地写出了__________________的特点，表达了作者_________________________的思想感情。 |

2. 从用词的角度。

第一步，从例题出发，研究画线句子，探究从用词角度赏析语言的答题方式。

（1）小草偷偷地从土里钻出来……

答案："偷偷地"和"钻"生动形象地写出了不经意之间，春草已悄然破土而出的蓬勃的生命力，表达了作者对小草的喜爱和赞美之情，体现了文章用词的准确性和生动性。

（2）他用两手攀着上面，两脚再向上缩；他肥胖的身子向左微倾，显出努力的样子，这时我看见他的背影，我的泪很快地流下来了。

答案：通过"攀""缩""倾"等动词，生动形象地刻画出父亲过铁道给"我"买橘子的动作，表现了父亲爱子的深情，使父亲的"背影"深深印在了我们的脑海中，也使父亲的关爱深深刻进了我们的心里，体现了文章用词的准确性和生动性。

第二步，归纳答题形式。

| 答题形式 |
| --- |
| 通过"_________"一词（等词），生动形象地写出了_________特点或内容，表达了作者（人物）__________________的思想感情。 |

3. 从描写方法的角度。

| 描写角度分为人物描写和环境描写两方面。 |
| --- |
| （1）人物描写：外貌、语言、动作、神态、心理、肖像…… |
| （2）环境描写：自然环境、社会环境。 |

第一步，从例题出发，研究画线句子，探究从描写方法的角度赏析语言的答

题方式。

（1）我吃了一吓，赶忙抬起头，却见一个凸颧骨，薄嘴唇，五十岁上下的女人站在我面前，两手搭在髀间，没有系裙，张着两脚，正像一个画图仪器里细脚伶仃的圆规。

答案：运用肖像描写，描绘出了杨二嫂老、丑、站姿不雅这样一个尖酸刻薄的妇人形象，流露出作者对她的同情、鄙视。

（2）拿着沾着污迹的卷子，我无奈地走出了校门。夕阳无力地沉了下去，黑暗在一时间漫布了天空。一阵狂风刮过，路旁的树枝“啪啪”作响，继而被暴风卷走。枯黄的落叶，在树枝上做着最后的挣扎，尽管那样猛烈，但是被树枝无情地抛掉，砸落在地上。月亮好不容易从阴暗的云里冲出来，却又立刻被云缠住。

答案：运用自然环境描写，渲染出萧索、晦暗的氛围，烘托出“我”因考试不理想而沮丧失落的心情。

第二步，归纳答题形式。

| 答题形式 |
| --- |
| （1）运用______描写，写出了人物__________的形象，表达了作者__________________________________________的情感。 |
| （2）运用______环境描写，渲染了__________的氛围，烘托了__________的心情（性格）。 |

4. 从描写角度的方式。

所谓描写角度，即动静结合、虚实结合、正侧面描写、多种感官角度等。

第一步，从例题出发，研究画线句子，探究从描写角度来赏析语言的答题方式。

（1）不必说碧绿的菜畦，光滑的石井栏，高大的皂荚树，紫红的桑葚；也不必说鸣蝉在树叶里长吟，肥胖的黄蜂伏在菜花上，轻捷的叫天子（云雀）忽然从草间直窜向云霄里去了。

答案：此段运用动静结合的角度，抓住了百草园景物的特点，表现了百草园充满了生机，且趣味盎然，抒发了作者对百草园生活的热爱和向往之情。

（2）“吹面不寒杨柳风”，不错的，像母亲的手抚摸着你。风里带来些新翻的泥土的气息，混着青草味儿，还有各种花的香，都在微微润湿的空气里酝酿。

答案：从触觉和嗅觉的角度，把无形无味的风描写得形象至极，写出了春风柔和、清新的特点，更具感染力，抒发了作者对春的喜爱之情。

第二步，归纳答题形式。

| 答题形式 |
| --- |
| 从______的角度，写出了____________的特点，抒发了__________的感情。 |

5. 理解精辟句子的深层含义。

我蹲下来，背起了母亲，妻子也蹲下来，背起了我们的儿子……但我和妻子都是慢慢地，稳稳地，走得很仔细，好像我背上的同她背上的加起来，就是整个世界。

分析：A. 为什么我们都是“慢慢地，稳稳地，走得很仔细”？

B. 为什么“加起来是整个世界”？

C. 这句话表现了（表达了）怎样的情感？

答案：我和妻子就代表着中年人，上有老，下有小，既要赡养老人，又要抚养孩子，肩负着承前启后的责任，体现了“我”对生活的一种责任感和使命感。一个家庭是这样，一个民族甚至全世界也是这样。

| 答题形式 |
| --- |
| 先分解提问，再回答情感。 |

注意点：

一是赏析时不要面面俱到、泛泛而谈，而要找到一个切入点（即从哪个角度入手）做具体分析。

二是要结合语境具体分析，特别是从修辞角度赏析时，不能直接把修辞的作用罗列出来。

## （二）策略运用

1. 从修辞的角度赏析：花如云，花如海，花如霞。

______________________________________________

______________________________________________

2. 从用词的角度赏析：海水疯狂地汹涌着，吞没了远近大小的岛屿。

______________________________________________

______________________________________________

3. 从描写方法的角度赏析下面两段话。

（1）如人物描写："恭喜恭喜！大家恭喜！真聪明！恭喜恭喜！"她于是十分欢喜似的，笑将起来，同时将一点冰冷的东西，塞在我的嘴里。我大吃一惊之后，也就忽而记得，这就是所谓福橘，元旦辟头的磨难，总算已经受完，可以下床玩耍去了。

______________________________________________

______________________________________________

（2）如环境描写：一个阳光比水晶还明亮的下午。

______________________________________________

______________________________________________

4. 从描写角度的方式赏析：雕栏玉砌应犹在，只是朱颜改。

______________________________________________

______________________________________________

5. 理解精辟句子的深层含义赏析："此时的我已经懂得，16岁的年龄应该在自己的生命之田里种庄稼还是种杂草。"读到此处，你认为"我"已经懂得了什么道理？

______________________________________________

______________________________________________

## 三、活动反思

研究五种赏析语言的答题形式，你发现了什么共同点吗？

| 表述方式： |
| --- |
| （1）抓________ |
| （2）扣________（析关键词、看上下文） |
| （3）析________（主旨、情感） |

## 四、活动拓展

请你自主出一道题，并完成答题。

题目：______________________________________

参考答案：__________________________________

【参考答案】

策略运用

1. 运用比喻和排比的修辞手法，生动形象地写出了花的轻盈、繁茂和艳丽的特点，表达了作者对花的喜爱、赞美之情。

2. 通过“疯狂”“汹涌”“吞没”这些充满力度的词语，写出了大海勇猛无畏的性格，表达了作者对大海的喜爱与赞美之情。

3.（1）从人物语言和动作描写的角度，写出了阿长是个容易满足的、爱孩子的保姆，抒发了作者的怀念之情。（2）运用景物描写，写出了天气的明媚晴朗，巧妙地表现了人物的喜悦与激动之情。

4. 这句话运用了虚实结合的手法。作者将“雕栏玉砌”与“朱颜”对照着写，生动形象，表现了故国凄凉、物是人非之感。

5. 珍惜自己的青春年华，勤奋上进，不能让私心杂念占据自己的内心。

活动反思

1. 角度。

2. 内容。

3. 作用。

活动拓展

（略。）

（深圳市红岭中学　郑淑慧）

# 学习古典诗词之知人论世策略

## 一、活动导入

如果问古诗和现代诗有什么不同？很多同学首先想到的答案应该是：古诗格式整齐，字数少；现代诗格式自由，字数多。是的，中国古典诗词大多数用字凝练、蕴意丰富。如何较准确地理解作者通过“只言片语”所表达的丰富情感呢？有一种很有用的办法，叫作“知人论世”。也就是说我们在欣赏、吟咏古人的诗歌作品时，应该深入探究作者的生平和为人，全面了解他们所生活的环境和时代，与作者成为心灵相通的好朋友。那么，在具体学习中，如何正确使用知人论世策略呢？

## 二、活动过程

### （一）策略剖析

知人论世策略包含知人和论世两个层面。知人，就是了解作品的作者，既包括他的生活经历、政治境遇、思想倾向等，也包括他的创作风格、流派等。论世，是要了解作品与它产生的时代的关系，也就是我们通常所说的时代背景。

运用知人论世策略学习古典诗词，主要包括以下几个步骤。

第一步，知人。看清诗歌作者，如果是较为熟悉的，要结合作者的生平和创作风格进行答题。

其一，作者生平。诗人的生平阅历会影响其创作主题。如王安石的《梅花》：墙角数枝梅，凌寒独自开。遥知不是雪，为有暗香来。要透彻地理解这首小诗，就必须了解作者当时所进行的政治改革以及改革遇挫、失败的经历。“数枝梅”于“墙角”已显孤立，却迎着“凌寒”“独自”开放，传来“暗香”，表达了自己不畏艰险、坚持真理的高洁情操。

其二，创作风格。很多诗人有着一贯的创作个性和特点，如王维、孟浩然的诗歌，表现了平淡自然、恬静淡雅的风格；李白的诗歌表现了雄奇豪放、洒脱飘逸的风格；杜甫的诗歌则具有沉郁顿挫、忧国忧民的特点等。拥有了这些知识基础，即使遇到陌生的诗歌，我们也能揣知其中含义。如杜甫的《归雁》：东来万里客，乱定几年归。肠断江城雁，高高正北飞。“安史之乱”平定后，杜甫羁旅蜀地，不能及时返乡。当诗人为乡情所苦、愁思百结的时候，看见队队大雁向北飞向中原地带，想到大雁一年一度地回到故乡，而自己多年滞留异地，不禁愁思缕缕。此诗寄托了作者深切的思乡感情，并流露出对朝廷的系念和对国事的关心。

第二步，论世。知人是建立在了解作者的基础上。如果作者是陌生的，就要结合注释或介绍，寻找蛛丝马迹，注意诗歌的创作情境和大的时代背景。

其一，创作情境。很多诗歌会有注释，注释往往会交代作者是在什么样的环境下创作该作品的。如李白的《早发白帝城》：朝辞白帝彩云间，千里江陵一日还。两岸猿声啼不住，轻舟已过万重山。【注释】这首诗是李白在流放途中遇赦返回时所创作的一首诗歌。根据注释，结合作品，我们能够分析得出，本诗表达了作者遇赦后返回时喜悦、畅快、轻松的心情。

其二，时代背景。社会存在决定社会意识，时代精神与社会生活往往对诗人的创作产生重要影响。如南宋时期，国家衰败，金兵南犯，统治者苟且偷安，人民生活在水深火热之中。这一时期涌现出较多的爱国文人，如陆游、辛弃疾等，他们的作品更多地表达了报国无门、壮志难酬的悲愤之情。如陆游的《诉衷情》：当年万里觅封侯，匹马戍梁州。关河梦断何处？尘暗旧貂裘。胡未灭，鬓先秋，泪空流。此生谁料，心在天山，身老沧洲！这首诗表达的就是那个时代的主题。

第三步，运用知人论世策略应当注意的事项。

知人论世策略包含的几个要素——创作情境、时代背景、作者生平、创作风格等，它们之间的关系不是独立的、割裂的，而是相互联系、不可分割的。另外，知人论世策略不是绝对的，如“沉郁顿挫”的杜甫也创作过《闻官军收河南河北》的轻松欢快之作，因此在具体的诗歌学习中，要结合具体作品的内容加以分析。

### （二）策略运用

请运用知人论世策略分析下面两首诗歌。

1. 唐代诗人岑参《逢入京使》：故园东望路漫漫，双袖龙钟泪不干。马上相逢无纸笔，凭君传语报平安。【注释】本诗作于天宝八年作者奔赴边塞途中。入京使：回京城长安的使者。这首诗表达了诗人怎样的情感？

2. 唐代诗人宋之问《渡汉江》：岭外音书断，经冬复历春。近乡情更怯，不敢问来人。【注释】这首诗写于作者贬谪岭南途中。按常理说后两句似乎写作“近乡情更切，急欲问来人”更恰当。这里的“怯”和“不敢”反映了诗人怎样的心理？

## 三、活动反思

运用知人论世策略学习古典诗词，主要分为哪几步？每一步的关键是什么？学习这个策略之后，你有什么心得体会？

## 四、活动拓展

宋代著名女词人李清照的作品与她的人生密切相关，以南渡为界，呈现出两种不同的风格。前期词的风格是细腻婉转、爽朗明快，充满了早期生活的欢乐和浪漫气息。而后期词的风格是沉郁忧伤、苍凉凄楚，多表现身世之苦、故国之思，情调低沉，令人动容。请摘录两首李清照不同时期的代表作品，细心感悟。

---

【参考答案】

策略运用

1. 此诗描写了诗人远涉边塞，路遇入京使者，托其带平安口信，以安慰家人的场面，表达了诗人思念家乡、惦记亲人的情感。

2. 因为一方面固然是日夜思念家人，另一方面又时刻担心家人的命运，怕他们由于自己的牵累或其他原因而遭到不幸。这种抒写更显真切，耐人咀嚼。

活动拓展

《如梦令》：常记溪亭日暮，沉醉不知归路。兴尽晚回舟，误入藕花深处。争渡，争渡，惊起一滩鸥鹭。

《声声慢》：寻寻觅觅，冷冷清清，凄凄惨惨戚戚。乍暖还寒时候，最难将息。三杯两盏淡酒，怎敌他、晚来风急？雁过也，正伤心，却是旧时相识。满地黄花堆积，憔悴损，如今有谁堪摘？守着窗儿独自，怎生得黑！梧桐更兼细雨，到黄昏、点点滴滴。这次第，怎一个愁字了得！

（深圳市龙华区福苑学校　卫洪波）

# 文言文翻译策略

## 一、活动导入

在学习古文的过程中，你是否对文言文翻译感到头疼呢？其实，我们现阶段所学习的古文，无论从写作手法上，还是从思想内容上，都是贴近生活实际的。只要有针对性地加以训练，文言文翻译并不难。文言文翻译一般有两种形式：一是直译，即用现代汉语对原文进行机械地对应翻译，做到实词和虚词尽可能文

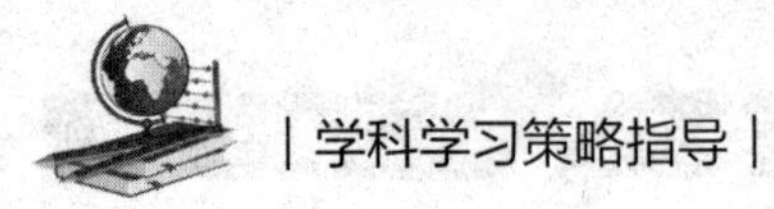



意相对；一是意译，即不采取实词和虚词字字都落实的办法，仅根据文意进行翻译，做到尽量符合原文的意思。下面，我们就来学习文言文翻译策略。

## 二、活动过程

（一）策略剖析

文言文翻译策略可归结为五个字——留、替、调、补、删。

第一步，留，即保留法，就是把文言文句子中的某些词语原样保留。例如，人名、地名、物名、官名、年号、日期等。《晏子使楚》中的“楚王”“晏子”等人名可以直接保留；《岳阳楼记》中的“庆历四年春”的“庆历”作为年号可以直接保留，直接译作“庆历四年的春天”就可以。

第二步，替，即替换法，也就是用现代词语替换古代词语。如诸葛亮《出师表》中的“愚以为宫中之事，事无大小，悉以咨之”，“愚”换成“我”，“悉”换成“都”，“咨”换成“商量”。值得注意的是，有些文言词语，其字形在古今上完全相同，但词的意义发生了变化。有的词义扩大，如“江”“河”原专指长江、黄河，后泛指普通的江河。有的词义缩小，如“妻子”，古指妻子和儿女，今专指妻子。有的词义发生变化，如“牺牲”，古指祭祀用的猪牛羊等，今指为正义事业而失去生命。有的词感情色彩发生变化，如“卑鄙”，原指地位低下，今指语言、行为等恶劣、不道德。

第三步，调，即调整法，就是把古汉语倒装句调整为现代汉语句式。例如，宾语前置、定语后置、主谓倒装等，在翻译时要把倒置的成分调整过来，否则就不符合现代语法了。《曹刿论战》中“何以战？”一句，是宾语前置句，“何”作为“以”的宾语，应译为“凭什么打这一仗”。《岳阳楼记》中“居庙堂之高则忧其民”一句，为定语后置句，“高”为“庙堂”的定语，译时应放在“庙堂”的前面。《愚公移山》中“甚矣，汝之不慧”，是主谓倒装，意在强调谓语“甚矣（太过分了）”，应按“汝之不慧，甚矣”的语序翻译。互文见义的语序也要调整，如《木兰诗》中“将军百战死，壮士十年归”一句，应译为“将军和壮士们出征十年，经历了很多次战斗，有的战死，有的归来”。

第四步，补，即增补法，就是把文言句子中省略的成分如主语、谓语、宾语、介词等补充出来，以求句意的完整。《扁鹊见蔡桓公》中“医之好治不病以为功”一句，“以”后面省略了代词“之”（治好病），翻译时就要补出来，应是“医生喜欢给没病的人治病，把‘治好病’当作自己的功劳”。再有，在古汉语中，数词可以直接修饰名词，但在现代汉语中数词必须与量词结合成数量结构后才能修饰名词。因此，翻译这类有数词的语句时，应在数词后加上量词构成数量结构来修饰名词。《口技》中“撤屏视之，一人，一桌，一椅，一扇，一抚尺而已”一句，“一人”“一桌”“一椅”“一扇”“一抚尺”都没有量词，翻译时应把这些量词补出来。

第五步，删，即省略法，也就是文言文中有些虚词只有某种语法作用，而没有实在意思，翻译时该虚词可省略不译。有些文言虚词在句中只起语法作用，无实在意义，在翻译时可删去不译。比如，删掉句首句尾的语气词，如《曹刿论战》中的“夫战，勇气也”，可以删掉“夫”和“也”；删掉句中表顺接的连词，如《论语十则》中的“温故而知新”，可以删掉“而”；删掉只起结构作用的助词，如《爱莲说》中的“予独爱莲之出淤泥而不染”，可以删掉“之”。

### （二）策略运用

按照本文介绍的策略翻译下面的文段。

1. 子曰：“贤哉，回也！一箪食，一瓢饮，在陋巷，人不堪其忧，回也不改其乐。贤哉，回也！”

2. 臣本布衣，躬耕于南阳，苟全性命于乱世，不求闻达于诸侯。

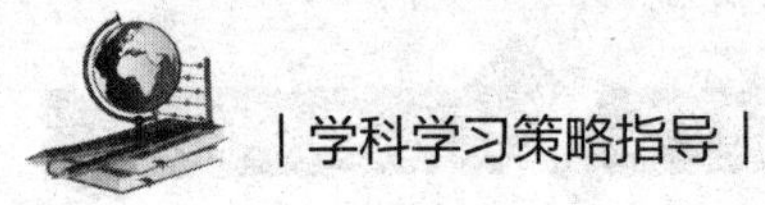


## 三、活动反思

对于文言文的翻译方法，我们应进行客观处理，不能片面地理解，要综合地运用，并在运用中不断体会、总结、归纳。希望同学们多读多练，努力达到触类旁通、举一反三的效果。

## 四、活动拓展

将课文中某一段文言文和标准译文进行对比，找出分别属于“留、替、调、补、删”的部分。

【参考答案】

策略运用

1. 孔子说：“颜回，贤德啊！吃的是一小筐饭，喝的是一瓢冷水，住在穷陋的房子中，别人都受不了这种贫苦，颜回却仍然不改变他的乐趣。颜回，贤德啊！”

（解析：本句中，“子”“回”是人名，翻译时需要“留”；“贤哉，回也”属于主谓倒装句，翻译时需要“调”；“在陋巷”，陋和巷都属于单音节词，翻译时需要“替”；“一箪食，一瓢饮，在陋巷”，三个短语前面都省略了动词，翻译时应该“补”；两个“回也”中的“也”都无意义，翻译时应该“删”。）

2. 我本来是个平民，在南阳务农亲耕，只求能在乱世中暂且保全性命，不希求诸侯知道我而获得显贵。

（解析：本句中，“南阳”是地名，翻译时需要“留”；“躬耕于南阳，苟全性命于乱世，不求闻达于诸侯”属于状语后置句，翻译时需要“调”；“布衣”是平民的意思，翻译时需要“替”；“苟全性命于乱世”句前省略了“只求”，翻译时需要“补”。）

（深圳市龙华区福苑学校　卫洪波）

# 第二章
# 数学学习策略指导

# 反证策略

## 一、活动导入

我们在证明一个几何命题时，当用直接证法比较困难时，则可以采用间接证法。反证策略就是一种间接证法，它不是直接去证明命题的结论成立，而是去证明命题结论的反面不能成立，从而推出命题的结论必然成立。掌握这种方法，对于提高推理论证的能力和探索新知识的能力都是非常必要的。

## 二、活动过程

### （一）策略剖析

下面，我们结合具体例子来讲解这个策略。

例　$a_1$，$a_2$，$a_3$，$a_4$，$a_5$都是正数，且$a_1+a_2+a_3+a_4+a_5=1$，那么这五个数中至少有一个大于或等于$\frac{1}{5}$.

第一步，先假设所要证明的结论不成立。即假设这五个数没有一个大于或等于$\frac{1}{5}$，那么这五个数都小于$\frac{1}{5}$。

第二步，在这个假定条件下进行一系列的正确逻辑推理，直至得出一个矛盾的结论来，并据此否定原来的假设，从而确认所要证明的结论成立。这里所说的矛盾，是指与题目中所给的已知条件矛盾，或是与数学中的已知定理、公理和定义相矛盾，还可以是与日常生活中的事实相矛盾，甚至可以是从两个不同角度进行推理所得出的结论之间相互矛盾（即自相矛盾）。根据加法意义，所以它们的和小于1，这与$a_1+a_2+a_3+a_4+a_5=1$相矛盾。

第三步，由矛盾判定假设不正确，从而肯定命题的结论正确。所以，至少有一个大于或等于$\frac{1}{5}$。

简而言之，就是“反设—归谬—结论”三步曲。

（二）策略运用

1. 在$\triangle ABC$中，若$\angle C$是直角，那么$\angle B$一定是锐角.

2. 求证：直线与圆最多只有两个交点.

## 三、活动反思

1. 你在本节课学到了哪些知识、技巧或数学思维方法？

2. 运用反证策略证明几何命题主要有哪几个步骤？每个步骤要抓住的主要问题是什么？运用本策略，你有什么心得体会？

---

【参考答案】

策略运用

1. 证明：假设结论不成立，则$\angle B$是直角或钝角.

当$\angle B$是直角时，则$\angle B+\angle C=180°$，这与三角形的三个内角和等于180°矛盾.

当$\angle B$是钝角时，则$\angle B+\angle C>180°$，这与三角形的三个内角和等于180°矛盾.

综上所述，假设不成立，所以$\angle B$一定是锐角.

2. 证明：假设一直线$l$与$\odot O$有三个不同的交点$A$，$B$，$C$，$M$，$N$分别是弦$AB$，$BC$的中点.

$\because OA=OB=OC$

$\therefore$ 在等腰$\triangle OAB$和$\triangle OBC$中

$$OM\perp AB，ON\perp BC$$

从而过$O$点有两条直线都垂直于$l$.

这是不可能的，故假设不能成立，因此直线与圆最多只有两个交点.

（深圳市龙华区福苑学校　薛　敏）

# 分组分解策略

## 一、活动导入

当我们对多项式进行因式分解，发现它的项数有四项或六项或大于六项的时候，有什么好的策略可以帮助我们更好更直接地分解因式呢？下面，我们要学习一个重要策略——分组分解策略。

## 二、活动过程

### （一）策略剖析

如果一个多项式适当分组后各组之间有公因式或可应用公式，那么这个多项式就可以用分组的方法分解因式。

我们有目的地将多项式的某些项组成一组，从局部考虑，使每组都能够分解，从而达到整个多项式因式分解的目的。至于如何恰当地分组，需要具体问题具体分析。但分组时要有预见性，要统筹思考，减少盲目性，因为分组的好坏直接影响到因式分解能否顺利进行。通过适当的练习，不断总结规律，便能掌握分组的技巧。

下面，我们结合具体例子来讲解这个策略。

例1　分解因式：$2x^2+2xy-3x-3y$.

第一步，观察此题，若将含有系数2的项分在一组，即$2x^2+2xy=2x(x+y)$，将含有系数-3的项分在一组，即$-3x-3y=-3(x+y)$。

第二步，观察$2x(x+y)$与$-3(x+y)$，有公因式$(x+y)$可提，可以继续用提公因式策略进行分解。

第三步，把正确的答案按照要求写出来。

解：$2x^2+2xy-3x-3y$

$=(2x^2+2xy)-(3x+3y)$

$=2x(x+y)-3(x+y)$

$=(x+y)(2x-3)$.

例2　分解因式：$4x^2-9y^2-24yz-16z^2$.

第一步，若应用上述的方法分组，将$4x^2-9y^2$一组应用平方差公式，或者将$4x^2-16z^2$一组应用平方差公式后，再没有公因式可提，则分组失败。

第二步，观察此题的特点，后三项符合完全平方公式，将此题$4x^2$和$-9y^2-$

$24yz-16z^2$分组，先用完全平方公式，再用平方差公式完成分解。

第三步，把正确的答案按照要求写出来。

解：$4x^2-9y^2-24yz-16z^2$

$=4x^2-(9y^2+24yz+16z^2)$

$=(2x)^2-(3y+4z)^2$

$=(2x+3y+4z)(2x-3y-4z)$.

总结：一般对于四项式的多项式的分解，可将四项式两项两项地分成两组，在各组提公因式后，若它们的另一个因式恰好相同，则在组与组之间仍有公因式可提，如例1的解法。两项两项地分组后也可各自用平方差公式，再提取组之间的公因式，如例2的解法。

### （二）策略运用

分解因式：

1. $a^2-b^2+4a-4b$；　　　　2. $m^2+n^2-2mn+n-m$.

## 三、活动反思

1. 分组分解策略体现了整式乘法和分解因式之间怎样的相互关系？

2. 运用分组分解策略进行因式分解主要有哪几个步骤？每个步骤要抓住的主要问题是什么？运用本策略，你有什么心得体会？

【参考答案】

策略运用

1. 解：$a^2-b^2+4a-4b$

$=(a^2-b^2)+(4a-4b)$

$=(a+b)(a-b)+4(a-b)$

$=(a-b)(a+b+4)$.

2. 解：$m^2+n^2-2mn+n-m$

$=(m^2-2mn+n^2)-(m-n)$

$=(m-n)^2-(m-n)$

$=(m-n)(m-n-1)$

（深圳市龙华区福苑学校　薛　敏）

# 十字相乘策略

## 一、活动导入

在学习因式分解中，当遇到二次三项式这种类型的题目时，有什么好的策略可以帮助我们更好地分解因式呢？这里有一个重要策略——十字相乘策略。

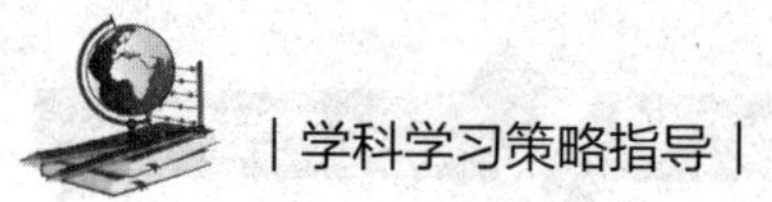


## 二、活动过程

### （一）策略剖析

对于首项系数是1的二次三项式的十字相乘策略是：十字左边相乘等于二次项，右边相乘等于常数项，交叉相乘再相加等于一次项。其实就是运用乘法公式（$x+a$）（$x+b$）$=x^2+$（$a+b$）$x+ab$的逆运算来进行因式分解。

在运用这种方法分解因式时，要注意观察、尝试并体会，它的实质是二项式乘法的逆过程。当首项系数不是1时，往往需要多次试验，务必注意各项系数的符号。

下面，我们结合具体例子来讲解这个策略。

例1　因式分解：$x^2-3x-10$.

第一步，先分解二次项系数，分别写在十字交叉线的左上角和左下角，再分解常数项，分别写在十字交叉线的右上角和右下角，然后交叉相乘，求代数和，使其等于一次项系数。

分解二次项系数（只取正因数，因为取负因数的结果与正因数结果相同）：$1=1\times1$。

分解常数项：$-10=-1\times10=-10\times1=-2\times5=-5\times2$。

第二步，用画十字交叉线的方法表示下列四种情况。

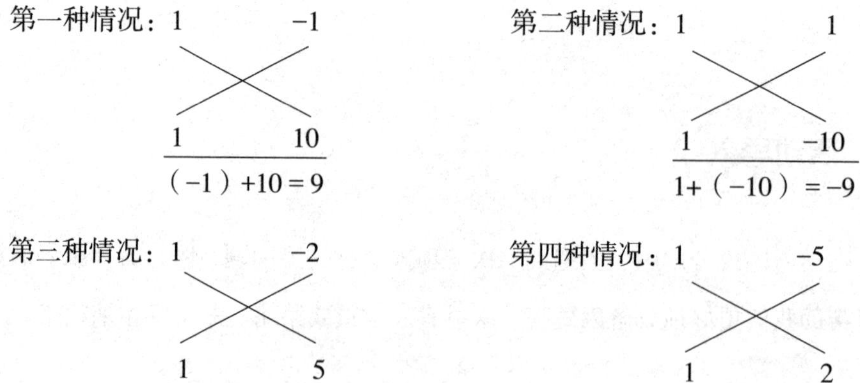

经过观察，第四种情况是正确的，这是因为交叉相乘后，两项代数和恰好等于一次项系数−3。

第三步，把正确的答案按照要求写出来。

解：原式＝（$x-5$）（$x+2$）.

总结：$x^2+(p+q)x+pq$型的式子的因式分解。

这类二次三项式的特点是：二次项的系数是1，常数项是两个数的积，一次项系数是常数项的两个因数的和。因此，可以直接将某些二次项的系数是1的二次三项式因式分解：$x^2+(p+q)x+pq=(x+p)(x+q)$。

对于二次三项式$ax^2+bx+c$（$a$，$b$，$c$都是整数，且$a\neq 0$）来说，如果存在四个整数$a_1$，$c_1$，$a_2$，$c_2$满足$a_1a_2=a$，$c_1c_2=c$，并且$a_1c_2+a_2c_1=b$，那么二次三项式$ax^2+bx+c$即$a_1a_2x^2+(a_1c_2+a_2c_1)x+c_1c_2$可以分解为（$a_1x+c_1$）（$a_2x+c_2$）。这里要确定四个常数$a_1$，$c_1$，$a_2$，$c_2$，分析和尝试都要比首项系数是1的类型复杂，因此一般要借助画十字交叉线的方法来确定。

例2　因式分解：$2x^2-7x+3$.

第一步，先分解二次项系数，分别写在十字交叉线的左上角和左下角，再分解常数项，分别写在十字交叉线的右上角和右下角，然后交叉相乘，求代数和，使其等于一次项系数。

分解二次项系数（只取正因数，因为取负因数的结果与正因数结果相同）：$2=1\times 2=2\times 1$。

分解常数项：$3=1\times 3=3\times 1=(-3)\times(-1)=(-1)\times(-3)$。

第二步：用画十字交叉线的方法表示下列四种情况。

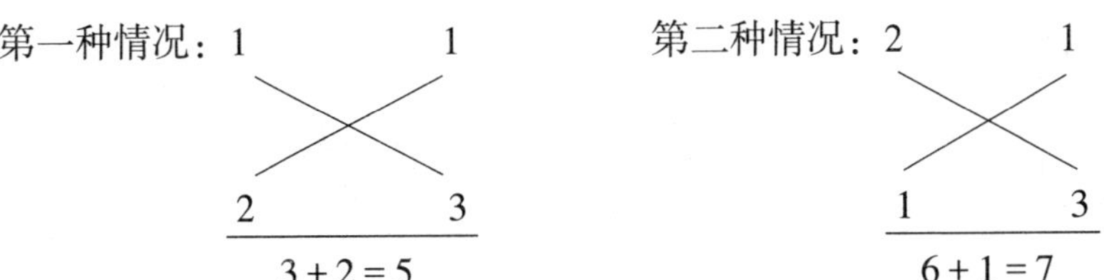

第三种情况：

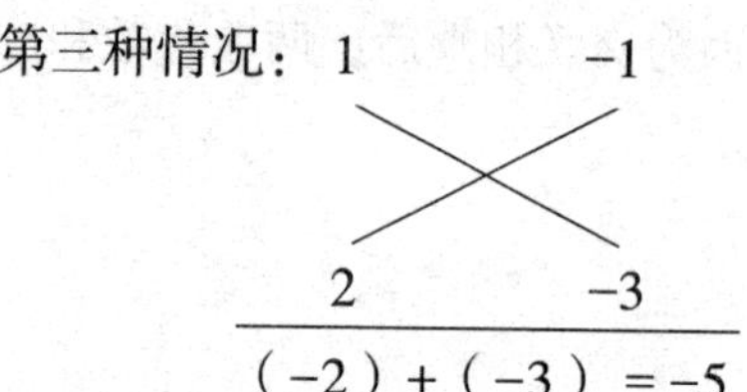


第四种情况：

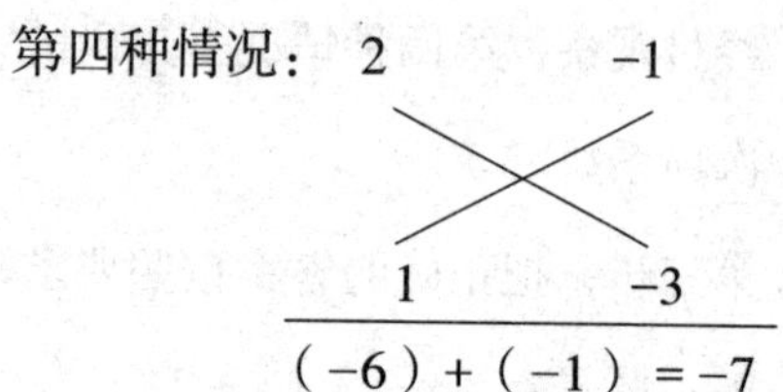


经过观察，第四种情况是正确的，这是因为交叉相乘后，两项代数和恰等于一次项系数−7.

第三步，把正确的答案按照要求写出来。

解：原式 =（$2x-1$）（$x-3$）.

（二）策略运用

分解因式：

1. $x^2-x-12$；　　2. $x^2+2x-15$；

3. $6x^2-7x-5$；　　4. $5x^2+6xy-8y^2$.

## 三、活动反思

1. 十字相乘法策略体现了整式乘法和分解因式之间怎样的相互关系？

2. 运用十字相乘策略因式分解，主要有哪几个步骤？每个步骤要抓住的主要问题是什么？运用本策略，你有什么心得体会？

【参考答案】

策略运用

1. 原式 =（$x+3$）（$x-4$）；　　2. 原式 =（$x-3$）（$x+5$）；

3. 原式 = $(2x+1)(3x-5)$；　　　　4. 原式 = $(x+2y)(5x-4y)$.

（深圳市龙华区福苑学校　薛　敏）

# 符号化策略

## 一、活动导入

很多同学做题时常常感觉题目很长，信息量很大，而且是文字说明。如果将这些文字符号化，则将大大提高做题的效率。接下来，我们要学习一种很重要的策略——符号化策略。

## 二、活动过程

### （一）策略剖析

所谓符号化策略，指用符号及符号组成的数学语言来表达数学的概念、运算和命题等，是方程的思想方法的基础。

我们很早接触过的符号化是用字母表示数，如加法交换率$a+b=b+a$，正方形的面积$a^2$等。

深入理解符号化策略，我们需要做到以下几点。

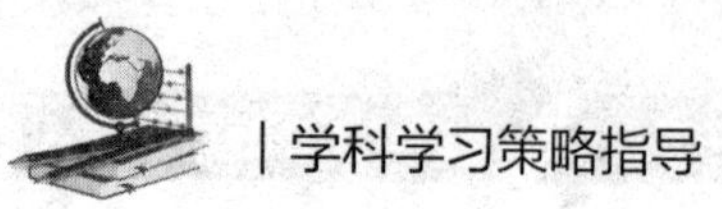



第一，要理解符号的意义，有相应的符号储备。

| 知识点 | 应用举例 | 应用拓展 |
| --- | --- | --- |
| 数的大小关系 | =，≈，>，< | ⩾，⩽，≠ |
| 运算定律 | 加法交换律：$a+b=b+a$ | |
| | 加法结合律：$a+b+c=a+(b+c)$ | |
| | 乘法交换律：$ab=ba$ | |
| | 乘法结合律：$(ab)c=a(bc)$ | |
| | 乘法分配律：$a(b+c)=ab+ac$ | |
| 数量关系 | 时间、速度和路程：$s=vt$ | |
| | 数量、单价和总价：$a=np$ | |
| | 正比例关系：$y/x=k$ | |
| | 反比例关系：$xy=k$ | |
| | 用表格表示数量间的关系 | |
| | 用图象表示数量间的关系 | |
| 用字母表示计量单位 | 长度单位：km，m，dm，cm，mm | |
| | 面积单位：$km^2$，$m^2$，$dm^2$，$cm^2$，$mm^2$ | |
| | 质量单位：t，kg，g | |
| 用符号表示图形 | 用字母表示点：三角形$ABC$<br>用符号表示角：∠1，∠2，∠3，∠4 | △$ABC$<br>线段$AB$<br>直线$CD$<br>直线$l$ |
| | 两线段平行：$AB/\!/CD$<br>两线段垂直：$AB\perp CD$ | |

（续　表）

| 知识点 | 应用举例 | 应用拓展 |
|---|---|---|
| 用字母表示公式 | 三角形面积：$S=ah/2$ | |
| | 平行四边形面积：$S=ah$ | |
| | 梯形面积：$S=(a+b)\mathrm{h}/2$ | |
| | 圆周长：$C=2\pi r$<br>圆面积：$S=\pi r^2$ | |
| | 长方体体积：$V=abc$<br>正方体体积：$V=a^3$<br>圆柱体积：$V=Sh$<br>圆锥体积：$V=Sh/3$ | |

第二，理解并运用符号表示数量关系和变化规律。这是一个从一般到特殊、从理论到实践的过程，包括用关系式、表格和图象表示情境中数量间的关系。如假设一个正方形的边长是$a$，那么$4a$就表示该正方形的周长，$a^2$表示该正方形的面积。这既是一个符号化的过程，也是一个解释和应用模型的过程。

第三，会进行符号间的转换。数量间的关系一旦确定，便可以用数学符号表示出来。如角平分线上的点到这个角两边的距离相等。对于这句话，我们可以把它转换成符号：

（角平分线）$\angle 1=\angle 2$，$PM\perp OA$，$PN\perp OB$（点$P$到这个角两边的距离），所以$PM=PN$（相等）.

## （二）策略运用

1. 甲、乙两个车站相距96km，快车和慢车同时从甲站开出，1h后快车在慢车前12km，快车比慢车早40min到达乙站，快车和慢车的速度各是多少？将题目所给的信息用符号表示出来。

2. 在同圆或等圆中，相等的圆心角所对的弧相等，所对的弦相等（或所对弦的弦心距相等）。在同圆或等圆中，两个圆心角、两条弧、两条弦（或两弦的弦心距）中有一组量相等，它们所对应的其余各组量也相等。请用符号语言表示。

## 三、活动反思

1. 符号化策略可以应用到哪些题型？

2. 符号化策略能给我们带来哪些方便？

【参考答案】

策略运用

1.

| | 所行距离 | 速度 | 时间 |
|---|---|---|---|
| 快车 | 96km | $x$km/h | $\frac{96}{x}$ h |
| 慢车 | 96km | $(x-12)$km/h | $\frac{96}{x-12}$ h |

2.

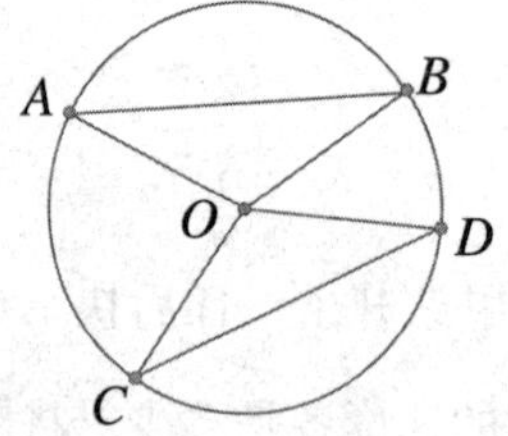


如图所示，在⊙$O$中，

①$\because \angle AOB=\angle COD$，$\therefore AB=CD$，$\overset{\frown}{AB}=\overset{\frown}{CD}$.

②$\because AB=CD$，$\therefore \angle AOB=\angle COD$，$\overset{\frown}{AB}=\overset{\frown}{CD}$.

③$\because \overset{\frown}{AB}=\overset{\frown}{CD}$，$\therefore \angle AOB=\angle COD$，$AB=CD$.

（深圳市龙华区福苑学校　刘江涛）

# 数形结合策略

## 一、活动导入

数与形就好比数学中的左腿和右腿，在相关题型中利用数与形结合思想解决问题，能起到事半功倍的效果。这里，我们要学习一种很重要的策略——数形结合策略。

## 二、活动过程

### （一）策略剖析

数形结合策略包含以形助数和以数解形两个方面。利用数形结合思想，可以使初中数学中的复杂问题简单化、抽象问题具体化，兼有数的严谨性与形的直观性两大优势，是优化解题过程的一种重要途径。

第一，从以数解形的角度来看，数形结合思想主要有以下两个结合点。

（1）利用数轴、平面直角坐标系把几何问题进行代数化。

（2）利用面积、距离、角度等几何量来解决几何问题，如利用勾股定理证明直角、利用线段比例证明相似等。

例1　在平面直角坐标系中，直线$l$与坐标轴的交点如图所示，求$AB$的长。

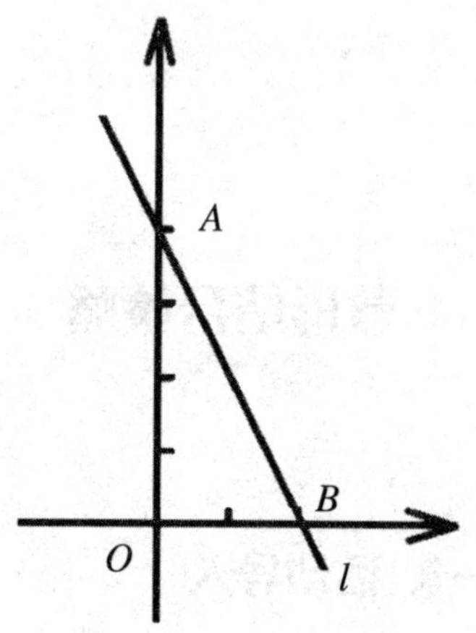


分析：这一题经过转化后实质上就是求平面上两点之间的距离。

利用勾股定理可得$AB=\sqrt{4^2+2^2}=2\sqrt{5}$。

这个问题实质上是利用数形结合的思想来推导在有具体点的坐标下的两点之间的距离。熟练地运用这种思想，能够使相关距离问题的求解得到极大的简化。

第二，以形助数。

几何图形在数学中所具有的最大的优势就是直观易懂，所以在谈到数形结合思想时，更偏好于以形助数的方法，即利用几何图形解决相关不易求解的代数问题。几何图形直观地运用于代数中主要体现在几个方面：

（1）利用相关的几何图形帮助记忆代数公式，如完全平方公式与平方差公式。

（2）利用数轴及平面直角坐标系赋予一些代数表达式几何意义，通过构造几何图形，进而帮助求解相关的代数问题，或者简化相关的代数运算。

例2　不等式组$\begin{cases}2x-2>0\\4-2x\leqslant 0\end{cases}$的解在数轴上表示为（　　）.

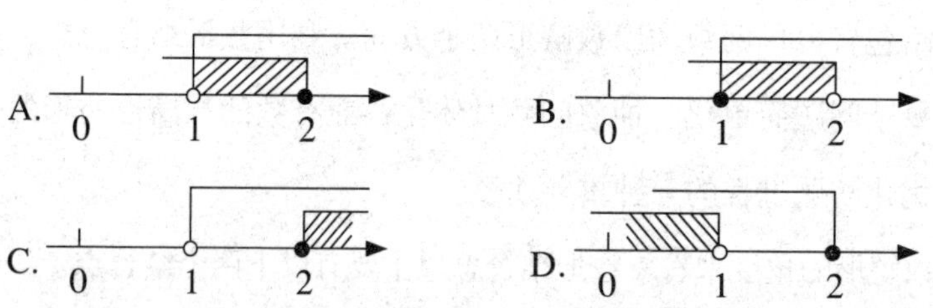


分析：先解每一个不等式，再根据结果判断数轴表示的正确方法。

解：由不等式$2x-2>0$，得$2x>2$，解得$x>1$.

由不等式$4-2x\leqslant 0$，得$-2x\leqslant -4$，解得$x\geqslant 2$.

∴ 数轴表示的正确方法为C.

解决代数问题，往往借助几何图形，靠图形的直观来支持抽象的思维过程。数与形在一定条件下是可以互相转化的，借助几何图形可以使代数问题更简单、更直观。

（二）策略运用

1. 如图，在平面直角坐标系中，$A$（2，3），$B$（5，3），$C$（2，5），是三角形的三个顶点，求$BC$的长.

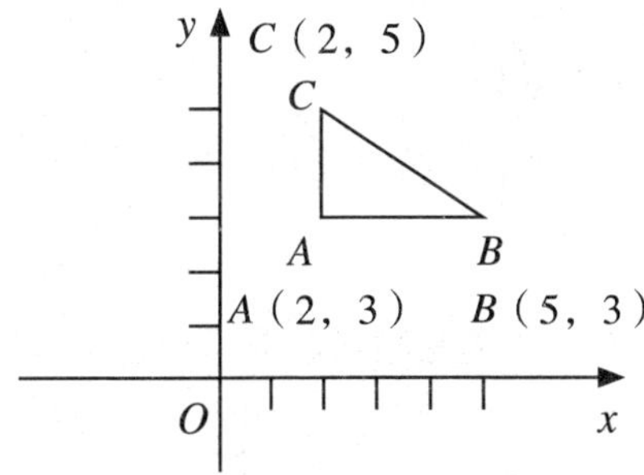


2. 已知$a$，$b$均为正数，且$a+b=2$。求$\sqrt{a^2+4}+\sqrt{b^2+1}$的最小值.

## 三、活动反思

1. 数形结合策略的适用范围包括哪些?

2. 数形结合的特点有什么?

【参考答案】

策略运用

1. 解：由图可知$B$（5，3）和$C$（2，5），由两点之间的距离公式可知

$$BC=\sqrt{(5-2)^2+(5-3)^2}=\sqrt{13}.$$

2. 解：作线段$AB=2$，过$A$作$AC\perp AB$，且$AC=2$，过$B$在$AB$的另一侧作$BD\perp AB$，且$BD=1$. 在$AB$上任取一点$P$，设$PA=a$，则$PB=b$，则$a+b=2$. 连结$PC$，$PD$，$CD$，由勾股定理得

$$CP=\sqrt{a^2+2^2}=\sqrt{a^2+4}.$$

$$DP=\sqrt{b^2+1^2}=\sqrt{b^2+1}.$$

$$CD=\sqrt{(2+1)^2+2^2}=\sqrt{13}.$$

由两点之间线段最短，得$CP+DP\geqslant CD$，即

$$\sqrt{(a^2+4)}+\sqrt{(b^2+1)}\geqslant\sqrt{13}$$

所以若$a+b=2$，则$\sqrt{a^2+4}+\sqrt{b^2+1}$的最小值是$\sqrt{13}$.

（深圳市龙华区福苑学校　刘江涛）

# 加减消元策略

## 一、活动导入

解方程组的根本就是消元，常用的方法有代入消元法，可有时由于分式等情况，导致代入过程有些烦琐。今天，我们就来学习一种新的消元策略——加减消元策略。

## 二、活动过程

### （一）策略剖析

加减消元策略是指通过将方程组的两个方程进行加减法运算消去某个未知数，进而得到方程组的解的方法。关键就是要在组成方程组的两个方程中构造出相同或相反的项。

例　解方程组$\begin{cases} 2x+3y=19 & ① \\ 3x-2y=9 & ② \end{cases}$

第一步，构造相同或相反项，确定要消去的字母。本题中可以考虑用①×3，②×2，构造出相同项$6x$。

第二步，把得到的相同（相反）项的两个方程作差（作和），达到消元的目的。本题中①×3－②×2即可消去$x$，得到关于$y$的一元一次方程。

第三步，解一元一次方程。

第四步，将第三步解出的$y$代入①或②即可求得$x$。

第五步，写出所求方程组的解。

解：由①×3－②×2，可得

$$13y=39,$$

$$y=3.$$

将$y=3$代入①，可得

$$x=5.$$

所以，所求方程组的解为：

$$\begin{cases} x=5, \\ y=3. \end{cases}$$

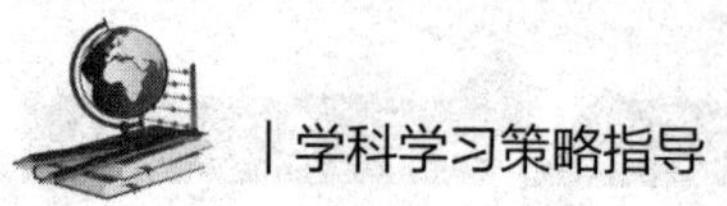


（二）策略运用

1. 解方程组：$\begin{cases}4x+3y=11,\\6x-5y=7.\end{cases}$

2. 在解方程组$\begin{cases}ax+by=2\\cx-7y=8\end{cases}$时，哥哥正确解得$\begin{cases}x=3\\y=-2\end{cases}$，弟弟因把$c$写错而解得$\begin{cases}x=-2\\y=2\end{cases}$，求$a+b+c$的值.

## 三、活动反思

1. 你觉得加减消元策略的关键是什么？

2. 试比较加减消元策略与代入消元策略的优劣，你从中学到了什么？

## 四、活动拓展

关于$x$，$y$的方程组$\begin{cases}x+2y=5m\\x-2y=9m\end{cases}$的解满足$3x+2y=19$，求原方程组的解.

解：对于方程组$\begin{cases}x+2y=5m & ①\\x-2y=9m & ②\end{cases}$

由①–②可得

$$4y=-4m,$$

$$y=-m.$$

将$y=-m$代入①，可得

$$x=7m.$$

所以，该方程组的解可用$m$表示为：

$$\begin{cases} x=7m, \\ y=-m. \end{cases}$$

由题可知该组解满足$3x+2y=19$，故有

$$3\times(7m)+2\times(-m)=19,$$

$$m=1.$$

所以原方程的解为：

$$\begin{cases} x=7, \\ y=-1. \end{cases}$$

【参考答案】

策略运用

1. $\begin{cases} x=2, \\ y=1. \end{cases}$

2. 由题意可得$a=4$，$b=5$，$c=-2$，进而可得结果为7。

（深圳第二外国语学校　祁福义）

# 拆添项策略

## 一、活动导入

你是否遇到过这样的困扰：因式分解时，总觉得缺了几项，因为项数太少而无从下手，恨不得突然有几项从天而降来化解困扰。下面，我们就来学习一种天

降“神项”的因式分解策略——拆添项策略。

## 二、活动过程

### （一）策略剖析

所谓拆添项策略，就是在因式分解时，通过拆项或者添项增加几项，再经过合理分组进行因式分解。

例　分解因式：$x^3-10x+9$.

就现有项来说，不管怎么组合都不能完成有效的分解，那么可以考虑增加项，再组合分解。怎么增加项呢?

第一步，观察待分解多项式的特征，可以从项的系数和次数两个角度出发分析。就项的系数而言，三次项、一次项、常数项的系数分别为1，−10，9，容易发现10可拆成1和9的和，进而可以考虑将$-10x$拆成$-9x-x$；就项的次数而言，待分解式有三次项、一次项、常数项，唯独缺少二次项，结合系数特征可以考虑添加项$-x^2+x^2$。

第二步，对增加了项的多项式进行合理分组，以便进行下一步的分解。就拆项后的多项式$x^3-9x-x+9$而言，结合各项系数的特征可分组成$(x^3-x)-(9x-9)$；就添项后的多项式$x^3+x^2-x^2-10x+9$而言，结合项的系数的特征可分组成$(x^3-x^2)+(x^2-10x+9)$。

第三步，借助提取公因式等方法对分组后的多项式进行分解。

借助以上分析，我们可以得到待分解多项式的两种分解方法。

解法1：将$-10x$拆成$-9x-x$，则有

$$x^3-10x+9$$

$$=x^3-9x-x+9$$

$=(x^3-x)+(9x-9)$

$=x(x-1)(x+1)-9(x-1)$

$=(x-1)(x^2+x-9)$.

解法2：添加项$-x^2+x^2$，则有

$x^3-10x+9$

$=x^3-x^2+x^2-10x+9$

$=(x^3-x^2)+(x^2-10x+9)$

$=x^2(x-1)+(x-1)(x-9)$

$=(x-1)(x^2+x-9)$.

（二）策略运用

分解因式：

1. $x^4+4$；

2. $x^5+x+1$.

## 三、活动反思

你能说说拆项和添项的特点和适用情况分别是什么吗?

## 四、活动拓展

已知在$\triangle ABC$中，三边长$a$，$b$，$c$满足等式$a^2-16b^2-c^2+6ab+10bc=0$，求证：$a+c=2b$.

【参考答案】

策略运用

1. 原式 =（$x^4+4x^2+4$）$-4x^2$ =（$x^2+2x+2$）（$x^2-2x+2$）.

2. 原式 =（$x^5-x^2$）+（$x^2+x+1$）=（$x^2+x+1$）（$x^3-x^2+1$）.

活动拓展

提示：$a^2-16b^2-c^2+6ab+10bc$ =（$a^2+6ab+9b^2$）−（$25b^2-10bc+c^2$）=（$a+3b$）$^2$−（$5b-c$）$^2$ =（$a+8b-c$）（$a-2b+c$）.

（深圳第二外国语学校　祁福义）

# 待定系数策略

## 一、活动导入

对于某些数学问题，如求函数的解析式、因式分解、解方程等，若得知所求结果具有某种确定的形式，则可通过变形与比较建立起含有待定字母系数（或参数）的方程（组），并求出相应字母系数（或参数）的值，进而使问题获解，这种解题策略称之为待定系数策略。

## 二、活动过程

### （一）策略剖析

待定系数策略是对所给出的数学问题，根据已知条件和要求先设出问题的关系式（含待定系数），然后利用已知条件列出含待定系数的方程（组），再解方程（组）求出待定系数，使问题获得解决。

第一步，根据问题的条件，设出含有待定系数的关系式。

第二步，根据条件，列出一组含待定系数的方程（组）。

第三步，解方程（组），确定待定系数的值，从而使问题得到解决。

下面，我们结合具体例子来讲解这一策略。

1. 在求函数解析式中的运用。

例　已知一次函数过点（3，5）和（−4，−9），求这个一次函数的解析式.

第一步，分析此问题，一次函数的解析式为$y=kx+b$，所以关键就是求出$k$，$b$的值。因题目中没有明确给出解析式形式，因此需要先假设。

第二步，根据题目中的条件，将已知的点（3，5）和（−4，−9）代入解析式，列出方程组。

第三步，解所列出的方程组，求出$k$，$b$的值。

解：设一次函数的解析式为$y=kx+b$.

因为图象过点（3，5）和（−4，−9），所以

$$\begin{cases}3k+b=5,\\-4k+b=9.\end{cases}$$

解方程组得

$$\begin{cases}k=2,\\b=-1.\end{cases}$$

∴ 这个一次函数的解析式为$y=2x-1$.

2. 在因式分解中的应用。

例　如果多项式$x^2-(a+5)x+5a-1$能分解成两个一次因式$(x+b)$，$(x+c)$的积（$b$，$c$为整数），求$a$的值.

第一步，题目中告诉我们$x^2-(a+5)x+5a-1$能分解成两个一次因式$(x+b)$，$(x+c)$的积，因此可得$x^2-(a+5)x+5a-1=(x+b)(x+c)$。

第二步，将等式右边展开，对比等式左右两边，由待定系数法得到$a$，$b$，$c$的方程组。

第三步，通过消元，分解因式求解方程组，解出$a$，$b$，$c$的值。

解：依题意可得

$$x^2-(a+5)x+5a-1=(x+b)(x+c),$$

$$x^2-(a+5)x+5a-1=x^2+(b+c)x+bc,$$

解得

$$\begin{cases} b+c=-(a+5), \\ bc=5a-1. \end{cases}$$

消去$a$可得

$$bc+5(b+c)=-26,$$

$$bc+5(b+c)+25=-1.$$

解得

$$(b+5)(c+5)=-1.$$

$b$，$c$为整数，可得

$$\begin{cases} b+5=1, \\ c+5=-1. \end{cases} \text{或} \begin{cases} b+5=-, \\ c+5=1. \end{cases}$$

解得

$$\begin{cases} b=-4, \\ c=-6. \end{cases} \text{或} \begin{cases} b=-6, \\ c=-4. \end{cases}$$

$\therefore\ a=-5-(b+c)=5.$

（二）策略运用

1. 二次函数的图象经过A（1，0），B（3，0），C（2，－1）三点，求这个函数的解析式。

2. 已知一元二次方程的两根为3和5，求二次项系数为2的一元二次方程。

3. 当$a$，$b$为何值时，$2x^3-ax^2+bx+1$能被$2x-1$整除？

## 三、活动反思

1. 什么是待定系数策略？运用待定系数法解题有哪些步骤？

2. 你认为待定系数策略的关键是什么？从上面的学习可知运用待定系数策略可解决哪些题型？在解题过程中通常需要结合其他哪些知识？

## 四、活动拓展

请研究并尝试运用待定系数策略解答其他相关问题。

【参考答案】

策略运用

1. 这个函数的解析式为$y=x^2-4x+3$.

2. 解：设该一元二次方程为$2x^2+bx+c=0$.

该方程的两个根为3和5，所以

$$\begin{cases}18+3b+c=0, \\ 50+5b+c=0.\end{cases}$$

解得

$$\begin{cases} b=-16, \\ c=30. \end{cases}$$

∴ 该一元二次方程为$2x^2-16x+30=0$.

3. 解：设$2x^3-ax^2+bx+1=(2x-1)(x^2+mx-1)$，右边展开由$x$的相同项的系数相同可得$a$，$b$，$m$的方程组，解得$a=3$，$b=-1$，$m=-1$.

（深圳市龙华区福苑学校　王国洲）

# 分类讨论策略

## 一、活动导入

在数学中，有一些题型常常需要根据问题的差异分不同情况进行讨论。这种分类思考的方法是一种重要的数学思想方法，也是一种解题策略。这类题型通常难度较大，大部分同学在处理这类问题时容易出错。那么，如何更好地运用分类讨论策略来解题呢？接下来，让我们一起来学习。

## 二、活动过程

### （一）策略剖析

分类讨论策略是根据对象的异同点，将数学对象分为不同类或不同情况，进行讨论，然后解决问题的方法。

分类的原则有：（1）分类中的每一部分都是相互独立的；（2）一次分类按一个标准；（3）分类讨论应逐级有序地进行。

分类讨论的一般步骤是：（1）确定分类对象；（2）进行合理分类；（3）逐类进行讨论；（4）归纳得出结论。

正确的分类必须是周全的，既不重复，也不遗漏。

例1　若一个直角三角形的两边长分别为12和5，则此三角形的第三边长为______。

第一，确定分类对象。

此题中并没有说明已知长度的两边为哪两边，12和5可能是两条直角边也可能是斜边，故分两种情况进行讨论。

第二，合理分类，逐类进行讨论。

当12和5为两直角边时，第三边$=\sqrt{12^2+5^2}=13$。

当12和5分别是斜边和一直角边时，第三边$=\sqrt{12^2-5^2}=\sqrt{119}$。

第三，归纳得出结论。

此三角形的第三边长为13或$\sqrt{119}$。

例2　求函数$y=\left(\frac{5}{2}-k\right)x^2+(k-3)x+\frac{1}{2}$的图象与$x$轴的交点。

第一，确定分类对象。

二次项系数中含有参数$k$，此函数可能是二次函数，也可能是一次函数，故应对$\frac{5}{2}-k$进行分类讨论。

第二，合理分类，逐类进行讨论。

（1）当$\frac{5}{2}-k=0$时，即$k=\frac{5}{2}$时，此函数为$y=-\frac{1}{2}x+\frac{1}{2}$，故其与$x$轴只有一个交点（1，0）.

（2）当$\frac{5}{2}-k\neq0$，即$k\neq\frac{5}{2}$时，此函数为二次函数，$\Delta=(k-3)^2-4\times(\frac{5}{2}-k)\times\frac{1}{2}=(k-2)^2$.

①当$k=2$时，$\Delta=0$，抛物线与$x$轴的交点只有一个，$\frac{1}{2}x^2-x+\frac{1}{2}=0$，$x_1=x_2=1$，交点坐标为（1，0）.

②当$k\neq2$时，$\Delta>0$，函数与$x$轴有两个不同的交点（1，0）和（$\frac{1}{5-2k}$，0）。

第三，归纳得出结论。

综合所述：当$k=\frac{5}{2}$或$k=2$时，函数图象与$x$轴只有一个交点（1，0）；当$k\neq\frac{5}{2}$且$k\neq2$时，函数图象与$x$轴有两个不同交点（1，0），（$\frac{1}{5-2k}$，0）。

（二）策略运用

1. 相交两圆公共弦长为6，两圆的半径分别为$3\sqrt{2}$和5，则这两圆的圆心距等于________。

2. 已知关于$x$的方程$kx^2+2(k+4)x+(k-4)=0$，若方程有实数根，求$k$的取值范围.

3. 已知实数$a$，$b$分别满足$a^2+2a=2$，$b^2+2b=2$，求$\frac{1}{a}+\frac{1}{b}$的值.

## 三、活动反思

1. 什么是分类讨论策略？运用分类讨论策略解题的步骤是什么？

2. 分类时要注意什么原则？正确的分类具有什么特点？

## 四、活动拓展

你认为分类讨论策略有什么重要性？请结合你的学习和理解，总结分类讨论策略能运用于哪些常用题型中。

---

【参考答案】

策略运用

1. 解：1或7.

2. 解：$k$的取值范围是$k \geqslant -\dfrac{3}{4}$.

3. 解：

① 若$a \neq b$，则可知$a$，$b$为方程$x^2+2x-2=0$的两实数根，由韦达定理得

$$\begin{cases} a+b=-2, \\ ab=-2. \end{cases}$$

$\therefore \dfrac{1}{a}+\dfrac{1}{b}=\dfrac{a+b}{ab}=\dfrac{-2}{-2}=1.$

② 若$a=b$，同理可得$\dfrac{1}{a}+\dfrac{1}{b}=\sqrt{3}+1$或$1-\sqrt{3}$.

（深圳市龙华区福苑学校　王国洲）

---

# 换元策略

## 一、活动导入

因式分解有很多方法，如提公因式法、应用公式法、十字相乘法等。一些同学在运用以上方法解答课外题时，往往对一些高次数、带括号、项数过多的复杂多项式感到力不从心，那是否有更好的方法呢？答案是肯定的。现在，我们就来学习一种常用策略——换元策略。

## 二、活动过程

### （一）策略剖析

换元策略分解因式的基本思路是，将多项式中的某一部分用新的变量替换（换元），然后进行因式分解，最后转换回来，使较复杂的数学问题得到简化。

要学会熟练地运用换元策略进行因式分解，可分以下几个步骤进行：

第一步，仔细观察并分析多项式的特征。

第二步，确定换元对象及换元方法。

第三步，换元并分解。

第四步，回换并化简。

下面，我们结合具体例子来讲解这一策略。

1.整体或局部换元法。

例 分解因式（$x^2+4x+6$）（$x^2+6x+6$）$+x^2$.

解法1：

第一步，观察到前面的两个多项式有相同的部分$x^2+6$。

第二步，确定换元对象，把相同部分换元。

设$x^2+6=m$（换元），则

$$x^2+4x+6=m+4x,$$

$$x^2+6x+6=m+6x.$$

第三步：换元并分解。

$$\begin{aligned}&(x^2+4x+6)(x^2+6x+6)+x^2\\=&(m+4x)(m+6x)+x^2\\=&m^2+10mx+24x^2+x^2\\=&m^2+10mx+25x^2\\=&(m+5x)^2.\end{aligned}$$

第四步：回换并化简。

$$\begin{aligned}&(x^2+4x+6)(x^2+6x+6)+x^2\\=&(x^2+6+5x)^2\\=&[(x+2)(x+3)]^2\\=&(x+2)^2(x+3)^2.\end{aligned}$$

解法2：

第一步，观察到前面的两个多项式相差$2x$。

第二步，确定换元对象，把其中一个多项式换元。

设$x^2+4x+6=m$，则

$$x^2+6x+6=m+2x.$$

第三步，换元并分解。

$$(x^2+4x+6)(x^2+6x+6)+x^2$$
$$=m(m+2x)+x^2$$
$$=m^2+2mx+x^2$$
$$=(m+x)^2.$$

第四步，回换并化简。

$$(x^2+4x+6)(x^2+6x+6)+x^2$$
$$=(x^2+4x+6+x)^2$$
$$=(x^2+5x+6)^2$$
$$=[(x+2)(x+3)]^2$$
$$=(x+2)^2(x+3)^2.$$

2. 均值换元法。

例　分解因式：$(a^2+3a-2)(a^2+3a+4)-16.$

第一步，观察发现式子中括号内两个多项式的差为6，则可取这两个多项式的平均值。

第二步，确定换元对象。

设$m=\frac{1}{2}[(a^2+3a-2)+(a^2+3a+4)]=a^2+3a+1$（换元），则

$$a^2+3a-2=m+3;$$
$$a^2+3a+4=m-3.$$

第三步，换元并分解。

$$(a^2+3a-2)(a^2+3a+4)-16$$
$$=(m+3)(m-3)-16$$
$$=m^2-9-16$$
$$=m^2-25$$
$$=(m+5)(m-5).$$

第四步：回换并化简。

$$(a^2+3a-2)(a^2+3a+4)-16$$
$$=(a^2+3a+1+5)(a^2+3a+1-5)$$
$$=(a^2+3a+6)(a^2+3a-4)$$
$$=(a^2+3a+6)(a+4)(a-1).$$

3. 双换元法。

例　分解因式$16(a+b)^2+40(a+b)(a-b)+25(a-b)^2$.

第一步，观察式子特征，符合完全平方公式的形式。

第二步，确定换元对象。

设$4(a+b)=m$，$5(a-b)=n$.

第三步，换元并分解：

$$16(a+b)^2+40(a+b)(a-b)+25(a-b)^2$$
$$=m^2+2mn+n^2$$
$$=(m+n)^2$$

第四步，回换并化简得：

$$(m+n)^2=[4(a+b)+5(a-b)]^2$$
$$=(4a+4b+5a-5b)^2$$
$$=(9a-b)^2.$$

## （二）策略运用

分解因式：

1. $(x+y)^2-4(x+y-1)$；
2. $(x^2+7x-5)(x^2+7x+3)-33$；
3. $(a-b)^4+(a+b)^4+(a^2+b^2)^2$.

## 三、活动反思

1. 什么是换元法策略？换元法策略有什么好处？

2. 如何运用换元法策略进行分解因式？换元法策略有哪些具体类型？

## 四、活动拓展

同一道题能否运用不同的换元方法？你是否还能想出其他类型的换元策略？

---

【参考答案】

策略运用

1. 解：设$x+y=a$，则

$$(x+y)^2-4(x+y-1)$$
$$=a^2-4(a-1)$$
$$=a^2-4a+4$$
$$=(a-2)^2$$
$$=(x+y-2)^2.$$

2. 解：设 $x^2+7y=a$，则

$$(x^2+7x-5)(x^2+7x+3)$$
$$=(a-5)(a+3)-33$$
$$=a^2-2a-48$$
$$=(a-8)(a+6)$$
$$=(x^2+7x-8)(x^2+7x+6)$$
$$=(x+8)(x-1)(x+1)(x+6).$$

3. 解：设 $a-b=x$，$a+b=y$，则

$$(a-b)^4+(a+b)^4+(a^2+b^2)^2$$

$$=x^4+y^4+x^2y^2$$

$$=(x^2+y^2)^2-x^2y^2$$

$$=(x^2+y^2+xy)(x^2+y^2-xy)$$

$$=(2a^2+2b^2+a^2-b^2)(2a^2+2b^2-a^2+b^2)$$

$$=(3a^2+b^2)(a^2+3b^2).$$

（深圳市龙华区福苑学校　王国洲）

# 元认知策略

## 一、活动导入

关于策略，大部分同学的理解就是一种具体的解题方法，极少有同学思考过这些策略是从何而来的？是怎样产生的？下面，我们通过对元认知策略的学习来解决这个问题。

## 二、活动过程

### （一）策略剖析

所谓元认知，就是对认知的认知，实质上就是学习者对认知活动的自我意识、自我批评和自我监控与调节的过程。简单说，就是我们如何在解题的过程中，通过观察、思考、分析、反思等来深化对解题过程的认知，并加以归纳总结而形成新的策略。

下面，我们通过具体的例子来讲解这一策略。

例1　已知$x_1$和$x_2$是方程$x^2+x-2017=0$的两个实数根，则${x_1}^2+2x_1+x_2$的值为________________。

第一步，分析题设给出的$x_1$和$x_2$满足的条件，结论中要求代数式的值。

第二步，结合所学知识，由程序性关系——根与系数的关系可得，

$$x_1+x_2=-1.$$

由情景性关系，把$x_1$代入所给方程中，可得

$${x_1}^2+x_1-2017=0.$$

再把两个方程相加，即得答案为2016。

第三步，反思此解题过程，我们可得解决此题型的一般策略为：

（1）分析题意；

（2）找出$x_1$，$x_2$满足的关系，包括程序性关系和情景性关系；

（3）将程序性关系和情景性关系相结合，解决问题。

例2　某种商品的进价为400元，标价为600元，打折销售时的利润率为5%。那么此商品是按____折销售的.

第一步，题设给出了商品的进价和标价，结论中要求的是商品价格的折扣。

第二步，结合所学知识，由程序性知识，即基本关系式可得，

$$利润率=\frac{利润}{进价}\times 100\%;$$

$$利润=售价-进价;$$

$$售价=标价\times折扣.$$

由情景性知识得

$$\begin{aligned}利润率&=\frac{利润}{进价}\times100\%\\&=\frac{售价-进价}{进价}\times100\%\\&=\frac{标价\times折扣-进价}{进价}\times100\%.\end{aligned}$$

引进未知数，假设此商品按x折销售，可得

$$5\%=\frac{600\times\frac{x}{10}-400}{400}\times100\%.$$

解得

$$x=7.$$

所以此商品是按7折销售的。

第三步，反思此解题过程，我们可得解决应用题型的一般策略为：

（1）分析题意，理清已知和所求。

（2）找出题中的已知量和所求量的程序性关系，再结合题中具体情景发现情景性关系。

（3）将程序性关系和情景性关系相结合，解决问题。

## （二）策略运用

1. 已知二次函数$y=ax^2+bx+c$中的$x$，$y$满足下表：

| x | … | −2 | −1 | 0 | 1 | 2 | … |
|---|---|---|---|---|---|---|---|
| y | … | 4 | 0 | −2 | −2 | 0 | … |

求这个二次函数的解析式。

2. 如图，抛物线$y=ax^2+bx+c$与$x$轴交于$A$（$-6$，$0$），$B$（$2$，$0$）两点，与直线$y=-x-6$交于点$C$，且$C$点在$y$轴上。若点$P$是直线$AC$下方抛物线上的动点，过点$P$作$PE\perp x$轴交直线$AC$于点$E$.

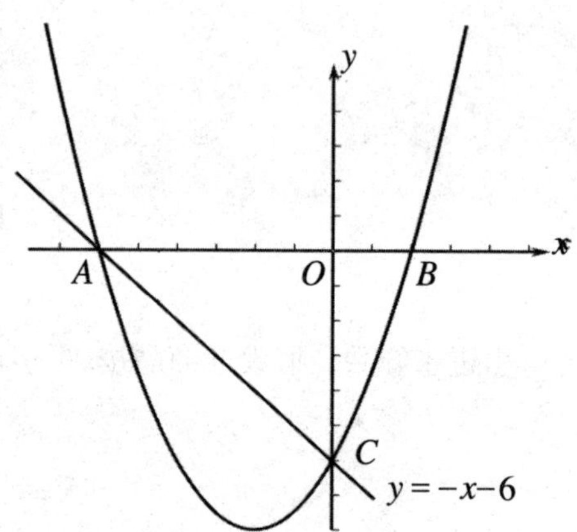


（1）作$PF\perp y$轴交直线$AC$于点$F$，记$\Delta PEF$的面积为$S$，求$S$取得最大值时点$P$的坐标。

（2）点$F$在$AC$上，$\triangle PEF$是以$PE$为腰的等腰三角形，求$S$取得最大值时点$P$的坐标。

（3）作$PF\perp y$轴交直线$AC$于点$F$，记$\Delta PEF$的周长为$M$，求$S$取得最大值时点P的坐标。

## 三、活动反思

1. 通过以上学习，谈谈你对元认知策略的理解。

2. 请尝试运用元认知策略解题，思考并归纳总结得出具体题型的解题策略。

## 四、活动拓展

请利用互联网等信息手段了解元认知，并将你的新发现记录下来。

【参考答案】

策略运用

1. $y=x^2-x-2$.

反思此解题过程，我们可归纳出求解二次函数解析式的一般策略为：

（1）分析题意，理清条件。

（2）由程序性关系可知二次函数解析式有三种形式，由情景性关系可得求解解析式所需的条件。

（3）将程序性关系和情景性关系相结合，选择最佳的方式来解决问题。

2.（1）当$S$取得最大值时，点$P$的坐标为$P(-3, -\frac{5}{12})$.

（2）当$S$取得最大值时，点$P$的坐标为$P(-3, -\frac{5}{12})$.

（3）当$M$取得最大值时，点$P$的坐标为$P(-3, -\frac{5}{12})$.

反思此解题过程，我们可归纳为解决关于动点问题引发的最值问题的一般策略为：

（1）分析题意，理清题设条件与所要求的结论。

（2）找出题中的已知量和所求量的程序性关系（如面积公式、周长公式），再结合题中具体的情景性关系（如上一题的关键关系在于动点所引发的$PE$长度）。

（3）将程序性关系和情景性关系相结合，解决问题。

（深圳市龙华区福苑学校　王国洲）

# 第三章
# 英语学习策略指导

# 关键词策略

## 一、活动导入

我们常说："做事情要抓住关键。"同理，在英语听说练习与考试中，抓住关键词就能领会语言的大意，明白说话者的意图，会有事半功倍的效果。

关键词能够鲜明而直观地表述主题，因而只要掌握了关键词策略，在英语听说学习中就会游刃有余！

## 二、活动过程

### （一）策略剖析

那么，怎样抓住关键词呢？

第一步，快速浏览已知的所有信息，抓住一切与听力材料有关的蛛丝马迹，力求做到未听材料便已知文章大意。

第二步，认真阅读相关要求或题目，在听的过程中做到有的放矢，而不是眉毛胡子一把抓，更不能答非所问。

第三步，边听边记录相关信息，相关信息点的记录越快越好、越多越好，防止片面化和"急功近利"。如果有一部分没能听取到明确信息，或者没有理解，也没必要多虑，索性跳过，不要影响后续信息的获取和理解。

英语听说考试中的信息转述题就是很典型的例子！同学们需要先看清中文题目给出的背景知识和角色要求，然后根据给出的思维导图或者表格、图表等记录要点，最后进行复述。例如，你将听到Mrs Li讲述的招聘保姆的要求，录音播放两遍。请根据听到的内容，并结合以下要点提示，在50秒内说一段话介绍这段招聘要求，其中要包含五个要点的内容。

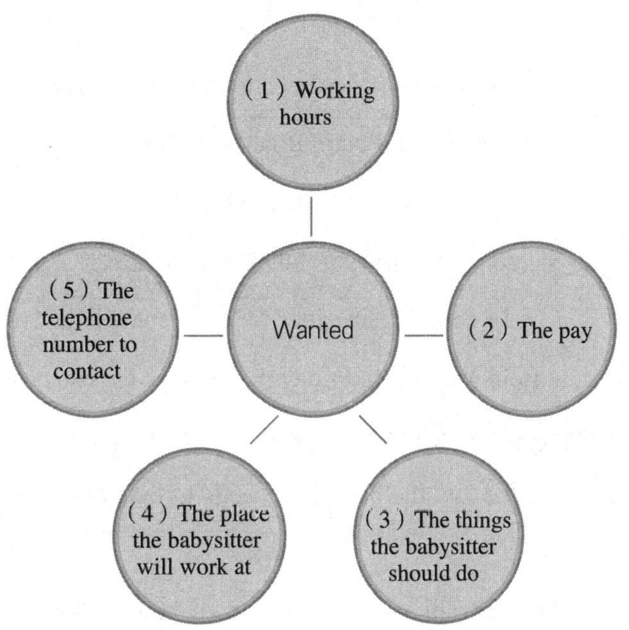


五个关键词给得既清楚又有条理，同学们只需要按照听力材料的播放顺序找到这五个关键词所在的句子，所有的信息点就会被“一网打尽”。然后，同学们只要将这些散落的关键词用完整的句子和正确的角色转述出来就可以了。

第一步，从“Mrs Li讲述的招聘保姆的要求”可知，主要人物是Mrs Li和保姆，事件是招聘。

第二步，快速浏览，读懂并记住思维导图的五个关键点：（1）Working hours；（2）The pay；（3）The things the babysitter should do；（4）The place the babysitter will work a；（5）The telephone number to contact. 时刻记住这五个关键点，在听的过程中做到有重点和侧重，整个文章的框架也就随之显现出来了。

第三步，听并做笔记。在听第一遍的过程中，我们大致会速记如下（囿于听说题型的特殊性，请参考之后的听力材料）：

（1）3~6 p.m.

（2）$5/h.

（3）Look after..., read..., play....

（4）$4^{th}$ road, near Xidan Shopping Center.

（5）010-68794593.

第四步，补充完善第三步中的记录，查漏补缺，尽量形成完整的句子和篇章。

（1）*The work time* is 3 p.m. to 6 p.m.

（2）*The pay* is $5 each hour.

（3）*For the job*, you need to look after our son, read to him and play with him.

（4）*We live in* Fourth Road, near Xidan Shopping Center.

（5）Please *call* 010-68794593.

第五步，按照信息转述的要求，确定人称，补充适当的过渡词和过渡句。

Mrs Li needs a babysitter for their son. He is five years old. Hours are 3 p.m. to 6 p.m. from Monday to Friday. Sometimes the babysitter has to work on the weekend. The pay is $5 each hour.

For the job, the babysitter needs to look after her son, read to him and play with him.

The babysitter will work at their house. They live in Fourth Road, near Xidan Shopping Center. Mrs Li's telephone number is 010-68794593.

同学们，请看下面的录音材料，关键词已用斜体字标识，关键词所在的句子已用横线画出来并标注了序号！

| 听力材料 |

WANTED：BABYSITTER

Do you like children? Do you have free time in the afternoon? We need a babysitter for our son. He is five years old. ① <u>*The work time* is 3 p.m. to 6 p.m. from</u>

Monday to Friday. Sometimes you have to work on the weekend. ② *The pay* is $5 each hour.

③ *For the job*, you need to look after our son, read to him and play with him.

You will work at our house. ④ *We live in* Fourth Road, near Xidan Shopping Center.

⑤ Please *call* 010-68794593, and ask for Mrs Li.

此外，在关键词策略中，同学们还会遇到一个怎样果断排除干扰信息和干扰项的问题。这是题目设计者“用心良苦”之处，也是题目设计的巧妙所在，在选择题中比较常见。这就需要我们既要有“火眼金睛”，又要有一双“聪慧”的耳朵！

（1）如果是选择题，可以事先将所有选项进行对比，找出其中的不同之处，推断出题干的主旨。

（2）干扰项一般在听力材料中都会出现，故而对题干的把握与记忆就尤为重要，只要与题干无关的干扰信息都要快速准确地识别出来，从而果断将其排除。

需要注意的是，听力材料一般会播放两遍，同学们在听第二遍录音时要对已有的判断进行验证，千万不能“错杀无辜”。

下面，我们通过一个例子来详细说明。

听对话，选出正确答案。

What does Amy want to be in the future?

(a teacher/a babysitter/a nurse)

Answer：________________________________

| 听力材料 |

M：Amy, what are you going to be when you grow up?

W：My parents want me to be a nurse. But I'm going to be a teacher because I like working with children.

在听力材料播放前，同学们对比三个选项，就可以预测它们都有可能出现在材料中。果然，a teacher 和 a nurse 都出现在了听力材料中，而后者显然是干扰项，因为 a nurse 是父母对 Amy 的期望，而题干问的是 Amy 自己的理想是什么，所以答案是 a teacher。

## （二）策略运用

1. 下面，你将听到一段关于莫扎特的简介，录音播放两遍。请根据听到的内容，记录思维导图中提示的信息，在50秒内说一段话介绍莫扎特，其中要包含五个要点的内容。（请同学们找出五个关键词，并画出关键词所在的句子！）

Mozart
- （1）Date of birth
- （2）Family background（背景）
- （3）Time to start learning the piano
- （4）Age of death
- （5）Contributions（贡献）

| 听力材料 |

Mozart was a great musician in the world. He was born on 27 January, 1756 in a musical family. Mozart loved music when he was very young. He learned to play the piano when he was three years old. He began to write music at the age of five. He died at the age of 35. Though he lived only a short life, he left over 600 musical works to the world.

2. 听下面一段独白，录音播放两遍。请口头回答以下四个问题。

（1）Who lost the bet to Daniel?

（2）How long had the boy kept himself away from TV?

（3）When did the bet end?

（4）Have his grades improved a lot during the past year?

显而易见，这四个问题的关键词分别是：Who? How long? When? Improve? 当然，看这四个词是不够的，一定要注意之后的限定词。

| 听力材料 |

Last year, Daniel, a 10-year-old boy, bet with his mother that he could give up watching TV for a whole year. He said that he would buy himself a computer with the money his mother gave him. The bet ended at 9:01 on Monday morning, but Daniel had to wait until his mother, Jessica, handed him five 100-dollar bills in front of the newspaper reporters in the afternoon before turning on TV. During the past year, he has filled his time with reading books and his grades have improved a lot.

## 三、活动反思

说一说，怎样快速高效地获取听说材料中的关键词呢？怎样果断排除干扰项呢？最后，怎样将关键词所在的句子说出来，做到尊重原意、准确表达呢？

## 四、活动拓展

假设你将听到一则学生会的通知。听力材料如下，请以思维导图的形式提炼出关键词！来接受挑战吧！

Hello, everyone!

Attention, please. In order to help the ice-frozen victims in the Southern part of our country, our school decided to hold a concert in our school music hall at nine o'clock next Sunday morning. Many famous musicians will come. They will play music and sing songs to raise money. The money we get will be given away to help the ice-frozen victims. Please attend it on time.

Thanks for your listening!

---

【参考答案】

策略运用

1. Mozart was a great musician in the world. He was born on 27 January, 1756 in a musical family. Mozart learned to play the piano when he was three years old. He died at the age of 35. Though he lived only a short life, he left over 600 musical works to the world.

2. （1）His mother Jessica lost the bet to him./Jessica.

（2）A whole year./One year.

（3）The bet ended at 9∶01 on Monday morning./At 9∶01 on Monday morning.

（4）Yes, they have./Yes.

活动拓展

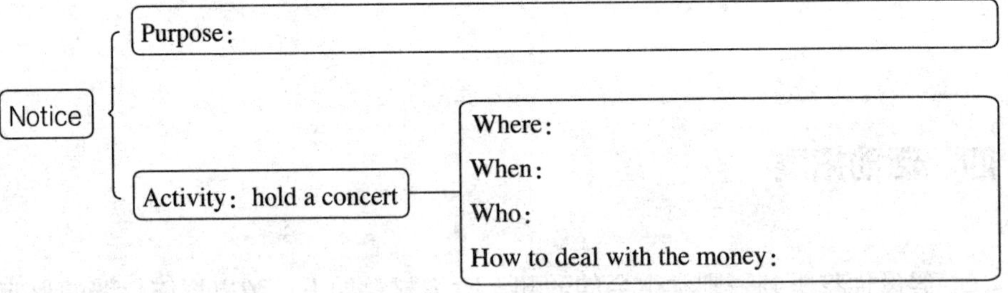


（深圳市观澜中学　孙　超）

---

# 速记策略

## 一、活动导入

同学们，你们听说过“同传”这个词吗？“同传”，又叫同声传译、同步口译等，是指翻译员在不打断讲话者讲话的情况下，不间断地将内容口译给听众的一种翻译方式。那么，他们是怎样做到的呢？秘密之一就是速记。

这里所说的速记策略，就是快速记笔记！速记就是要不停地在本子上写写画画，但这其中是有大学问的。我们在英语听说的练习和测试过程中也要掌握速记策略。

## 二、活动过程

### （一）策略剖析

速记是认知策略中的一项技能，是一种特殊的技巧。边听边记笔记，需要听懂绝大部分的信息，理解整篇文章的内涵，并在头脑中建立相关内容的图式结构。

在初中阶段，我们接触到的听说材料往往不只是一句话，而是一组对话或一篇小短文。速记的内容可以是关键词、单词缩写、开头字母、数字、符号、箭头和直线等，可边听边画，可以使用表情符号和简易表情包。速记符号是辅助记忆的工具，没有“正确”与否，只有“好用”与否。请看下面的表格，我们列举了一些常见的速记符号。

| 内容 | 符号 | 内容 | 符号 | 内容 | 符号 |
|---|---|---|---|---|---|
| more than | > | yes/right/true/agree | Y /√ | because | ∵ |
| less than | < | no/wrong/false/disagree | N / × | so/therefore | ∴ |
| mean/equal | = | increase/raise/up | ↑ | victory/win | v |
| not | ≠ | decrease/down | ↓ | questions | ? |
| belong to | ∈ | and | & | cause/lead to | → |
| happy | ☺ | sad | ☹ | bubble | 💬 |
| 缩略语，如Co.（company）, e.g.（for example）, etc.（and so on）, esp.（especially）, ie.（that is）, max.（maximum）, min.（minimum）, ref.（reference）, usu.（usually）, UN（the United Nations）, ASAP（as soon as possible）等。 | | | | | |

| 听力材料 |

On 7 January, an old lady is making her first visit to her new doctor's office in New York. It is 3 o'clock in the afternoon. Before seeing the doctor, she is asked to fill out forms. A nurse in the office offers to help her do this. The nurse starts by asking, “How old are you? Mrs Silver?” “None of your business.” she answers unhappily. The nurse then says, “But the doctor must know your age for his records.” Mrs Silver replies, “Ok. Well, first multiply twenty by two, then add ten. Got that?” “Yes. Fifty.” Answers the nurse. “All right. Now, subtract fifty, and tell me what you get.” The nurse says, “Zero.” Mrs Silver says, “Right! And that's exactly the chance of me telling you my age.”

同学们，你们会怎样速记这篇听力材料里面的要点呢？

第一步，听第一遍，快速记下一些简单的内容，如时间、地点和易得的数字。

7 January，New York，an old lady，forms，20，2，10，50，50，0...

第二步，听第二遍，完善第一遍所听内容，建立信息点之间的联系。

显然，这里出现了数学加减乘除的问题，所以自然会用到一些数学符号。

| 内容 | 速记 | 内容 | 速记 |
| --- | --- | --- | --- |
| 7 January | Jan7 | unhappily | ☹ |
| first visit | 1st visit | multiply twenty by two, then add ten | 20×2+10 |
| New York | NY | subtract fifty | −50 |
| 3 o'clock in the afternoon | 3p.m. | zero | 0 |

第三步，在速写笔记的基础上，尽量用完整的句子将所记内容表达出来。

## （二）策略运用

请看下面的听力材料，你可能会用到哪些速记策略呢？

（1）

I'm Joyce. I just had my fourteenth birthday five days ago. I am studying on the second floor of our school in Beijing. Our school begins at half past eight in the morning and finishes at 4:30 in the afternoon. We have only six classes a day. My favorite subjects are English and mathematics. Though my parents are both doctors...

（2）

This is China Radio International. And here is the weather report for China for tomorrow. In Beijing, the lowest temperature will be 22 and the highest will be 25, and it will be rainy...In Hong Kong finally, the lowest temperature will be 26 and the highest will be 32, and it will be cloudy.

（3）

...There are two buildings on the left of the playground. They are the science building and the dining hall. The science building is in front of the dining hall...

## 三、活动反思

1. 速记是记忆的延伸或补充，怎样才能做到又快又准地速记？你有哪些速记高招？

2. 速记应记要点，切忌求“全”；速记不可潦草；速记因人而异，不必拘泥于某种文字或符号，但符号要好写；不同速记符号覆盖的内容和范围尽量不要重合。

## 四、活动拓展

同学们，美国现任总统 Donald Trump 的女儿 Ivanka Trump 是世界超级名模，曾连续两年登上美国《福布斯》杂志的全球十大未婚女富豪排行榜榜首位置。假设你在现场听到她的演讲，请运用速记策略进行记录吧！

... As the proud daughter of your nominee, I am here to tell you that this is the moment and Donald Trump is the person to make America great again.

... And it's only going to come from a man who's spent his entire life doing what others said could not be done. My father is a fighter. When the primaries got tough and they were tough, he did what any great leader does. He dug deeper, worked harder, got better and became stronger.

I have seen him fight for his family. I have seen him fight for his employees. I have seen him fight for his company. And now, I am seeing him fight for our country. It's been the story of his life and more recently the spirit of his campaign ...

【参考答案】

策略运用

（1）

可能使用的速记：14th, 2F in BJ, 8:30a.m.-4:30p.m., 6 classes, Eng.&maths.

速记代表的内容：fourteenth birthday, on the second floor of our school in Beijing, our school begins at half past eight in the morning and finishes at 4:30 in the afternoon, six classes a day, my favorite subjects are English and mathematics.

（2）

可能使用的速记：CRI，WR，BJ：22-25；HK：26-32

速记代表的内容：China Radio International, weather report, In Beijing, the lowest temperature will be 22 and the highest will be 25. In Hong Kong, the lowest temperature will be 26 and the highest will be 32.

（3）

可能使用的速记：

| Dining H | playground |
|---|---|
| Science B | |

（深圳市观澜中学 孙 超）

# 综合概括策略

## 一、活动导入

同学们，相信大家对“综合概括”这个词并不陌生，因为我们在语文学习中经常听到这个词。在英语听说练习中，我们也需要把材料中的细节和片段信息进行综合概括，然后抓住主旨、提炼大意，以便做到提纲挈领！

综合概括策略在英语阅读中的作用是举足轻重的，在英语听说练习与考试中的作用也是不可小觑的。

## 二、活动过程

### （一）策略剖析

综合概括策略的步骤大致是提取信息—分析信息—概括信息。由此，较长的听力材料会由多变少、由难变易！

进行综合概括时，有些标志性的词语会起到帮助作用，如 in a word, all in all, generally speaking, to summarize。在文章的首尾也经常会出现概括性的语句。运用综合概括策略时，需要同学们先捕捉关键词，充分运用概括能力和归纳能力，去掉多余的、无关的或过于具体的信息，获取中心思想，“直击要害”！

| 听力材料 |

你将听到 Mrs Zhang 介绍春游的益处，录音播放两遍。请根据听到的内容，记录思维导图提示的信息，在50秒内说一段话介绍春游的益处，其中要包含五个要点的内容。

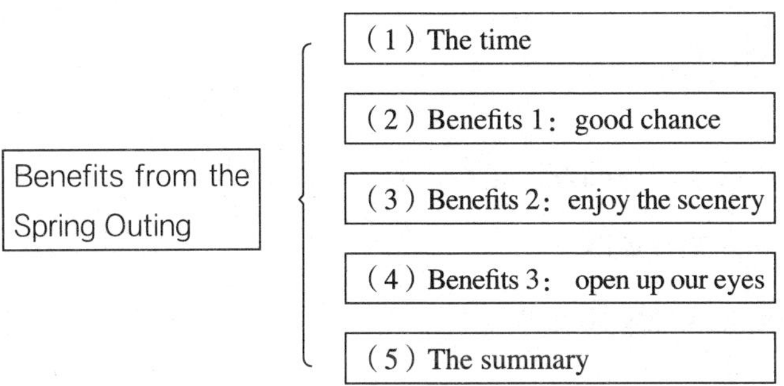


第一步，看清背景信息！这是不可忽视的信息点，整个听力材料的内容由此可窥一斑！从“Mrs Zhang介绍春游的益处”可知文章的主旨大意！

第二步，看思维导图，首先着眼左侧方框的内容——“Benefits from the Spring Outing”，这是对整篇文章的综合概括。右侧是五个要点，即（1）The time；（2）Benefit1：good chance；（3）Benefit2：enjoy the scenery；（4）Benifit3：open up our eyes；（5）The summary。尤其是最后一点，是对主旨大意的总结与回归！

第三步，听力材料并做笔记。要点的顺序一般都是根据听力材料播放的先后顺序安排的，在听力材料播放的第一遍中听清前面的4个要点，了解文章大意。

第四步，听第二遍，将重点放在最后一题。这里需要运用综合概括策略，同学们要纵览全文，提取分析信息，然后加以概括，不可以断章取义，更不可以点带面！

第五步，将最后一题的答案以完整的句子表达出来。

In a word, it will be better if everyone joins in the spring outing. I'm sure we will have a great time.

| 听力材料 |

I hope all of you will go for the spring outing next Wednesday. There are some benefits we get from it. First, it's a good chance for us to communicate with each other. Second, we can enjoy the beautiful scenery so that we can relax ourselves. Third, such activity can open up our eyes. We can get more knowledge. In a word, it will be better if everyone joins in the spring outing. I'm sure we will have a great time.

### （二）策略运用

1. 听下面一段独白，录音播放两遍。请口头回答以下问题。

（1）How does an American walk?

（2）What's the speech mainly about?

| 听力材料 |

Good morning, everybody. My topic is "How Americans Value Time". Americans think a great deal about time. From childhood they learn to value time. When they are having a good time... When a person is dying... Even Saturday and Sunday are filled with their activities. In the street you can hardly see a man who walks slowly. They walk very fast. In fact, they are almost flying.

这篇听力材料较长，但是大多数同学们都可以发现，文章开门见山地讲出了要表达的中心意思。My topic is "How Americans Value Time"就是开宗明义的句子，而且my topic是典型且醒目的提示词。

2. 听下面一段独白，录音播放两遍。请口头回答以下问题。

（1）What problems do many people have?

（2）How many tips are given in the talk?

| 听力材料 |

Quite a few people have problems remembering things. If you want to improve your memory, here are some tips.

It is very helpful for you to link information to pictures, songs or poems... Besides, you should form good habits in daily lives. For example... Last but not least, you can exercise more and keep fit...

Hope these tips above can help you improve your memory.

## 三、活动反思

说一说，怎样运用综合概括策略抓住一段听力材料的主旨大意？怎样在表达时让听者领会自己说话的主要意图呢？你在学习中见到或使用过哪些标志性的词汇和字眼？

## 四、活动拓展

在还没当选香港特首之前，作为三位候选人之一的林郑月娥受 *China Daily* 记者的邀请，接受了一个6分钟的全英文采访。下面选取了其中的一小段，请你总结一下大意！

The softer side is kept for myself and my family.But seriously... So I spend every day in my official position just to try to do things for the people of Hong Kong... So, for exmaple, I wrote in my little book about my relationship with my mother. I did not manage to spend enough time with her before she passed away.So every time I spent a good period of time with her whenever she was sick and hospitalized. Then I have that obiligation to visit every day after work. That's why I do appeal to a lot of people especially those who are fortunate enough to still have their aged parents to really spend more time with their parents.

【参考答案】

策略运用

1.（1）An American walks very fast.

（2）How Americans Value Time.

2.（1）Many people have problems remembering things.

（2）Three tips.

（深圳市观澜中学　孙　超）

# 口语风暴策略

## 一、活动导入

很多同学认为写好英语作文不是一件容易的事。其实，写作水平和口语表达能力有很大的关系，可能不少同学对此会感到诧异，实际上，在写作之前，可以尝试用口语的方式来表达作文主题，以在短时间内把大脑中已休眠了的一些表达方式激活。接下来，我们就来了解一个重要策略——口语风暴策略。

## 二、活动过程

### （一）策略剖析

口语风暴策略就是积极开口表达作文的内容和主题，主要分成三个步骤。

第一步，在完成作文审题后，同学们可以根据审题思路中的作文内容要点进行口语讨论。这其实是一个集思广益的过程，每个同学的切入点和表达方式都是不一样的。

第二步，当某位同学在陈述作文要点的时候，其他同学应认真倾听并适当做笔记，这也是为下笔成文做准备。

第三步，当同学们的口语操练得比较到位的时候，就可以下笔成文了。

### （二）策略运用

下面，我们结合具体例子来讲解口语风暴策略。

1. 作文题目：请以“Shenzhen is Calling”为题，写一篇作文。

要求：（1）介绍深圳的至少2个景点。

（2）词数80词左右。

（3）语句通顺，意思连贯，可适当发挥。

第一步，审题，为口语风暴做铺垫。首先，这篇作文是城市旅游类的说明文，可以确定时态为一般现在时。其次，分析文章结构。作文三段法是比较保险的，第一段可以涉及对深圳的基本介绍；第二段说明深圳旅游的现状，涉及一些景点；第三段则发出邀请，即欢迎大家来深圳旅游。

第二步，口语风暴。在这个环节中，同学们尽可能地用英文开口说话，强迫自己用英文的思维来表达。比如，四人小组可以采用小组接龙的形式展开口语风暴。如果有的同学存在表达障碍，可以请教同组同学，或者请老师帮助自己成功实现接龙。

比如，涉及作文第一段的口语风暴可以这样进行。

A同学：Shenzhen is a beautiful city.

B同学：Shenzhen is a coastal city.

C同学：Shenzhen is a modern city

D同学：Shenzhen lies in the south of China.

作文第二段的口语风暴可以这样进行。（这段是作文的主体段，可以进行两轮口语风暴接龙，因为大家对深圳的感觉都是不同的）

（第一轮）

A同学：A lot of people from all over the world visit Shenzhen every year for holiday.

B同学：Shenzhen is famous for many beautiful places.

C同学：You can go to Xiaomeisha for swimming, it must be very relaxing.

D同学：If you like to buy clothes and eat snacks, you can go to Dongmen.

（第二轮）

A同学：Happy Valley is a perfect place to go if you want to make yourself excited.

B同学：You can learn a lot about Shenzhen history in Shenzhen Museum.

C同学：Shenzhen is famous for its beaches.

D同学：You can buy very good electronic products in Huaqiang North.

作文第三段的口语风暴可以这样进行。

A同学：Please come to Shenzhen to enjoy yourself.

B同学：Welcome to Shenzhen!

C同学：Why not come to Shenzhen to have a look?

D同学：We are sure you will have a good time in Shenzhen.

第三步，同学们在笔记的基础上整理思路，然后下笔成文。

2. 根据下列作文题目，运用口语风暴策略，并下笔成文。

为了以实际行动美化环境，园林中学决定在这周末举行植树活动。假设你是校报记者，请写一篇短文，简单介绍一下这次活动。

要求：语句通顺，语法正确。

词数：60词左右。

（1）第一步，审题讨论。

（2）第二步，口语风暴（以2～3人小组的形式）。

（3）第三步，下笔成文。

## 三、活动反思

1. 什么是口语风暴策略?

2. 运用口语风暴策略对于提高英语写作能力有什么帮助? 学习这个策略后，你有什么心得体会?

## 四、活动拓展

假如你是林峰，参加了上星期六环保俱乐部（Saving the Environment Club）组织的活动，其内容包括收集垃圾、植树和打扫街道。请你给你的朋友Bruce写一封电子邮件，向他介绍这次活动的情况，并谈谈你对志愿者工作的看法。

要求：80词左右，可适当发挥。

【参考答案】

策略运用

1.

Shenzhen is Calling

Shenzhen is a beautiful modern city. It lies in the south of China with coasts.

Every year, it attracts many people from all over the world. You can buy good clothes and taste kinds of delicious food in Dongmen. There are also many beautiful places of interest such as the Window of the World and the Happy Valley. If you want to swim, Xiaomeisha is a perfect place to go.

We are sure you will enjoy yourselves here. Why not spread your wings and visit Shenzhen?

2.

An Outdoor Activty

Our school calls every student to protect the Earth, So we have an outdoor activity this Saturday morning.

All the students and teachers will get together at half past seven outside the gate of the school. We are going to plant some trees and pick up rubbish in the park. Every class must remember to take some big plastic bags.

We hope we can make the park clean and green.

活动拓展

Dear Bruce,

Last Saturday, Saving the Environment Club organized a voluntary activity and I took part in it.

In the morning, we collected rubbish in a park and divided it into different groups.

In the afternoon, some of the members in the club planted trees in the park. The others went to clean the streets. Although all of us were tired, we were really happy.

I think everyone has responsibility to do voluntary work. The Earth is our home, and we should try our best to protect the environment.

Best wishes,

Lin Feng

[深圳市新安中学（集团）初中部　胡淑云]

---

# 思维导图策略

## 一、活动引入

在英语作文写作中，不少同学都面临过这样的情况：自己洋洋洒洒地写了一大篇，结果得分却少得可怜。作文跑题现象虽然不常见，但是大家也会觉得自己的作文好像废话比较多，又或者写完作文后发现自己遗漏了一到两个要点，要重新补上也比较困难。有什么好的策略可以帮助大家解决以上问题呢？我们来学习一个十分有用的策略——思维导图策略。

## 二、活动过程

### （一）策略剖析

思维导图策略，又称心智图策略，就是以图示的形式把作文的段落主题和内容要点一目了然地呈现出来。简单来说，思维导图策略可以帮助我们快速有效地审题，并合理安排好段落结构以及内容。下面，我们就结合具体例子来讲解这个策略。

### （二）策略运用

Bobby在社交网站上想结识一位名叫Anna的网友。作为他的好朋友，请你依据以下四幅图的信息为他代写一封交友邮件。

图1　　图2　　图3　　图4

第一步，根据作文要求，明确作文和段落的主题，用图示标示。

首先，我们知道这个邮件的主题是交友。其次，四幅图各表达了什么相关信息呢？我们可以发现：图1是个人情况（姓名、来自哪里、外貌）；图2是家庭概况；图3是学校生活概况；图4是兴趣爱好。然后，我们就可以画出表现段落主题的思维导图了。思维导图能够体现出思路就可以了，同学们可以根据个人习惯选择使用中文或者英文标注。

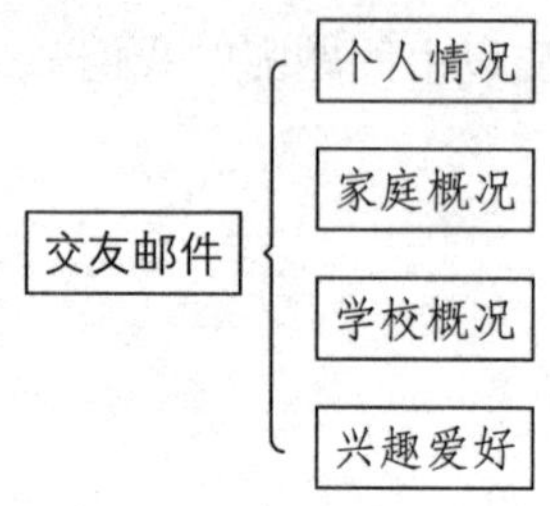

第二步，在第一步的基础上，我们需要添加内容要点，也就是要把每个段落的关键词在思维导图上补充到位。建议大家最好使用英文标注，这样有助于培养英语思维，并且为最终的写作文做好准备。有些同学完成这一步可能存在障碍，不知如何用英文来表达内容要点的关键词，这时我们可以通过小组合作的形式来完成。如果遇到解决不了的问题，可以向老师寻求帮助。

在补充内容要点时，我们发现：图1表明Bobby来自美国，短发，戴眼镜；图2表明Bobby来自一个大家庭，有两个兄弟和一个妹妹；图3表明Bobby每天乘校车去上学，他读的是电脑方面的杂志，可能未来想成为一名电脑工程师；图4表明Bobby喜欢打篮球和看电视，但是不喜欢听音乐。接下来，我们就可以在思维导图上用英文来添加各段的关键信息了。

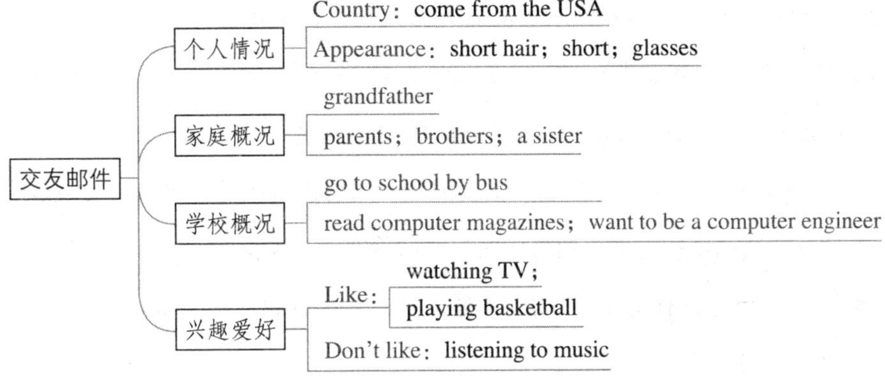


第三步，下笔成文。

Dear Anna,

My name is Bobby. I'd like to be your e-friend. I come from the USA. I'm short and wear glasses. I have short hair.

I have a big family. My grandfather lives with us. I have two brothers and a sister.

My school is far from our house, so I go to school by bus every day with my brothers. I often read computer magazines and my dream is to be a computer engineer.

My favorite sport is playing basketball. My other hobbies are watching TV and reading books. I don't like listening to music.

Best wishes,

Bobby

接下来，请同学们通过练习来体验一下思维导图策略的运用。

1. 根据下面给出的作文题目画出思维导图。

How to lead a healthy lifestyle?

假如你的名字叫Lisa，是一位健康生活杂志的编辑，你非常关注当今社会的亚健康问题，打算写一篇和健康生活方式有关的专栏文章。

要求：（1）内容要点有 do morning exercise；eat more fruit and vegetables；listen to music；enough sleep；make friends with others。

（2）90词左右，可适当拓展，条理清楚，意思连贯，语句通顺，书面整洁。

2. 学校的绘画俱乐部准备招募新成员，请你写一份60词左右的英文自我介绍。

请根据这个写作任务把下方的思维导图补上内容要点的关键词，将主体段3补充完整，并最终完成这篇英文自我介绍。

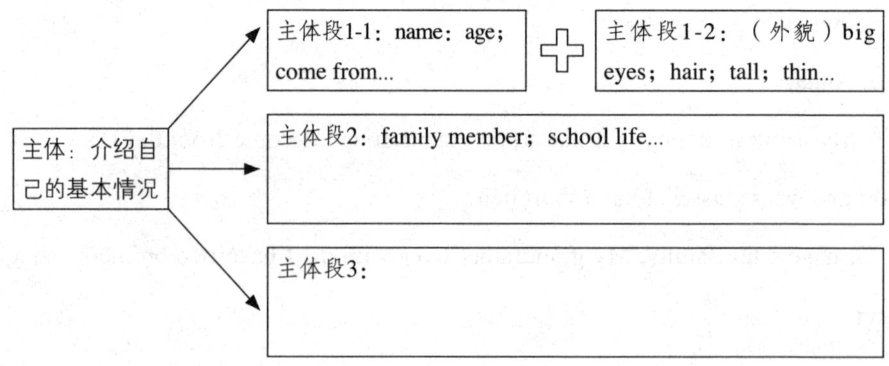

## 三、活动反思

1. 思维导图策略能解决英语写作中的哪些问题?

2. 运用思维导图策略写作文有哪几个步骤?

3. 运用本策略之后，你有什么心得体会?

## 四、活动拓展

根据作文题目画出思维导图，并下笔成文。

作为杨幂的铁杆粉丝之一，请你根据以下要点提示写一篇作文，让更多人认识杨幂。要求：60词左右，给出部分不计入总词数，可适当发挥。

| 姓名 | 杨幂 |
| --- | --- |
| 生日 | 9月12日 |
| 职业 | 演员（actress） |
| 外貌特征 | 瘦高，长头发，大眼睛 |
| 兴趣爱好 | 唱歌，读书 |
| 喜欢她的原因 | 快乐，聪明，勤勉 |

【参考答案】

策略运用

1.

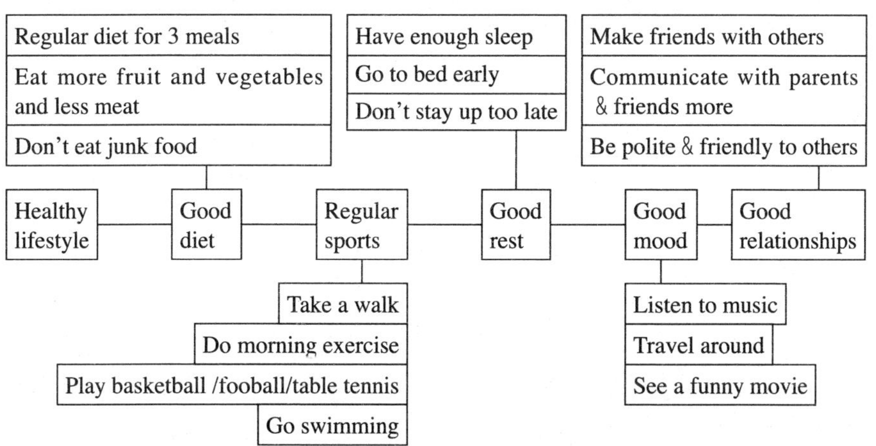

2.

关键词：兴趣、爱好、梦想（hobbies and dream)

句子：I am interested in drawing and listening to music.

My dream is to be a painter in the future.

范文：

My name is Lily. I am 13 years old. I come from Class 3, Grade7. I have big eyes and short hair. I am tall and thin.

There are four people in my family. My father is an engineer and my mother is a doctor. I have a younger sister and she is a primary student. I like my school life because all the teachers are friendly. My favorite subjects are English, Art and Maths.

I am interested in drawing and listening to music. I also like swimming. My dream is to be a painter in the future. I hope I can achieve my dream one day.

活动拓展

1. 思维导图。

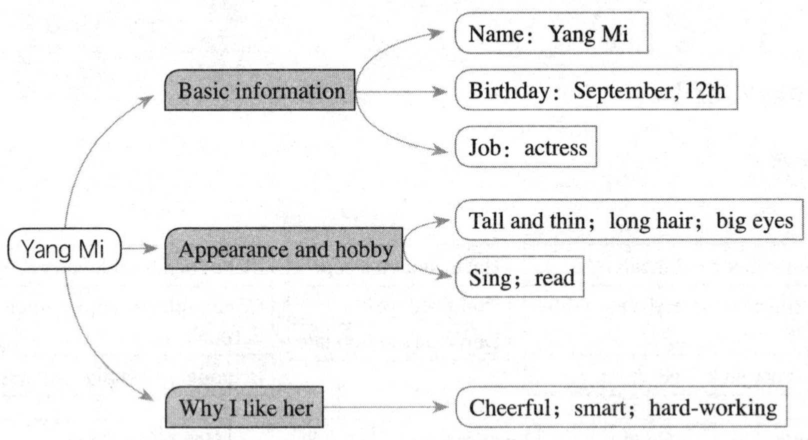


2. 下笔成文。

My Favourite Star

My favourite star is Yang Mi. She is very popular in China now. Her birthday is

September 12th. She is a famous actress.

She looks very beautiful. She is a tall and thin woman with long hair. And she has big eyes. She enjoys singing and reading. And many people like watching her movies and TV shows.

I like her very much because she is very cheerful, smart and hard-working.

[深圳市新安中学（集团）初中部　胡淑云]

## 头脑风暴策略

### 一、活动引入

在英语学习中，记单词是不少同学面临的最大难题。那么，有什么策略能解决这一难题呢？

头脑风暴策略是以一个单元的主题为中心，通过语义发散，联想出与该主题有关的全部生词，思考这些词与中心词的联系，通过创设语境把这些词串联起来记忆。另外，以本单元最重要的阅读课文的标题和听力部分的标题为中心，联想出和它们各自有关的全部生词，思考这些词与中心词的联系，通过创设语境把这些词串联起来记忆。这样，通过三个语义发散图就可以轻松记忆本单元的全部生词，并且能长久记忆。

## 二、活动过程

### （一）策略剖析

语言学习策略研究专家Rebecca L.Oxford把头脑风暴策略称为“Semantic Mapping（语义发散法）”。这种策略是通过箭头或直线把中心概念和与它有关系的概念联系起来，创设一个语义发散图，突出中心概念。具体到我们每个单元词汇的学习方法是：记忆一个单元的生词，先看本单元的主题，然后由单元主题和课文标题通过头脑风暴策略想出相关的词汇，记住这些词汇。通过这种方法，我们很容易就能把本单元的几十个生词联系起来，改变了以往花很大力气一个一个地去死记硬背，特别是记住后又很快忘记的局面。

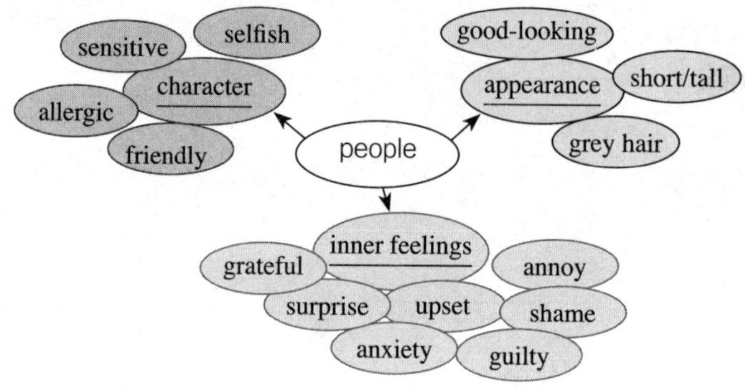


接下来，我们结合具体例子来了解这一策略是如何运用的。

沪教版八年级英语上册的 Unit 3 Computers，共有29个生词和词组，分别是order, compare, monitor, speaker, main unit, keyboard, mouse, type, brain, control, expensive, tiny, depend, calculate, speed, operate, railway, company, price, total, inch, sell, popular, work as, be unaware of, depend on, in addition, grand total, look forward to。

可以分下面几个步骤进行。

第一步，本单元的主题是computers（电脑）。由该主题，我们可以想到电脑各组成部分的生词，如speaker, monitor, drive, keyboard, mouse, main unit, CD-ROM, floppy disk, USB。

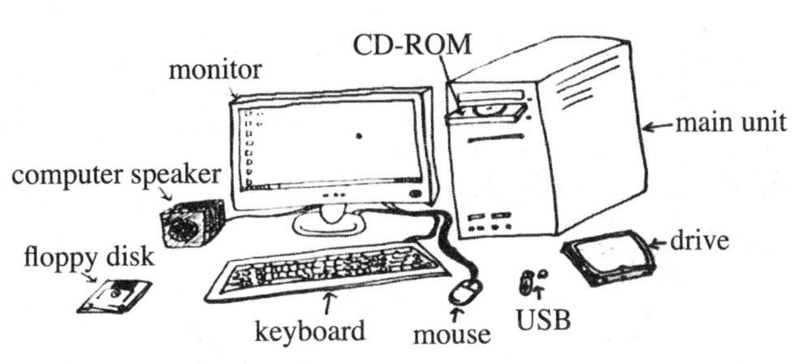


第二步，本单元最重要的阅读课文的标题是 Computer Facts（电脑事实）。由这一标题，我们可以想到下面这些生词，并按如下方式把它们串联起来：电脑现在很流行（popular），有多种型号（type），形状有小（tiny）有大，按屏幕英尺（inch）计算，卖（sell）价（price）有贵（expensive）有便宜。你想买电脑，取决于（depend on）你有多少钱。电脑可供公司（company）和个人使用，可以代替我们做很多事，但它不能代替人脑（brain），必须由人操作（operate）和控制（control）。

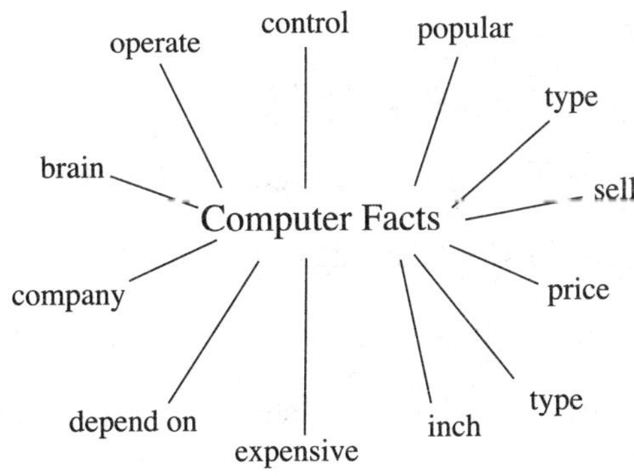


第三步，本单元包含其他生词的听力部分，其标题是 A Phone Order（一次电话订购）。由标题，我们可以想到下面这些生词，并用如下方式把它们串联起来：现在，我们买东西可以电话订购或网购。网购时，我们先上网比较（compare）要买的货物的价格，然后选定要买的东西，电脑可以帮我们计算（calculate），算出（work as）要购物的总价（grand total）。然后，就可以下单（order）了。下单完成后，我们就等待收货。收货的时间有快有慢，取决于投递的速度（speed），如果是通过火车（railway）运输，则比较慢。另外，在付款时有些人没有意识到（be unaware of）自己上了钓鱼网站而被骗，所以，我们要特别小心。收到货物后，本次购物就结束了，商家期待（look forward to）我们再次购物。

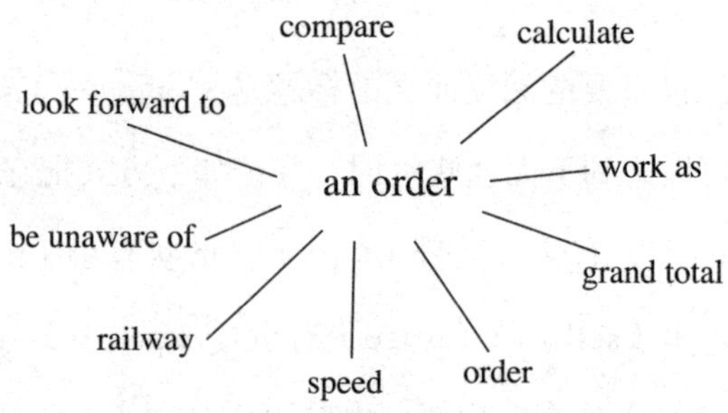


通过上面三个语义发散图，我们就可以轻松地记住本单元的全部词汇。

## （二）策略运用

运用头脑风暴策略记忆下面两个单元的生词。

1. 沪教版七年级英语下册的 Unit 1 People Around Us，共有27个词汇，分别是 person, cheerful, hard-working, patient, smart, probably, forget, smell, care, miss, joke, laugh, remain, strict, encourage, support, successful, member, paragraph, as well, take care of, tell jokes, make fun of, be strict about, give up, go to work, all day and all night。

2. 沪教版八年级英语下册的Unit 6 Pets，共有34个词汇，分别是 respond, complaint, cause, chocolate, dolphin, click, reason, cute, responsibility, feed, according to, faithfully, sofa, noisy, nearly, stranger, common, choice, lie, attention, scare, believe, heart, heart attack, until, care for, what’s more, have no choice but to do, run free, lie around, keep sb. from doing sth., be faithful to, die of, keep on。

## 三、活动反思

1. 说一说，什么是头脑风暴策略？如何运用头脑风暴策略记忆每个单元的生词？为什么要使用头脑风暴策略？

2. 把头脑风暴策略运用到自己平时的学习中去，分享运用头脑风暴策略记一个单元生词的例子。运用本策略之后，你有什么心得体会？

## 四、活动拓展

学习英语语言知识不能只靠死记硬背，要通过创设语境来记生词、语言知识和语法，这样才能将低效学习变为高效学习。

---

【参考答案】

策略运用

1.

第一步，由my grandma想到如下生词，通过创设语境把它们串联起来。

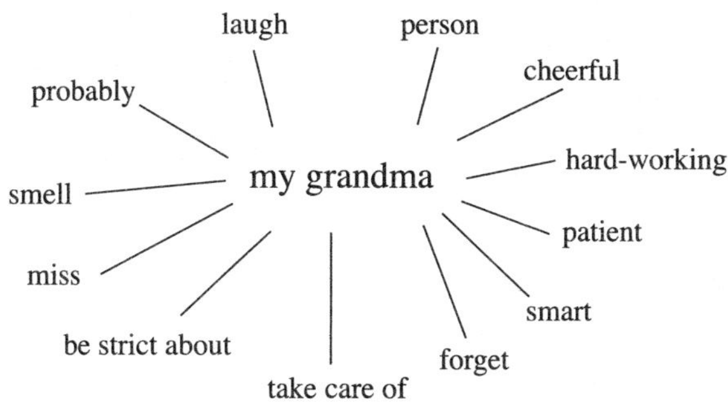

第二步，由本单元听力部分的标题 Sarah's Relatives（Sarah 的亲戚），想到如下生词，通过创设语境把它们串联起来。

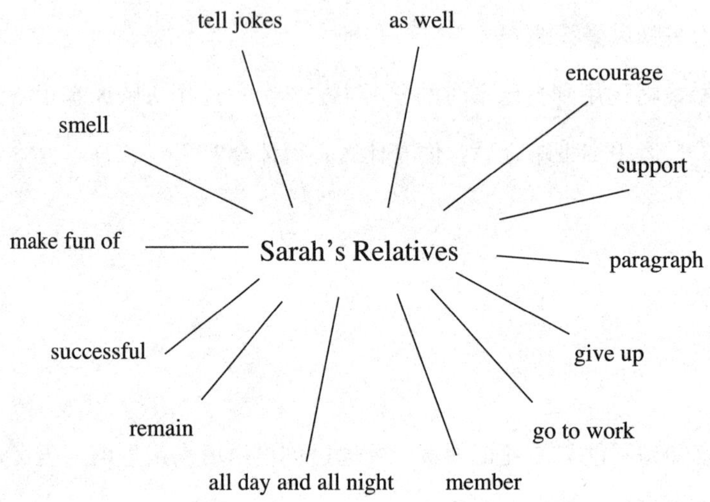


2.

第一步，由本单元最重要的阅读课文的标题 *Head to Head*，想到如下生词，通过创设语境把它们串联起来。

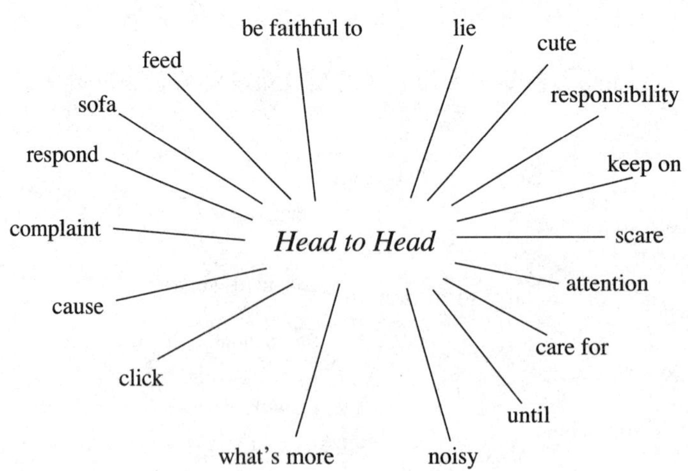

第二步，由本单元听力部分的标题 Different Kinds of Pets（不同种类的宠物），想到如下生词，通过创设语境把它们串联起来。

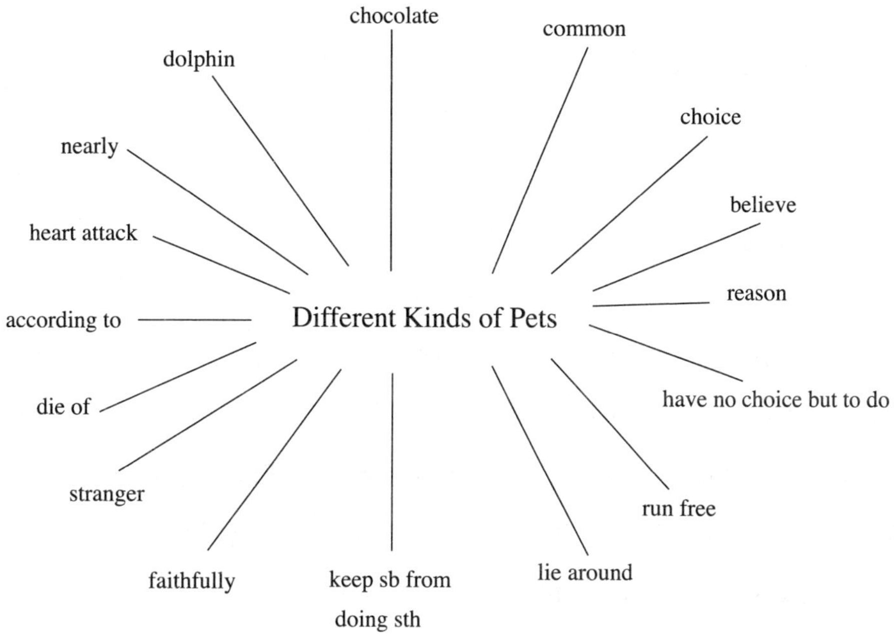


［广州市花都区圆玄中学 鲁 萍　深圳市新安中学（集团）高中部 汤 颖］

# 自我纠错策略

## 一、活动引入

英语写作是很多同学的弱项。究其原因，这是因为汉语与英语的语法结构和表达方式有很大不同。很多同学按汉语习惯来写英语文章，自然就会出现错误。

自我纠错策略是写完作文后，对照那些常犯的错误做自我检查，识别自己作文中的错误，总结自己经常犯的错误，如在哪些地方经常犯错，探寻错误的根源，在错误中学习，这能帮助同学们快速提高英语写作水平。

## 二、活动过程

（一）策略剖析

第一步，总结同学们写英语作文时常犯的错误。

1. 主语和谓语的单复数形式不一致。

2. 谓语错误。

3. 汉语式英语（Chinglish）。

4. 形容词与副词错用。

5. overgeneralization（过度泛化）：把某一语法规则教条化地生搬硬套，到处乱用。

6. 主句和从句的时态不一致。

7. 名词和代词的单复数形式错误。

第二步，写完作文后，对照那些常犯的错误做自我检查，识别自己作文中的错误。

第三步，改正错误。

接下来，我们结合具体例子来了解如何运用这一策略。

下面是一位英语基础较差的学生写的看图作文。

It is Sunday. Mary don't go to school, but she is get up early. She wash clothes in the morning. In the afternoon, she goed shopping to buy some pork, fruit and vegetable. After she got home, she cook dinner. In the evening, she do her homework careful for hours. What a busy day!

如何改正这篇文章中的错误?

首先，根据中国学生写英语作文时常犯的错误，找出文章中的错误，在错误下面画线。

It is Sunday. Mary don't go to school, but she is get up early. She wash clothes in the morning. In the afternoon, she goed shopping to buy some pork, fruit and vegetable. After she got home, she cook dinner. In the evening, she do her homework careful for hours. What a busy day!

然后，改正文章中的错误。

It was Sunday. Mary didn't go to school, but she got up early. She washed clothes in the morning. In the afternoon, she went shopping to buy some pork, fruit and vegetables. After she got home, she cooked dinner. In the evening, she did her homework carefully for hours. What a busy day!

（二）策略运用

运用自我纠错策略修改下面两篇文章。

1. 某校期末考试英语作文题。

在中学生机器人大赛上，出现了一种专门照顾老人的新型家用智能机器人，它的主要功能有：（1）定时做饭、洗衣服；（2）陪老人聊天、下棋、做运动；（3）为老人做简单的体检，处理突发事件（拨打紧急电话）等。

假如你是该机器人的发明者，请介绍你的这项发明，并谈谈你对该发明的看法。

参考词汇：in case of（紧急情况）；accompany sb.（陪伴某人）。

某位学生的作文如下：

Ladies and gentlemen,

Thank you for attending our robot show. Now I'd like to introduce my new invention to all of you.

This is a type of household new intelligent robot. It can take care of the old. It can cook and wash the clothes on time. It can accompany the old. It will play chess with old. With them communicate and play some sports. It will a good friend. The robot can check the old body. But it just do some easy checking. It also can help the old do some in case of emergency like called in case of phone. I think it will be old man's best friends and a good robot. It will help the old very much.

That's all. Thank you.

2. 书面表达题。

众所周知，要学好一门外语，就得进行大量的阅读。作为一名中学生，你认为应该如何培养良好的阅读习惯呢？请根据下列参考词汇，写一篇80词左右的英语短文，简要谈谈你的观点。

参考词汇：pick up，make a plan，never give up。

某位学生的作文如下：

How to Learn a Foreign Language?

As we all know, it is necessary to learn a foreign language. However, if you want to learn a foreign language well, you should read a lot of books to improve knowledge.

Here are some advice.

First at all, you should not only pick up good books but also make a plan. Secondly, you can't give up, because as the saying goes in Chinese: Never give up and you will be successful. The last but not the least, you need to take notes while you reading book.

In my opinion, developing a good reading habits is the most important, so that you can succeed in learning a foreign language.

## 三、活动反思

说一说，在英语作文写作中，我们经常会犯什么错误？如何运用自我纠错策略修改自己的作文？

## 四、活动拓展

经常反思和改正自己在学习中的错误，是提高学习成绩的好方法，希望同学们牢牢掌握自我纠错策略，把它运用到英语学习和其他学科的学习中去。

【参考答案】

策略运用

1. 修改后的文章如下。

Ladies and gentlemen,

Thank you for attending our robot show. Now I'd like to introduce my new invention to all of you.

This is a type of new household intelligent robot. It can take care of the old. It can cook and wash clothes on time. It can accompany the old. It will play chess with old people. Communicating and playing some sports with us, it will be a good friend. The robot can check old people's bodies to tell them if they are healthy, but it just does some easy checking. It can also help the old do some things in case of emergency, like making emergent calls and so on.

I think it will be old people's best friend and a good robot. It will help the old a lot.

That's all. Thank you.

2. 修改后的文章如下。

How to Develop a Good Reading Habit

As we all know, it is necessary to learn a foreign language. However, if you want to learn a foreign language well, you should read a lot of books to improve your reading.

Here is some advice.

First at all, you should not only pick out good books but also make a plan to do reading. Secondly, you can't give up when you meet difficulties, because as the saying goes in Chinese: Never give up and you will be successful. Finally, you need to take notes while you are reading a book. After reading a book, you should write a book report to improve your reading and writing as well.

In my opinion, developing a good reading habit is the most important, so that you can succeed in learning a foreign language well.

［深圳市新安中学（集团）高中部　汤　颖］

# 猜词策略

## 一、活动导入

在英语阅读中，同学们经常会碰到一些陌生的单词，这个时候该怎么办呢？要不要停下来查查词典呢？如果手头没有词典怎么办？就算有词典，会不会因为查词典而影响了阅读速度呢？有没有比查词典更快捷有效的办法呢？在这里，我们来学习一个重要的策略——猜词策略。

## 二、活动过程

### （一）策略剖析

猜词策略是指在阅读过程中根据对文章提供的信息、行文逻辑、背景知识及语言结构等方面的综合理解，去猜测或推断某个生词、难词、关键词的词义。

在英语阅读中碰到生词时，同学们可以采用以下步骤来解决。

第一步，先判断这个生词是否会影响我们对文章或文段的理解。如果这个生词不影响我们对文章的理解，那么我们可以忽略它，直接继续阅读。如果这个生词对我们更好地理解所读材料有影响，那么我们就需要运用技巧和策略来处理它了。

第二步，运用猜词策略去辨别和猜测词义。

1. 根据构词法猜测词义。

英语中有很多单词是由词根加前缀或后缀构成的派生词，而这些词的意思往往就是词缀与词根合起来的意思，同学们平时可以多多积累词缀方面的知识，这样，在阅读中遇到一些由所熟悉的单词派生出来的新词时就能轻而易举地猜测出词义了。一般来说，前缀改变词义，后缀不改词义但改变词性。同学们在初中阶段接触得比较多的前缀有以下几个：

（1）a-表示“在……，……的”，如asleep=a+sleep（睡觉），意思是“睡着的”；aside=a+side（旁边），意思是“在边上”；ahead=a+head（头），意思是“在前的，向前”；alive=a+live（活），意思是“活的”。

（2）anti-表示“反对，相反”，如antiwar=anti+war（战争），意思是“反战的”；antipathy=anti+pathy（感情），意思是“反感”；antibody=anti+body（身体），意思是“抗体”。

（3）bi-表示“两个，两”，如biweekly=bi+week（星期）+ly，意思是“双周刊”；bilingual=bi+lingu（语言）+al，意思是“双语种的”；biannual=bi+annu（年）+al，意思是“一年两次的”。

（4）com-和con-表示“共同”，如combine=com+bine（捆），意思是“联合，结合”；comfort=com+fort（加强），意思是“安慰”；conclude=con+clude（关闭），意思是“结束，总结”；confirm=con+firm（坚定），意思是“坚定，证实”。

（5）de-表示“去掉，变坏，离开，分离，变慢，向下，降低”等，如destruction=de+struct（结构，建造）+ ion，意思是“破坏”；desalt=de+salt（盐），意思是“除去盐分”；deforest=de+forest（森林），意思是“砍伐森林”；devalue=de+value（价值），意思是“降低价值”。

（6）extra-表示“以外的，超过的”，如extracurriculum=extra+curriculum（课程表），意思是“课外的”；extraordinary=extra+ordinary（普通），意思是“格外的”。

（7）fore-表示“前面，预先”，如forefather=fore+father（父亲），意思是“前人，祖先”；forecast=fore+cast（扔），意思是“预料”。

（8）re-表示“一再，重新”，如reappear=re+appear（出现），意思是“再出现”；rearrange=re+arrange（安排），意思是“重新安排”；retell=re+tell（讲述），意思是“复述”。

（9）sub-表示“在下面，次一等，副手”，如subtropics=sub+tropics（热带），意思是“亚热带”；subtitle=sub+title（标题），意思是“副标题”；subeditor=sub+editor（编辑），意思是“助理编辑”。

（10）super- 表示“超级，超过，过度”，如supersized=super+sized（有范围的），意思是“超大型的”；supernatural=super+natural（自然的），意思是“超自然的”。

（11）un-，im-，in-，ir-，il-表示“不，无，非，没有”，如unreal=un+real（真实的），意思是“不真实的”；impossible=im+possible（可能的），意思是“不可能的”；incorrect=in+correct（准确的），意思是“不准确的”；irregular=ir+regular（规则的），意思是“不规则的”；illegal=il+legal（法律的），意思是“非法的”。

（12）under-表示“在……下，不足，不够”，如underground = under+ground（地），意思是“地下的”；underline=under+line（线），意思是“画线于……

下，强调”；underestimate=under+estimate（估计），意思是“估计不足”。

（13）kilo-表示“一千”，如kilogram=kilo+gram（克），意思是“千克”；kilometer=kilo+meter（米），意思是“千米”。

（14）tri-表示“三”，如triangle=tri+angle（角），意思是“三角形”；tricycle=tri+cycle（轮子），意思是“三轮脚踏车”。

（15）twi-表示“二，两”，如twilight=twi+light（光），意思是“黎明，黄昏”；twiformed=twi+form（形状）+ed，意思是“有两种形式的”。

（16）uni-表示“一个，单一”，如uniform=uni+form（形状），意思是“一贯的，一致的”；unique=uni+que（表形容词），意思是“独一无二”。

（17）vice-表示“副”，如vice-president意思是“副总统”；vice-manager意思是“副经理”。

同学们在初中阶段常见的后缀有以下几个：

（1）-craft=skill（技能），如handicraft，意思是“手艺”。

（2）-dom=office/power（地位/权限），如freedom意思是“自由”；kingdom意思是“王国”。

（3）-ed=like，是表示像、有等意义的形容词后缀，加在规则动词后，构成过去式和过去分词，如attacked意思是“受攻击的”。-ed加在名词后，构成形容词，特别是复合形容词，如gifted，意思是“有才华的”。

（4）-ee=person receiving，表示处于某一种情况下的人，如absentee意思是“不在者”；employee意思是“雇员”。

（5）-en=to make，附在物质名词后构成形容词，表示“由……制成”，如wooden意思是“木制的”；golden意思是“金色的”。-en附在形容词或名词后构成动词，表示“使有”，如sharpen 意思是“使变锋利”。

（6）-ern指方向、方位，如eastern意思是“东方的”。

（7）-er附在单音节形容词或以 -y 等结尾的双音节形容词及少数副词之后，

构成形容词/副词的比较级，表示“更……”，如sooner意思是“更早的”。-er还能使形容词变为使役动词，如linger意思是“逗留”。-er/-or指行为者，如writer意思是“作者”；actor意思是“演员”。

（8）-ese=of，加于地名后，表示“……的”；加于某些名词后，表示风格等。如Chinese 意思是“中国人”。

（9）-ess 表示阴性人称名词或雌性动物，如waitress意思是“女侍者”。

（10）-ful=full of，表示“充满……的”，如lawful意思是“法定的”。

（11）-fy=to make，表示“使得”，如beautify意思是“装饰”。

（12）-graph=written，表示书写，如autograph意思是“亲笔”。

（13）-ian构成名词，表示“……地方的人”，还可以构成形容词。如Italian意思是“意大利人；意大利的，意大利人的”。

（14）-ing构成现在分词形式的形容词，如amusing意思是“令人快乐的”。

（15）-ion/ment表示行为的过程，如action意思是“行为”，movement意思是“移动”。

（16）-ish=like，加在名词之后，表示“……似的”，如boyish意思是“孩子气的”；-ish=rather，加在国名之后，表示“……民族的”，如British意思是“英国的”。

（17）-ism表示主义，如Marxism意思是“马克思主义”。

（18）-ist=doer，表示专业人员，带此后缀的词有的可兼作形容词用，表示“具有特性的”，如artist意思是“艺术家”。

根据平时积累的前缀、后缀及构词法知识，同学们在阅读时碰到新单词就可以来推测其大概意思了。

（1）Because of the terrible earthquake, many people became *homeless*.（从后缀less可以很容易猜出homeless是“无家可归”的意思）

（2）Nothing is *impossible* if you put your heart into it.（从否定前缀im-可以判

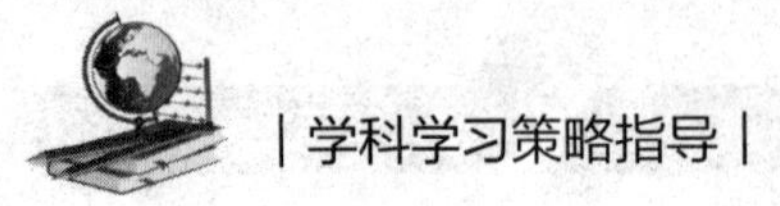



断impossible 是“不可能”的意思）

（3）As it was the first time I took a plane, I was so nervous that I had terrible *airsick*.（从合成词的构成部分air和sick可以猜出airsick是“晕机”的意思）

2. 根据同义词或反义词关系猜测词义。

常见的引出同义词的标志性词语有and, or, such as, like, for example, for instance等。例如，One day, maybe machines will *supersede*, or take the place of factory workers.（supersede意思是“取代”）

常见的引出反义词的标志性词语有from...to...，however，but，not，and，or等。例如，If you agree, write “Yes”; if you *dissent*, write “No”.（dissent意思是“不同意”）

3. 根据定义法或释义法来猜测词义。

定义或释义常由定语从句或由be，or，that is（to say），in other words，be called，be known as等词汇或破折号来表示。例如，*Facility* is a place used for a particular purpose or activity, usually including buildings.（facility意思是“供特定用途的场所”）

4. 利用逻辑法猜测词义。

同学们可以利用句子间的类比、因果、递进等逻辑关系来推测生词的含义。例如，The English class was *delayed* because the teacher was ill.（delay意思是“推迟”）

5. 利用常识来猜测词义。

同学们有时可以利用科普知识和生活常识来推测生词的含义。例如，The snake *slithered* through the grass. 根据蛇的生活习性，我们不难推断slither的意思是“爬行”。

6. 根据描述猜测词义。

有时候，文章会对与生词相关的场景或特征进行描述，同学们便可以根据描述来猜测生词的含义。例如，Miss Baker was awaked by a great noise. Their ship hit something and stopped. So much water filled the ship's cabin that all the people were in a *fluster*... 从上文出现的"a great noise，hit something，water filled the ship's cabin"等场景，我们可以断定 in a fluster 是"在慌乱中"的意思。

### （二）策略运用

1. 根据描述法猜测下文画线生词的词义。

Chores took up much of the children's time after school. They have to get water and firewood for the family every day. Also there's cleaning, washing and helping mum with the meal.

What does the underlined word mean in Chinese?

A. 网上冲浪　　B. 家务活动　　C. 体育活动　　D. 家庭作业

2. 利用同义关系猜测下面生词的词义。

A bag is useful and the word "bag" is useful, too. It gives us some interesting phrases（短语）. One is "to let the cat out of the bag". It is the same as "to tell a secret"... Now when someone lets out（泄漏）a secret, he "lets the cat out of the bag".

John "lets the cat out of the bag" means he ____________.

A. makes everyone know a secret　　B. the woman bought a cat

C. buys a cat in the bag　　D. sells the cat in the bag

## 三、活动反思

1. 说一说，我们如何运用猜词策略来猜测在阅读中遇到的生词？

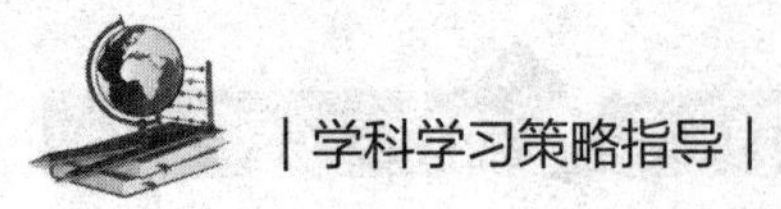



2. 根据所学的知识，猜测下列文段中生词的意思。

I've loved my mother's desk since I was just tall enough to see above the top of it as Mother sat doing letters（做学问）. Standing by her chair, looking at the ink bottle, pen, and white paper, I decided that the act of writing must be the most wonderful thing in the world.

Years later, during her final illness, Mother kept different things for my sister and brother. "But the desk," she said again, "is for Elizabeth."

I never saw her anger, never saw her cry. I knew she loved me; she showed it in action. But I still remembered when I was a young girl, I wanted heart-to-heart talks between mother and daughter. They never happened. I was "too emotional（易动感情的）", but Mother only lived "on the surface". And a gulf appeared between us. I couldn't understand her.

As years passed, I had my own family. I got to know her love, and I wrote to her in careful words and asked her to let me know in any way she chose that she did forgive（原谅）me. I posted the letter and waited for her answer. None came. I became disappointed. I couldn't be sure that the letter had even got to Mother. It seemed nothing had happened.

Now the present of her desk told me why she had never been able to answer me. I cleaned the desk carefully and found some papers inside—a photo of my father and a one-page letter, folded（折叠）and refolded many times. It was just my letter!

Mother, you always chose the act that speaks louder than words.

The world "gulf" in the third paragraph means________.

A. 礼物　　B. 鸿沟　　C. 建议　　D. 方法

## 四、活动拓展

请完成下面的阅读，如碰到生词，请运用猜词策略猜测词义。阅读完后，可以翻阅词典，检验自己的猜测是否正确。

An e-friend is a friend from the Internet. They are also named e-pals. In China, young people like to use WeChat, QQ, microblog and email to make friends. You can find many people happily share their stories with others on the Internet.

In the USA, many young people have a lot of e-friends. Facebook, Twitter and YouTube are the most popular online social networking services. Stars often use them to communicate with their fans.

【参考答案】

策略运用

1. B。

2. A。

活动反思

1. 答案略。

2. B。

（深圳市龙华区外国语学校　潘秋莲）

# 逻辑推理策略

## 一、活动导入

在英语阅读中，同学们会遇到这样一种情况：有些作者对自己的立场、态度表达得很含蓄，我们在文章中找不到作者直接表达观点的句子。这时，我们可以运用逻辑推理策略去推敲作者的态度，去理解文章的含义。

## 二、活动过程

### （一）策略剖析

逻辑推理策略是指根据文章的结构、情节、环境、顺序等，对词义、句意以及文章的主旨或作者的态度进行推理判断的策略。逻辑推理策略可以从以下几个方面进行：

第一步，融入语境，进行逻辑推理。

在进行英语阅读时，尽量做到在最短时间内，置身于文章所叙述的语境气氛中，站在作者的角度，充分地利用想象力，结合英语国家的社会文化背景知识和自己的生活常识、亲身经历等，细细品味作者的写作目的、态度倾向以及文章的论调和写作的思路。

注意要以作者的思维模式为准绳，以原文提供的事实和细节为基准点，在字里行间悟出作者的言外之意及句子的深层含义，也就是说要把自己的思想融入文章内容之中，与作者一同喜怒哀乐。

When I was six, Dad brought home a dog one day, who was called Brownie. My brothers and I all loved Brownie and did different things with her... Brownie, in return, loved each and every one of us...

One day, as I was getting her food, she chewed up（咬破）one of Dad's shoes, which had to be thrown away in the end. I knew Dad would be mad and I had to let her know what she did was wrong. When I looked at her and said, "Bad girl." She looked down at the ground and then went and hid. I saw a tear in her eyes.

Brownie turned out to be more than just our family pet. Far from the truth, she loved everyone.

Now many years have passed since Brownie died of old age. I still miss the days when she was with us.

文中描写了作者与狗Brownie生活的点滴，在生动的描述中，一只可爱、调皮、忠诚的狗的形象跃然纸上。我们仔细看看第2段关于作者的心理活动以及Brownie的表情的描写，作者对小狗又气又怜的感情流露，小狗眼泪汪汪仿佛认错的憨态，可以推断出 Brownie felt scary for her mistake.

第二步，依据细节，进行逻辑推理。

进行逻辑推理时，可以根据文章提供的事实和线索，由已知去推断未知。

Barack Obama, a black man, is the president of the United States now. He was born on August 4th, 1961, in Hawaii and has lived in many places. His mother was from Kansas and his father was from Kenya. Obama went to Columbia University in New York and got a law degree at Harvard University in Massachusetts. His wife is Michelle Obama. She also worked as a lawyer and later worked for the University of Chicago. They have two young daughters.

Obama wrote a book *Dreams from my father*. “I always live in the dream of my father and American people,” Obama once said. He was born in a poor family. And he was taken good care of by his grandparents when he was young. He also lived and worked in Africa. Then he got good education in Harvard University. On November 4th, 2008, he became the new president of America for the next four years.

文中并没有直接提到奥巴马当选总统时的年龄，但我们可以通过文中的细节——奥巴马生于1961年8月4日，2008年11月4日当选美国总统”，推断出Barack Obama became President at the age of 47.

第三步，依据主题句进行逻辑推理。

文章的主题句或段落主题句往往暗含作者的观点或写作目的。因此，当我们需要推断作者的写作意图时，应当关注主题句，同时把握文章的体裁。

British Study Tours

Using the wonderful railway system, we offer an unusual holiday, sports and study programme. Your hotel is a train: eat and sleep on the train and spend each day in a different part of Britain.

Summer School in France

We offer summer school for students between the age of 12 and 16. Live with a French family and choose from different activities including horse-riding, football and swimming.

Summer in Australia

We will arrange a programme for your students. All our courses take place at the college in Sydney. Morning classes are held in Chinese, evening classes on Australian history are in English. We offer an exciting programme of evening activities including music, dance and theatre.

我们从文章的体裁特点可以判断出这是一则广告，从各段的主题句 Using the

wonderful railway system, we offer an unusual holiday, sports and study programme. We offer summer school for students between the age of 12 and 16. We will arrange a programme for your students. 可以推断出这是在做一个项目的推广，作者的写作意图是 To encourage people to join their programmes.

第四步，依据形容词、副词或名词进行逻辑推理。

作者有时候会在文章中运用一些形容词、副词或名词，这些形容词和副词看似与文章本身的叙述没有关系，但它们往往蕴含作者对有关事物的褒贬态度。例如：

I called her Goldie. If I had known what was going to happen I would have given her a more creative name. She was so unsettled during those first few days. She hardly ate anything and had such an air of sadness about her. There was nothing I could do to make her happy.

作者用了so unsettled, hardly（ate anything），sadness等词来对Goldie进行描写，我们可以推断出作者对Goldie充满了同情。

推理是一种创造性的思维活动，它必须忠实于原文，要以文章提供的事实和线索为依据，由已知推断未知，不能凭空想象、随意揣测；它要求我们对文字的表面信息进行分析、挖掘和逻辑推理，不能就事论事、以偏概全。

### （二）策略运用

1. 运用逻辑推理策略回答问题。

According to a new study, American teenagers have become the "thumb generation" now. They use cellphones too often. They use them to do many things, such as making calls, sending messages, playing games and taking photos.

The study was carried out from June to September, 2009. It was done on about 800 American teenagers. They were aged from 12 to 17. Their parents also agreed to take part in the study.

The study showed that more than four out of five teenagers slept with their cellphones near their bed. Some kept them under the pillow to receive messages late at night. Others used them as clocks to wake up in the morning.

Kyle Smith is an 18-year-old high school student. He has had a cellphone since he was 12. He uses his cellphone every day. "I don't know what I would do without it," he said.

The study also found that cellphones had become an important way for parents to watch their children. Some parents learned about the activities of their children through cellphones. Some of them kept in touch with their children by using cellphones.

It can be inferred from the passage that ______.

A. the study only studied 800 teenagers

B. cellphones are now in many areas of teenagers' lives

C. every child in America has a cellphone

D. parents don't like their children to use cellphones

2. 再次阅读上文，运用逻辑推理策略回答下列问题。

What can we learn from the underlined words of Kyle Smith?

## 三、活动反思

1. 说一说，运用逻辑推理策略时需要注意哪些问题？

2. 根据所学知识，推测下文作者的写作意图。

Travelling to every part of the world gets easier, but how well do we know and understand each other? Here's a simple test. Imagine you are planning to hold a meeting at four o'clock. What time should you expect your foreign business friends to arrive? If they are Germans, they'll arrive on time. If they are Americans, they'll probably be15 minutes early. If they are Englishmen, they'll be 15 minutes late, and you should allow up to an hour for the Italians.

The British seemed to think since the English language was widely used in the world, people would always understand what they do. However, they found they were completely wrong. For example, the British are happy to have a business lunch and discuss business matters and have a drink during the meal. The Japanese prefer not to work while eating. Lunch is a time for them to relax and get to know each other and they don't like to talk business before dinner. The French like to eat first and talk afterwards. They have to be well fed and watered before they discuss anything.

## 四、活动拓展

下文是2016年深圳市中考英语卷阅读B篇，请运用逻辑推理策略回答问题。

In the summer between my first year and second year in college, I was invited to be an instructor（辅导员）at a high school camp. On the first day, when we were dancing and playing games, I noticed a boy under the tree who was small and thin. His shyness made him appear weak. I walked towards him, introduced myself and invited him to join in the activities and meet some new people. He quietly replied, "No, I really don't want to do this." I could understand that he was in a new world but I knew it wouldn't be right to force him, either. Actually, the boy didn't need a close talk but a friend.

At lunch the next day, I was leading camp songs when I saw the boy under the tree sitting alone. I tried again with the same invitation, but he refused once again. That evening I was told the boy's name was Tommy. Then I asked the campers to pay special attention to the boy and spend time with him when they could.

The days went by and the time came when we had to leave. We held a big, warm party to celebrate the closing of the camp. All the campers shared their wonderful moments. To my surprise, I found the boy from under the tree dancing joyfully with two girls. I couldn't believe it was the same person.

In October of my second year, I received a phone call from Tommy's mother. She told me that Tommy was hit by a car and killed. I offered my deep sadness. The mother said: "Tommy mentioned you so many times. I want you to know that he went back to school and made new friends with confidence. You made a difference for Tommy during his last months."

At that moment, I realized how easy it was to give a bit of yourself every day. You may never know how much each gesture may mean to someone else. I hope that everyone can pay attention to their own "boy under the tree".

1. How many times did the writer invite the boy to join in the activities?

A. Once　　B. Twice　　C. Three times　　D. Many times

2. From Paragraph 4, we can infer（推断）that Tommy's mother was very ______________ to the writer.

A. thankful　　B. helpful　　C. faithful　　D. harmful

【参考答案】

策略运用

1. B。

2. We can learn from the underlined words of Kyle Smith that Kyle Smith depends on the cellphone much.

活动反思

1. 答案略。

2. 作者通过一系列的例子说明：不同国家的人有不同的习惯，要他们之间相互理解并不是容易的事。

活动拓展

1. B。

2. A。

（深圳市龙华区外国语学校　潘秋莲）

---

# 锁定主旨策略

## 一、活动导入

理解文章的主旨是英语阅读题的首要考查目标，这一类题目在中考英语卷中所占的比重也比较大，也是比较有难度的一类题型。接下来，我们学习一个能快速而准确地找到文章主旨的策略——锁定主旨策略。

## 二、活动过程

### （一）策略剖析

所谓锁定主旨策略，就是指运用概括、判断、归纳、推理等方法，去理解作者想要表达的主要内容，从而找到文章的基本论点、主题或段落大意等。下面，我们结合具体例子来了解这个策略。

第一步，从标题预测主旨。

标题往往是全文的中心、主题，是文章内容的高度浓缩的精华。我们可以通过阅读标题而准确地预测出文章的大概内容，为彻底理解全文做铺垫。例如，某篇文章的标题为An Exchange Visit Is Educational and Interesting，我们可以预测这就是文章的主旨，同时能清晰地推断作者的观点。

第二步，筛选主旨句。

有时候，文章并没有给出标题。这时，我们可以快速浏览全文，从整体上了解大概内容，尤其关注文章的首尾句，以便迅速抓住文章主旨。当遇到段落较多、内容较复杂的文章时，我们甚至可以跳读每段的首句或找到中心句（有一些文章的中心句或主题句在文章的中间），也可以很快获得文章的主旨。尤其是对于一些记叙文、议论文，用这种策略能快速地锁定文章主旨。

A summer vocation job can not only make the vocation interesting, but also teach young people a lot of things.

When Jane Alkouri, a high school student, thinks of her summer vocation job two years ago, she can't help but laugh. She worked in a lab that works to provide people with new hair. "You have to put some funny things on their heads and then put a heat hat above their heads for 15 minutes and do this twice." Unlike working in traditional places, such as ice cream shops, special jobs such as Alcouri's usually make a deep impression. Although she can laugh about her job now, the experience made her realize that working is not easy.

When Lyle Baker was 16, he found a part-time job in Vancouver Police Station's dog team during a summer vocation. Baker's job was to hide in a building or in a tree, and then the policemen would tell their dogs to find him. "That job helped me to learn more about the dogs and their job," Baker said.

Anne Britton worked as a naturalist in a natural park during a summer vocation in Junior 3. She gave talks on animals, took people for walks and fed birds. “I like that job very much. It helped me to learn more about nature, and I like the feeling of getting close to nature,” she said.

上文中，文章的主旨在首段就体现出来了，即A summer vocation job can not only make the vocation interesting, but also teach young people a lot of things.我们也可概括为Good points of summer vocation jobs for young people. 而文章后面几段的每一段结尾的句子都是该段的主旨。

第三步，总结归纳。

有些时候，文章中并没有主题句出现。这时，我们可以通过分析细节和标题、体会段与段之间的内在联系等方式，把文章或段落的主旨归纳出来。

As a teenager, what should you do if you have a problem? No matter what the problem is, as soon as it influences you in some way, it becomes important.

The first step in solving a problem is realizing that the problem exists. For example, if you have a problem of drugs, nothing will happen until you realize that you have the problem. Only when you are willing to it solve, it can be solved.

Once you know what problem you have, you need to find a way to solve it. You can choose to talk with someone about the problem. It can be your parents, an adult you believe in, one of your teachers, or a friend you trust. Talking really helps, no matter what the problem is.

Another thing you can do is to educate yourself. There is a lot of information on the Internet for you to learn more about your problem, as well as all kinds of books. There are also some people from different organizations that can help you.

If you have a problem and you don’t want to talk to familiar people, one choice is to call a free hotline. Hotlines are usually set up by government or charity organizations to help people to deal with specific problems.

这篇文章没有典型的主题句，看似很散，我们来看一下每一段都主要讲了些什么。第一段，作者提出“如果遇到问题应该怎么做”这个话题。第二段，提出“解决问题的第一步是要认识问题出在哪里”。第三段，指出了找到解决问题的第一个办法——交谈。第四段，指出了解决问题的第二个途径——自我教育（从网络、书本、其他组织的人）。第五段，指出了解决问题的第三个方法——求助热线。综合各段的内容，我们可以归纳出这篇文章的主旨为How to deal with problems。

## （二）策略运用

1. 阅读下列标题，预测文章的主旨。

（1）Are you happy?

（2）The World's Biggest Book.

（3）Where to find free fruit?

（4）Reading with a dog.

（5）Love will find you.

2. 阅读下文，找到每段的主旨句。

（Henry）A great way to help you remember something is to imagine a picture of it in your mind. If you make the picture big, strange or silly, you will remember it better. For example, to remember the word “smiles”, we can imagine there is a “mile” between the first letter and the last letter. This makes it the longest word in the world. Remember, a picture is worth a thousand words.

（Paula）A good method for remembering the spelling of a word is to make a short sentence with each letter of the word. For example, if you want to remember how to spell the word “because”, you can use the sentence “Big elephant can always understand small elephants”.

(Millie) You will forget something very quickly unless you understand it well. For example, you may have trouble remembering the list of steps in the water cycle. However, it is easier to remember these steps if you understand how the water cycle works.

## 三、活动反思

1. 说一说，锁定主旨策略包含哪些方法？

2. 根据所学的知识，说说下文的主旨是什么？

Do you like drinking tea? If you do, the following must be good news for you. Drinking just three cups of tea a day can protect against heart illnesses, according to a new study. It shows that drinking either black or green tea can cut down on the risk of heart problems by 11%.

This study was carried out by the University of Western Australia. It says that tea has flavonoids that can cut down on heart problems. One cup of tea provides 150mg to 200mg of flavonoids. Two cups of tea have the same amount of flavonoids as two apples.

The study also found that black tea has the same amount of flavonoids as green tea. Also, adding milk to tea doesn't influence the absorption of flavonoids from tea.

This is good news for people who like drinking tea, especially for British people. That is because almost 80% of British people are tea drinkers.

## 四、活动拓展

请阅读下面的文章，并完成文后的问题。

People can't see you when you're speaking on the phone, but they can hear you. So, the way you speak is especially important. In fact, researchers have calculated that 80% of communication over the phone is through your tone of voice; and only 20% is from the words you use. Here are our top tips on how to speak over the phone.

1. Facial Expressions.

Your facial expression can influence your voice. For example, if you smile, your voice will sound warm and friendly, just the opposite, if you have an angry look on your face, it can make you sound unpleasant.

2. Volume.

If you speak too loudly, you could sound angry. And if you speak too softly, it'll be difficult to hear you. So, speak loudly enough to be heard clearly, but not so loud that you're shouting.

3. Pace.

The pace of your voice is how quickly you speak. And this can show how you feel. For example, an angry person might speak faster than normal. Or a downhearted person might speak very slowly. Try speaking a little more slowly than normal. This will make you sound confident, and it'll make it easier for the other person to understand you.

4. Gestures.

Gestures can influence the tone of your voice. When you gesture, you bring more air into the lungs, which can make your voice sound warmer. Gestures are also useful to help you stress the right words or even find the words you need. The best thing about gestures during a phone call is that no one can see what you're doing, so you can gesture as wildly as you like!

5. Movement.

If you're feeling nervous, stand up and move around. It will reduce the nervousness in your body and help your voice to sound more confident.

6. Pauses（停顿）.

Using pauses every now and then can help you to slow down. This will make you sound more confident and in control. Also, if you pause after giving some new information, it'll give the other person time to understand. At the same time, listen to how the other person uses pauses. They could tell you something about the speaker's feeling. For example, when a speaker is really angry, he might use pauses and says, "I... am... so... angry..."

1. How much of telephone communication is from the words you use?

A. 20%.    B. 40%.    C. 60%.    D. 80%.

2. What can people do to reduce their nervousness on the phone?

A. Gesture wildly.    B. Move around.

C. Raise their voices.    D. Make facial expressions.

3. How can pauses help people talk on the phone?

A. The speaker can show he is friendly.

B. The speaker can tell more information.

C. The listener will feel confident and in control.

D. The listener will have time to understand the words.

4. What is the passage mainly about?

A. How to control the speed of your speech.

B. Different good ways of talking on the phone.

C. Reasons of making gestures while talking.

D. How to improve communication among friends.

5. What is the writer's opinion about telephone talk?

A. Your voice on the phone will show what you're feeling.

B. Using too many pauses while talking will annoy others.

C. Speaking loudly makes it easier for others to understand you.

D. The words you use are more important than the way you speak.

---

【参考答案】

策略运用

1.（1）快乐；（2）世界上最大的书本；（3）免费水果；（4）与狗阅读相关的项目介绍；（5）爱。

2.（Henry）A great way to help you remember something is to imagine a picture of it in your mind.

（Paula）A good method for remembering the spelling of a word is to make a short sentence with each letter of the word.

（Millie）You will forget something very quickly unless you understand it well.

活动反思

1. 答案略。

2. Drinking just three cups of tea a day can protect against heart illnesses.

活动拓展

1. A。

2. B。

3. D。

4. B。

5. A。

（深圳市龙华区外国语学校　潘秋莲）

---

# 自我归纳策略

## 一、活动引入

在语文学习中，学完《静夜思》《望庐山瀑布》等古诗，教师便会帮同学们总结诗人李白的相关知识，帮助同学们更深入地了解李白，以便更好地理解李白的作品；在数学学习中，学完加减乘除运算，教师便会总结出一些运算定律，如何时先加减，何时先乘除。通过总结和归纳，所学的知识便在同学们的脑海中形成一个体系，不容易被遗忘。

在英语学习中，我们也需要边学习边及时归纳，这样才不会让所学的知识太过于零散而难于识记。例如，我们学习了各种句型，就可以归纳英语的常用句型；学习了疑问句，就可以整理疑问句的种类。

## 二、活动过程

### （一）策略剖析

初中英语是按照话题单元的形式来学习的，目的是为了增强知识的实用性，更好地帮助同学们将语言与实际生活相联系。但是，语法的学习比较零散，所以我们需要边学习边总结一些相似的语法点，也就是要及时归纳总结。

初中阶段需要掌握的疑问句分为一般疑问句、特殊疑问句、选择疑问句和反意疑问句。

1. 一般疑问句。

Do you like English? Are you a teacher? Have you finished your homework? 这些都是一般疑问句。

第一步，思考一般疑问句是怎样构成的，由哪些疑问词开始。疑问词有do/does/am/is/are/can/may/must...

第二步，查找一般疑问句的特征以及定义：简单地说，一般疑问句就是可以用yes或no回答的疑问句！

第三步，分细类，举例说明（这样便于理解记忆）。

（1）助动词（do/does/did）+主语

Do you want to have a cup of tea?

（2）have/has+主语

Have you finished your homework?

（3）be动词+主语

Are you a teacher?  Is he a doctor?

（4）情态动词（can/may/must/could）+主语

Should I finish my homework now?

Can he arrive here earlier?

2. 特殊疑问句。

第一步，思考什么是特殊疑问句。

特殊疑问句一般由特殊疑问词（what/who/why/when/which/where/whose/whom/how）+ 一般疑问句构成。

第二步，整理举例。

What is your name? Whose book is this? Why was he late again?这些都是特殊疑问句。

3. 选择疑问句。

第一步，思考选择疑问句的标志是什么。

第二步，整理举例。

Do you want beef or lamb? Would you like tea or coffee? 这些都是选择疑问句。

第三步，归纳结构。

（1）一般疑问句+or+被选择部分

（2）特殊疑问句 +A or B

4. 反意疑问句。

第一步，思考什么是反意疑问句。

第二步，整理举例。

He is a student, isn’t he? They don’t agree, do they? 这些就是反义疑问句。

第三步，归纳结构。

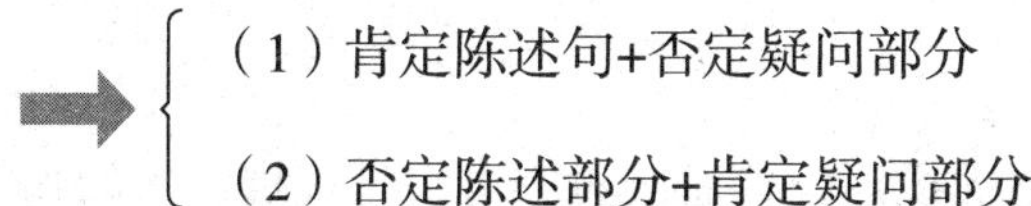


第四步，小结——前肯后否，前否后肯。

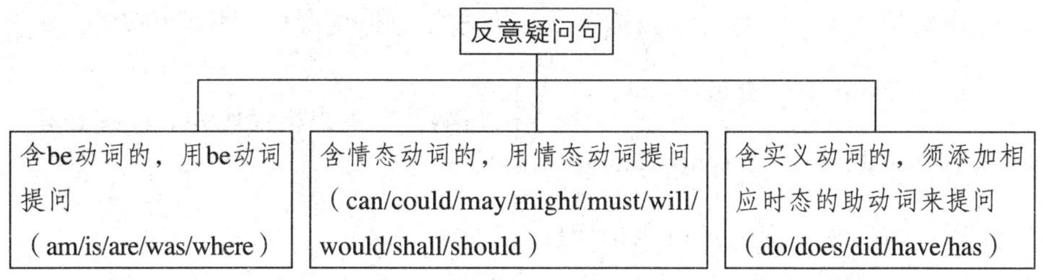


特殊情况1：反意疑问句的陈述部分带有little, few, never, hardly, seldom, nobody，nothing等否定意义的词时，问句部分用肯定式。

（1）She never tells a lie, does she?（不用doesn’t she?）

（2）He was seldom late, was he?（不用wasn’t he?）

特殊情况2：反意疑问句的陈述部分带有dis-，un-，im-，-less等否定前缀的词时，问句部分依旧用否定式。

（1）She is dishonest, isn't she?

（2）Tina is a careless girl, isn't she?

特殊情况3：祈使句用于反意疑问句中。

（1）肯定的祈使句，用will you（表示请求）/ won't you（表示提醒）。

Listen to me, will you (won't you)?

（2）否定的祈使句，用will you。

Don't play with fire, will you?

（3）Let's 和 Let us的祈使句属于特殊情况，单独记。

Let's go, shall we?<br>
Let us go, will you?

## （二）策略运用

1. it 是英语中一个用途很多的代词，你总结过它可以指代哪些事物吗？

我们可以按照上述步骤来分类归纳，可以先总结再举例，也可以反其道而行之，先找出相关例句，再总结归纳。我们要根据具体情况使用相应的方法。

（1）What is this? It is a book.<br>
（2）What is that? It is his dictionary.<br>
归纳：常用来指代代词 this 或 that。

继续进行，总结出 it 还可以指代什么？

2. 介词 at 的用法很多，尝试归纳出它的用法。

## 三、活动反思

1. 这样总结后，所学知识的体系在自己脑海中是否清晰了很多？可否变换一种形式来总结，如画图或画表？

2. 在平时的学习中，有哪些词可以使用自我归纳策略。

## 四、活动拓展

总结 what 引导的感叹句和 how 引导的感叹句有什么不同。

---

【参考答案】

策略运用

1.

It is Monday today.（日期）

It was hot last Monday.（天气）

It is about 8:30 now.（时间）

It is about 25km from Longxian to Bazi.（距离）

He has a cat. I love it.（上文提到过的东西）

2.

（1）at home, at the bus stop（小地点）

（2）at 6 o'clock, at noon, at break（时间）

（3）at 212 High Street（位置）

（4）at the age of（年龄）

（5）at a speed of 120km/h（速度）

（6）at work, at table...（表示状态）

活动拓展

1. 由what引导的感叹句。

（1）What+a/an+形容词+可数名词的单数+主语+谓语

What a beautiful girl she is!

（2）What+形容词+可数名词复数+主语＋谓语

What important jobs they have done!

（3）What+形容词+不可数名词+主语+谓语

What sweet water it is!

2. 由how引导的感叹句。

（1）How+形容词或副词+主语+谓语

How interesting the dog is!

（2）How+形容词+a/an+可数名词的单数+主语+谓语

How useful a subject it is!

（3）How+主语+谓语

How time flies!

（深圳市新安中学　谢　红）

# 单词卡片档案策略

## 一、活动引入

“好记性不如烂笔头”，我们都深知做笔记对学习的帮助。有研究表明，对于相同的学习材料，做笔记的学生比不做笔记的学生成绩能提高两倍。做笔记，一是能帮助我们养成记录和积累资料的习惯；二是能加深我们对学习内容的理解。在英语词汇学习中，有一种能提高词汇学习效率的笔记方法——卡片档案策略，它不但具备了以上笔记带来的各种益处，还可以提高词汇学习的趣味性和互动性，一举多得。

## 二、活动过程

### （一）策略剖析

卡片档案策略是一种通过制作单词卡片，建立单词档案，达到学习词汇目的的学习策略。如表1所示，单词卡片上至少包括单词的英文发音、英英释义、配图、词性、常用搭配词组、经典例句，在此基础上，还可以根据实际需要，附加上记忆方法、中文注释、词性变化等。运用该策略的三个过程都是词汇学习的有效途径。一是制作单词卡片：学生全面综合地、深入地学习单词的音、形、义以及用法的过程。二是积累单词卡片：学生学会给词汇分门别类，归类的过程就是区分词性、加强记忆、循环复习的过程。三是卡片游戏：学生复习单词的音、形、义以及运用词汇的过程。

表1 单词卡片模版

| | |
|---|---|
| Word（目标单词）________________________<br>English meaning（英英释义）________________<br>Part of speech（词性）______________________<br>Phrases（固定搭配）____________________<br>Example（经典例句）______________________<br>Method（记忆方法）_________________________<br>Related words（相关词汇）________________________<br>Chinese meaning（中文意思）_________________<br>No（编号）___ in Unit（单元）___ Lesson（课）______ | illustration<br>（单词配图） |

该卡片制作可由学生分工合作完成，也可由学生自己独立完成。具体的卡片制作分为查找信息、编辑信息和附加内容，具体步骤见表2。完成之后，学生之间可在课上或课后对单词卡片进行展示和交换，相互交流学习。

表2 卡片制作的步骤、要求和目的

| 步骤 | 制作要求 | 活动目的 |
|---|---|---|
| 一、查找信息 | 查找目标单词的英文发音、英英释义、词性、常用搭配词组、经典例句 | 由学生通过自主学习，查词典、图书或者网络资源获得，这是信息社会中新时代学生必备的信息素养 |
| 二、编辑信息 | 把相关信息编辑好，写到单词卡片上并配图，边写边记忆 | 全英文的单词信息有利于学生英语思维的建立；卡片上的配图，可以由学生通过网络下载，也可以让学生发挥想象力和特长来画，总之由图片辅助记忆，印象会深刻 |
| 三、附加内容 | 找出目标单词的记忆策略，标注中文注释，拓展相关词汇或者背景知识等 | 让学生找出目标单词的记忆方法，提高词汇学习效率，也培养学生的学习策略意识；学习单词家族时，可以让学生查找、归纳该词的同根词或语义相关的词，如反义词、同义词、易混词、特殊用法等，以便于深化单词学习；中文注释便于查找，但建议倒着写，以避免学生依赖中文 |

另外，学生还可以利用卡片进行一系列个人或小组的游戏活动，进一步巩固并加强词汇学习。以下第1～4项主要是个人活动，亦可改成小组内竞赛，比赛完成的速度和准确率；第5～7项主要为小组活动。

1. 看图猜单词。

2. 看英英解释写单词。

3. 看单词背固定搭配短语。

4. 补充完整例句或故事（先去掉关键的单词或短语，根据上下文完成例句或故事）。

5. 翻卡配对：找两张相同单词的卡片，把所有卡片上写有单词信息的一面朝下，另一面朝上；小组成员轮流翻卡，找到写有相同单词的卡片，找到的多者为胜。

6. 找同类：找一套卡片平均分到小组的每个人手中，其中一个人为主持人，向其他人提出要求：寻找手中卡片上的与主持人卡片上单词或词性或主题或首字母或尾字母或句型或固定搭配或音节数或字母数等相同的单词，按要求持有这样的单词卡多者获胜。

7. 单词接龙：找一套卡片平均分给小组中的每个人，大家轮流用卡片上的单词进行编故事接龙。

### （二）策略运用

请运用单词卡片策略学习并记忆以下两个生词。

1. 如何制作pollution这个单词的卡片？请按以上模版，尝试做一张该词的单词卡片。

步骤一：查找 ______________________________________________。

步骤二：编辑 ______________________________________________

______________________________________________________。

步骤三：附加 ________________________________________________。

2. 如何制作apology这个单词的卡片，并利用这个单词卡片进行个人和小组的活动？

个人活动：

______________________________________________________________

______________________________________________________________

______________________________________________________________

小组活动：

______________________________________________________________

______________________________________________________________

______________________________________________________________

## 三、活动反思

1. 为了最大化单词卡片档案策略的效益，我们在使用时应注意什么？

2. 单词卡片档案策略的优势和不足分别是什么？可以与哪些词汇学习策略结合互补？

## 四、活动拓展

运用头脑风暴法，想想在英语阅读听说中还可以怎样运用单词卡片档案策略增加词汇量？

【参考答案】

策略运用

1. Pollution的单词卡片如表3所示。

表3 pollution的单词卡

<table>
<tr><td>Word（目标单词）pollution<br>Eng lish meaning（英英释义）The process of polluting water, air or land.<br>Part of speech（词性） N-UNCOUNT<br>Phrases（固定搭配）__environmental pollution，pollution control，noise/light pollution<br>Example (经典例句) The problem of pollution arises along with the rapid development of industry.<br>Method（记忆方法）pollute（污染）+（t）ion名词后缀<br>Related words（相关词汇）pollute v. /pollutant n. /polluter n.<br>Chinese meaning（中文意思） 污染<br>No.（编号） 1 in Unit（单元）4 Lesson（课）9A</td><td></td></tr>
</table>

步骤一：查找目标单词的信息，包括单词英文发音、英英释义、词性、常用搭配词组、经典例句。

步骤二：编辑信息到单词卡片上，并且边写边记忆；在卡片上的配图，可通过网络下载，也可以发挥想象力和特长来画。

步骤三：附加上拓展的内容，如高效记忆方法、相关词汇、标注中文注释、编号信息等。

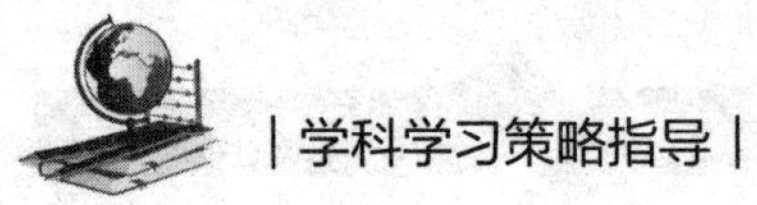



2. apology的单词卡片如表4所示。

表4 apology的单词卡

| Word（目标单词） apology<br>English meaning（英英释义）Something that you say to show that you are sorry.<br>Part of speech（词性） V-COUNT<br>Phrases（固定搭配）make an apology to sb for sth.<br>Example（经典例句）He accepted the apology with great generosity.<br>Method（记忆方法）apo远离 + log 说话 + y 表行为 → 为了远离〔争吵〕说的话 → 道歉apology<br>Related words（相关词汇） apologize v. /apologies pl.<br>Chinese meaning（中文意思） 道歉<br>No.（编号） 2 in Unit（单元） 3 Lesson（课） 7B | <br> |
|---|---|

个人活动：（1）看图猜单词；（2）看英英释义写单词；（3）看单词背固定搭配短语；（4）补充完整例句或故事（即先去掉关键的单词或短语，根据上下文完成例句或故事）。

小组活动：将“个人活动”中的前四项改成小组内竞赛，比赛完成的速度和准确率；（5）翻卡配对；（6）找同类；（7）单词接龙。(跟其他做好的单词卡一同使用)

[深圳市新安中学（集团）初中部　郑淑燕]

# 第四章 物理学习策略指导

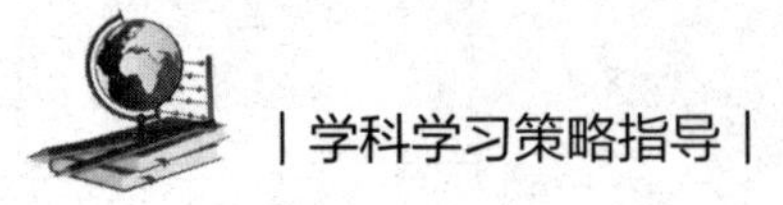


# 等效电路策略

## 一、活动导入

在初中物理中，电路的分析主要包含三个方面的内容：一是电路图和实物图之间的转换；二是电路图中各物理量之间的关系；三是电路故障分析 。在学习中，使用等效电路策略，一方面能简化条件，使思路更加清晰，另一方面能提高学习的效率。

## 二、活动过程

### （一）策略剖析

等效电路策略主要包括两个步骤。

第一步，把电路元件的作用等效化。

初中阶段所学的电路往往是两个或多个用电器的串联及两个用电器的并联，涉及的电路元件有白炽灯、电阻器、导线、开关、电流表、电压表等。那么，这些电路元件要如何等效化呢?

例如，在一个电路中，开关闭合后相当于导线，此时开关可以画成导线，若开关断开，则可以去掉；电流表的电阻较小，可不计入计算，因此也相当于导线；电压表的电阻很大，在电路中和用电器并联，因此可以相当于不存在。

如下表：

| 元件名称 | 电流表 | 电压表 | 白炽灯 | 开关（闭合） | 开关（断开） | 滑动变阻器 | 导线 |
|---|---|---|---|---|---|---|---|
| 等效处理 | 导线 | 去掉 | 电阻器 | 导线 | 去掉所在支路 | 拆分成两个电阻器 | 可以缩短或延长 |

常见电路结构的等效处理：一根导线包围用电器，则去掉用电器；用电器和电流表并联，则去掉用电器。

第二步，利用元件的等效处理来化简电路。

如图1所示的电路，同时闭合$S_1$和$S_3$。

（1）电路的结构是怎样的？

图1

（2）若同时闭合$S_1$和$S_2$，电路的结构将发生怎样的变化？

利用开关闭合相当于导线、断开则去掉的原则，闭合$S_1$和$S_3$时，可以画出图2。

闭合$S_1$和$S_2$时，可以画出图3。由于$S_1$处的导线包围用电器$L_2$，故可以去掉用电器$L_2$，得到图4，也就是最简图。

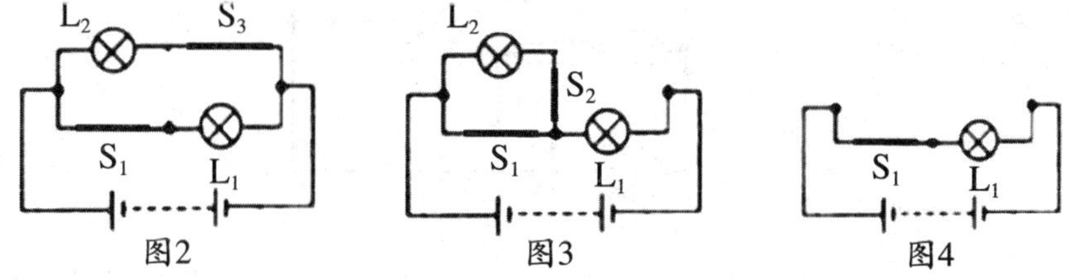

图2 图3 图4

得到最简图后，电路的结构就变得非常简单了。问题（1）中，电路结构为两个灯的简单并联。问题（2）中，电路结构为灯$L_1$单独接在电路上。由此，若要再进行电压、电流或电功率等方面的分析，就变得十分简单了。

在实际的学习中，面对电路中有滑动变阻器的情况，同学们往往会感到很棘手。如果使用等效电路策略，那么情况就会变得十分简单。如图5所示，滑动变阻器$R_0$只有一部分电阻接入电路。将它拆分成两个电阻$R_b$和$R_a$得到图6。$R_a$被上方导线包围，故去掉，得到图7，也就是最简图。

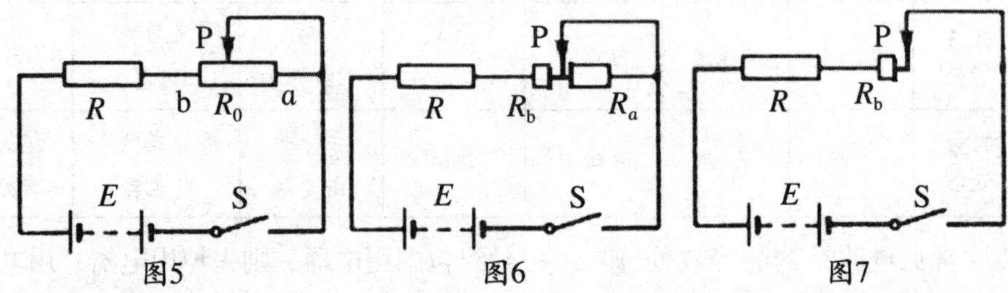

图5　图6　图7

## （二）策略运用

请运用等效电路策略，完成下列各题。

1. 画出图8的电路图，说明两个灯之间的关系，并指出开关控制哪盏灯。

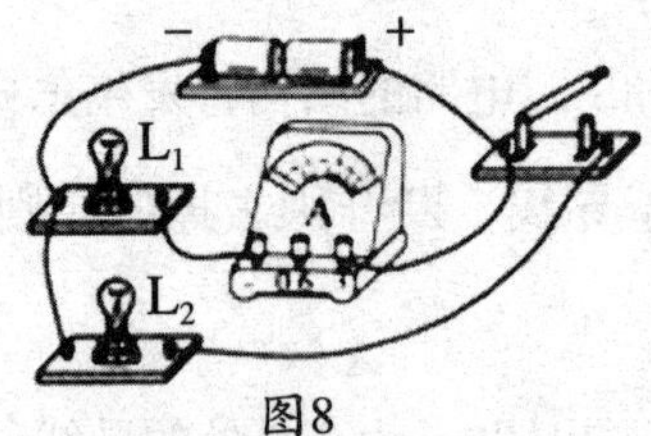

图8

2. 画出图9的最简等效电路图，说明电流表和电压表分别测量哪个元件。

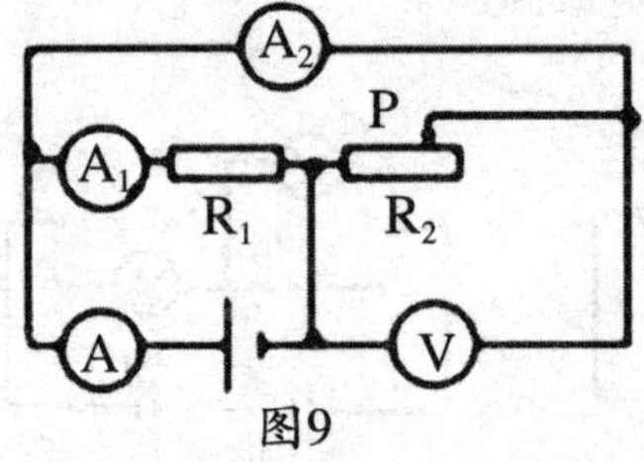

图9

3. 在图10所示的电路中，电源电压不变，闭合开关后，滑动变阻器的滑片P向右端滑动时，电流表示数________，电压表示数________。

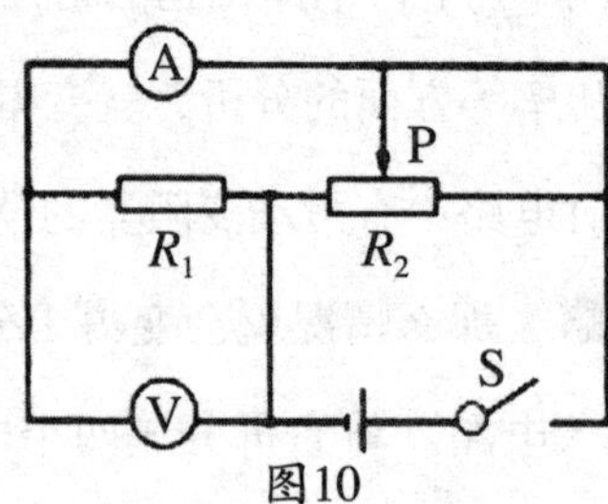

图10

## 三、活动反思

1. 使用本策略时，各个元件进行等效处理时有没有先后顺序？哪些元件可以优先处理？

2. 你有哪些办法可以快速、准确地记忆各个元件所对应的等效方法？哪些元件在电路中不消耗电能？相当于导线的元件总共有多少种？

## 四、活动拓展

如图11，电源电压保持6V不变，灯泡L标有“6V 6W”字样，开关闭合后（在滑片P从b端向$a$端滑动的过程中，下列说法正确的是（　　）。

A. 灯泡两端的电压不断增大

B. 通过灯泡的电流不断减小

C. 灯泡消耗的电功率不断减小

D. 灯泡消耗的电功率恒定不变

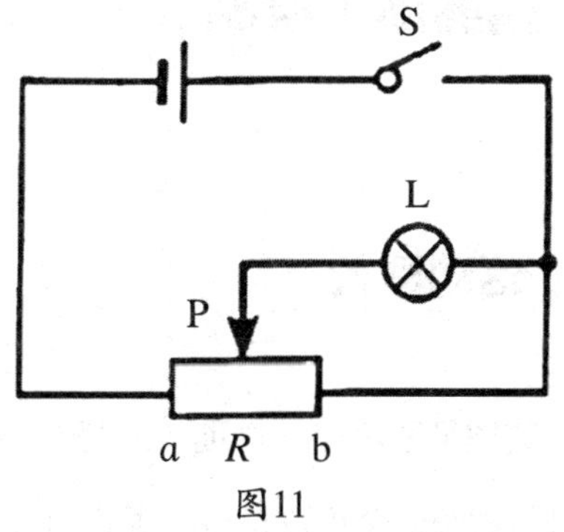

图11

【参考答案】

策略运用

1. 并联，开关控制$L_2$。

2. A测量干路电流，$A_1$测量$R_1$，$A_2$测量$R_2$，V测量电源（或$R_1$、或$R_2$）。

3. 变小，不变。

活动拓展

A。思路：先取极值点进行分析，P在b时，L被短路，电路中只有$R_{ab}$；P在$a$时，L和$R_{ab}$并联。再将$R$分成两个电阻，$R_{pb}$和L并联，向左滑动时，并联电阻将变大。

（深圳中学　姜灵斐）

# 精细加工策略

## 一、活动导入

物理量和单位是物理学的基石。据粗略统计，初中物理课本中出现了20多个物理符号和40多个单位符号。若没有使用恰当的学习策略，这么多的物理符号和单位符号是很难记忆的。下面，我们就来学习一种有效的学习策略——精细加工策略。

## 二、活动过程

### （一）策略剖析

如何利用精细加工策略来解决符号多而难记的困境呢？下面，我们从两个方面来进行。

1. 物理量和单位。

物理量和单位是同时出现的，当我们要定量地描述一种性质时，就会定义一个物理量，然后用具体的数字和单位来表示它。例如，为了描述空间，我们定义了长度、面积和体积三个物理量，用“3米”“9平方米”“20立方米”等具体的数字和单位来分别表示它们。

第一步，找到对应的英文单词，联系记忆物理符号。

| 物理量 | 英文 | 符号 | 单位 | 英文 | 符号 |
|---|---|---|---|---|---|
| 长度 | length | L | 米 | meter | m |
| | | | 千米 | kilo-meter | km |
| 时间 | time | $t$ | 秒 | second | s |
| | | | 小时 | hour | h |

第二步，用物理语言书写等量关系，分清物理量和单位的区别。

例如，珠江的长度是2400千米，写成L = 2400km。

小明跑100米用了10秒钟，写成 L = 100m，$t$ = 10s。

2. 单位之间的换算。

我们以7个长度单位之间的关系和换算为例，来详细了解这一策略的运用。

第一步，分类。

长度的7个基本单位是千米（km）、米（m）、分米（dm）、厘米（cm）、毫米（mm）、微米（μm）、纳米（nm）。这7个基本单位可以分成两类：一类是彼此之间的关系为千进制；一类是彼此之间的关系为十进制。

第二步，以米为基点，分别建立联系。

如图1，建立千进制单位之间的联系。

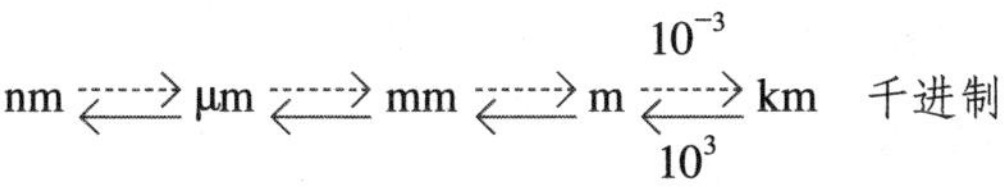

$$\text{nm} \rightleftarrows \mu\text{m} \rightleftarrows \text{mm} \rightleftarrows \text{m} \underset{10^{3}}{\overset{10^{-3}}{\rightleftarrows}} \text{km} \quad \text{千进制}$$

图1

（1）比米大的单位是千米，比米小的单位有分米、厘米、毫米，按由小到大的顺序依次排列。

（2）从大单位到小单位，每个实心箭头表示彼此之间的关系是1000倍（$10^3$）。若从一个单位到另一个单位需要经过2个实心箭头，则两者的关系是$10^6$倍。例如，1km=$10^6$mm。

（3）由小单位到大单位，每一个虚线箭头表示千分之一（$10^{-3}$），通过箭头数可以快速得到任意两个单位之间的进制。例如，1nm=$10^{-12}$km。

如图2，建立十进制单位之间的联系。

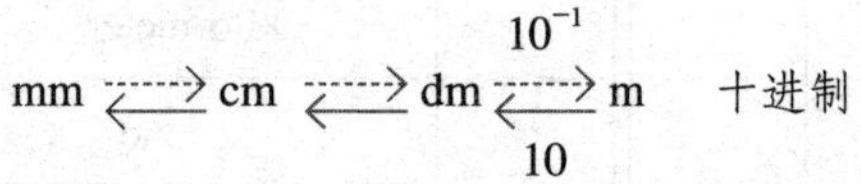

mm ⇄ cm ⇄ dm ⇄ m　十进制（虚线箭头 $10^{-1}$，实线箭头 10）

图2

如图3，将分类后的两组单位放在一起，通过箭头数可以快速得到两个单位之间的进制。

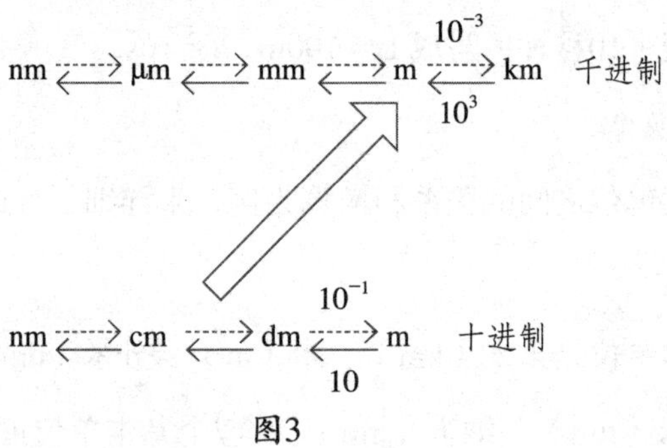


图3

例如，从分米到纳米，属于大单位化成小单位，应顺着实心箭头，先经过两个十进制箭头（$10^2$），再经过两个千进制箭头（$10^6$），这样可得1dm=$10^8$nm。

再如，从微米到厘米，经过一个千进制虚线箭头（$10^{-3}$）和一个十进制虚线箭头（$10^{-1}$），可得1μm=$10^{-4}$cm。

第三步，确定换算步骤。

单位换算的基本步骤是：数字保持不变，找到单位之间的进制代入，最后化简成标准的科学计数法。

例如，12.6nm=________cm。

（1）从纳米到厘米需要经过两个千进制虚线箭头（$10^{-6}$）和一个十进制虚线箭头（$10^{-1}$），因此$1nm=10^{-7}cm$。

（2）数字保持不变，代入纳米和厘米之间的进制关系，得$12.6nm = 12.6\times10^{-7}cm$。

（3）按科学计数法的要求，乘号前的数字应该在1~10之间，故化简$12.6\times10^{-7}cm = 1.26\times10\times10^{-7}cm = 1.26\times10^{-6}cm$。

## （二）策略运用

1. 请完成下列单位换算。

200m = ________km　　12km = ________cm

20μm = ________cm　　260cm = ________km

2. 请填写下列表格。

| 物理量 | 英文 | 符号 | 单位 | 符号 |
| --- | --- | --- | --- | --- |
| 面积 | spuare | | 平方米 | |
| | | | 平方厘米 | |
| 体积 | volume | | 立方米 | |
| | | | 立方厘米 | |
| 质量 | mass | | 千克 | |
| 力 | Force | | 牛顿 | |

3. 利用长度单位之间的关系，完成下列单位换算。

$20cm^2$=________$m^2$　　$50m^2$=________$dm^2$

$200cm^3$=________$dm^3$　　$12m^3$=________$cm^3$

## 三、活动反思

1. 在进行单位换算时，使用科学计数法能降低计算的错误率，你熟悉科学计数的运算法则吗？如果不熟悉，请你结合数学知识来加强练习。如果很熟悉，请你和好友交流一下。

2. 有些字母既是物理量，也可以作为单位使用。例如，m做物理量表示质量，做单位时表示米。还有哪些字母也有同样的情况，请一一列举出来。

【参考答案】

策略运用

1. 200m = 0.2km　　12km = $1.2\times10^{6}$cm

20μm = $2\times10^{-3}$cm　　260cm = $2.6\times10^{-3}$km

2.

| 物理量 | 英文 | 符号 | 单位 | 符号 |
|---|---|---|---|---|
| 面积 | spuare | $S$ | 平方米 | $m^2$ |
| | | | 平方厘米 | $cm^2$ |
| 体积 | volume | $V$ | 立方米 | $m^3$ |
| | | | 立方厘米 | $cm^3$ |
| 质量 | mass | $m$ | 千克 | kg |
| 力 | Force | $F$ | 牛顿 | N |

3. $20cm^2 = 2\times10^{-3}m^2$　　$50m^2 = 5\times10^{3}dm^2$

$200cm^3 = 0.2dm^3$　　$12m^3 = 1.2\times10^{7}cm^3$

（深圳中学　姜灵斐）

# 思维导图策略

## 一、活动导入

在中考物理试卷中，计算题占有很大比例。下面，我们就来介绍一种帮助同学们攻克计算题难关的学习策略——思维导图策略。

## 二、活动过程

### （一）策略剖析

思维导图呈现的是一个思维过程，能够帮助学习者提高发散思维能力。思维导图策略的关键步骤在于建立信息之间的联系，联系越多，提取的线索就越多。

那么，如何使用思维导图策略来解答计算题呢？主要分成两个部分：一是对知识进行深度加工，绘制出思维导图；二是把绘制好的思维导图应用到相同的知识板块中。具体步骤如下：

（1）读题，判断本题属于物理中的哪个板块（如电学、力学或功等）。

（2）挑出条件，用字母表示出来。

（3）记忆并写出有关公式。

（4）绘制思维导图。

（5）解答。

绘制出的思维导图在使用过程中还可以进行改动和增删，使其更加完善，且更加符合自己的思维习惯。

例如，有一台10t的坦克，每条履带的触地面积为$2m^2$，这台坦克对地面的压强是多少?

第一步，迅速判断本题属于压强的内容，求“固体”（坦克）产生的压强。

第二步，找出条件，并用物理符号表示。$m = 10t$，$S = 2 \times 2m^2$（坦克有两条履带），求$p$。

第三步，应该用公式$p = \frac{F}{S}$。

第四步，如果需要求$p$，必须已知压力（$F$）和受力面积（$S$），题中已知质量（$m$）和受力面积（$S$），根据重力（$G$）和质量的关系，可以获得重力，再根据水平面上的压力等于物体的重力。把思考过程记录下来，绘制成思维导图，如图1。

$$m \xrightarrow{G = mg} G \xrightarrow{F = G} F \xrightarrow{p = F/S} p$$

图1

第五步，解答。

从$m$求出$G$：$G = mg = 10 \times 10^3 kg \times 10N/kg = 10^5 N$

从$G$得到$F$：$F = G = 10^5 N$

从$F$求出$p$：$p = \frac{F}{S} = 10^5 N/4m^2 = 2.5 \times 10^4 Pa$

以上的思维导图可以运用在由固体产生的压强计算中。

再如，容器内装有质量是3kg的水，水面的高度为0.2m，容器的内底面积是$200cm^2$，则水对桌面的压力是多少?

本题属于“液体压强”知识，基本的思路应该是：根据$p = \rho gh$求出$p$，再根据$p = \frac{F}{S}$，得到变形式$F = pS$，求得$F$。

这样的思路可以绘制成思维导图，如图2。

$$\rho、h \xrightarrow{p=\rho gh} p \xrightarrow{F=pS} F$$

图2

解答：

因为$\rho_水 = 10^3 kg/m^3$，$h = 0.2m$，所以压强为

$$p = \rho_水 gh = 10^3 kg/m^3 \times 0.2m = 200Pa$$

水对桌面的压力为

$$F = pS = 200Pa \times 200 \times 10^{-4} m^2 = 4N$$

又如，著名的科学家帕斯卡做了一个实验，如图3，在一个装满水的木桶上装一个长管，再往长管里倒水，仅用两杯水就压破了一个木桶。若木桶的底面积是$3000cm^2$，能承受的最大压力是3000N，则长管有多长？

图3

根据绘制的思维导图：$\rho、h \xrightarrow{p=\rho gh} p \xrightarrow{F=pS} F$，本题已知$F$和$S$，逆向求$h$。

解答：

因为$F = 3000N$，$S = 3000cm^2 = 0.3m^2$，所以压强为

$$p = F/S = 3000N/0.3m^2 = 3 \times 10^4 Pa$$

长管的长为

$$h = p/\rho g = 3 \times 10^4 Pa / (10^3 kg/m^3 \times 10N/kg) = 3m$$

在实际学习中，有些题综合性很强，因而很多知识容易混淆。有些同学即使做了大量的练习，仍然会出现错误。究其原因，是因为思路仅停留在头脑中，没有做进一步的加工。

如下面这道题，已知的条件很多，分别涉及固体和液体压强的计算，若思路不清，很容易张冠李戴。

如图4，平底茶壶的质量是400g，底面积是$40cm^2$，内盛0.6kg深度为12cm的开水，放置在面积为$1m^2$的水平桌面中央。（$g$取10N/kg）

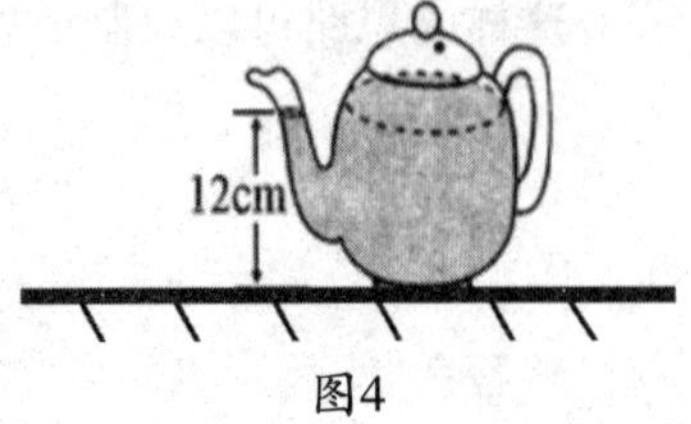

图4

求：（1）水对茶壶底部的压力和压强；

（2）茶壶对桌面的压力和压强。

第一问求液体压强，利用$\rho$、$h \xrightarrow{p=\rho gh} p \xrightarrow{F=pS} F$找到需要的条件，$h=0.12m$，$\rho=1000kg/m^3$，再按图中流程计算。第二问求固体压强，利用$m \xrightarrow{G=mg} G \xrightarrow{F=G} F \xrightarrow{p=F/S} p$找到条件，$m=400g+600g=1kg$，$S=40cm^2$，再依次计算。

画思维导图的过程，就是把同一板块的计算题进行整理和提炼的过程。在这个过程中，不仅要把抽象的思路可视化，使其便于记忆，而且要在此基础上进行修改和调整，使其更加完善，更适合于进行深入思考。

如对于固体压强的计算，还可以加入密度方面的知识：

$$G \xrightarrow{F=G} F \xrightarrow{p=F/S} p$$

$$G=mg \uparrow$$

$$m \xleftarrow{m=\rho v} \rho$$

## （二）策略运用

1. 玻璃杯里有一定质量的酒精，如图5，酒精的深度为10cm，酒精重2.4N，已知玻璃杯重0.6N，杯底面积为$20cm^2$，求：

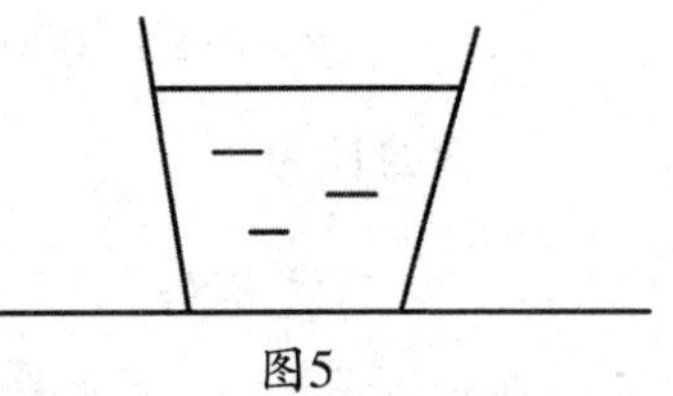
图5

（1）玻璃杯放在水平桌面上，则桌面受到的压强为多大?

（2）杯底所受的压力为多大?

（$g$ 取10N/kg，$\rho_{酒精}=0.8\times10^3kg/m^3$。）

2. 如图6，装满水的密闭容器置于水平桌面上，其上下底面积之比为4：1，此时水对容器底

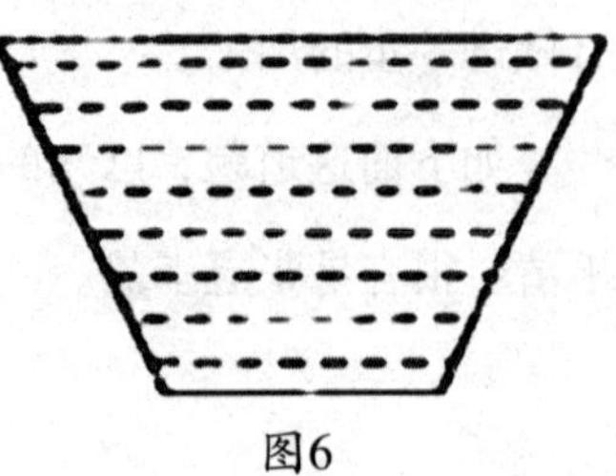
图6

部的压力为$F$，压强为$P$。当把容器倒置后放到水平桌面上，水对容器底部的压力和压强分别为（　　）。

A. F，P　B. 4F，P　C. 1/4F，P　D. F，4P

## 三、活动反思

1. 思维导图策略的核心是绘制简单明了、概括性强的思维导图。在绘制思维导图之前，需要做哪些工作？这些工作的主要任务是什么？

2. 应用思维导图策略学习初中物理电学方面的知识，绘制思维导图，并说明应用的条件和范围。

## 四、活动拓展

如图7，水平桌面上放着底面积相同、质量相同的甲、乙两容器，分别装有质量相同的不同液体。下列说法中正确的是（　　）。

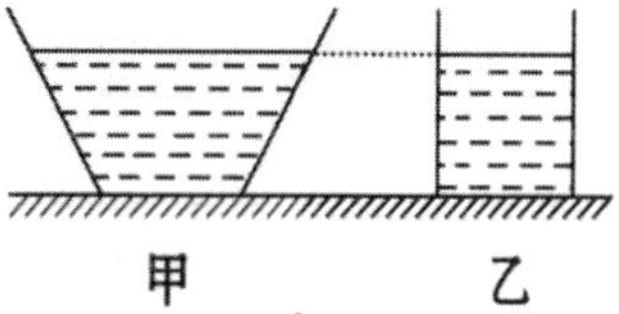

图7

A.甲图中液体对容器底的压强大于乙图中液体对容器底的压强

B.甲图中液体对容器底的压强等于乙图中液体对容器底的压强

C.甲图中容器对桌面的压强等于乙图中容器对桌面的压强

D.甲图中容器对桌面的压强小于乙图中容器对桌面的压强

【参考答案】

策略运用

1.（1）$1.5\times10^3$Pa。

解析：桌面所受压力的施力物体是杯子，这是要求固体产生的压强。

$G=0.6\text{N}+2.4\text{N}=3\text{N}$

$p=F/S=3\text{N}/20\times10^{-4}\text{m}^2=1.5\times10^3\text{Pa}$

（2）1.6N。

解析：杯底所受压力的施力物体是酒精，这是要求液体产生的压强。

$p=\rho gh=0.8\times10^3\text{kg/m}^3\times10\text{N/kg}\times0.1\text{m}=800\text{Pa}$

$F=pS=800\text{Pa}\times20\times10^{-4}\text{m}^2=1.6\text{N}$

2. B。

活动拓展

C。

解析：读图可得A容器液体的体积较大，根据密度公式可知A的密度较小；再由$p=\rho gh$可得A液体对底部的压强较小。容器对桌子产生的压强属于固体压强，在重力和底面积均相等的情况下，产生的固体压强也相等。

（深圳中学　姜灵斐）

# 学习地图策略

## 一、活动导入

很多同学们都喜欢做实验，那么，我们就来学习一个与实验有关的学习策略——学习地图策略，它能帮助我们解决如何有序地完成实验的问题。

## 二、活动过程

### （一）策略剖析

学习地图是指基于任务和问题而设计的学习规划，是一种使学习者对任务从一无所知到了然于心的路径图。它能促使学习者迅速掌握学习材料，分清关键点，突出重难点。学习者按照学习地图所指示的路径有序进行，便能快速、顺利地完成学习任务。

在实验课上使用学习地图策略，主要有以下几个步骤。

第一步，针对实验内容，提出几个问题，熟悉材料。

第二步，解答问题。

第三步，画出学习地图。

第四步，按学习地图所指示的路径操作。

例如，探究固体熔化时温度变化规律的实验。

提出问题：不同物质在由固体变成液体的过程中，温度的变化规律相同吗？

设计实验：研究海波和石蜡的熔化过程。

进行实验与收集证据：将温度计插入试管后，待温度升至40℃左右时开始，每隔1min记录一次温度；在海波或者石蜡完全熔化再记录4次至5次。

分析与论证：绘制海波和石蜡在熔化时温度随时间变化的图像，根据对实验数据的整理和分析，分别总结海波和石蜡熔化前、熔化中和熔化后三个阶段中温度变化的特点。

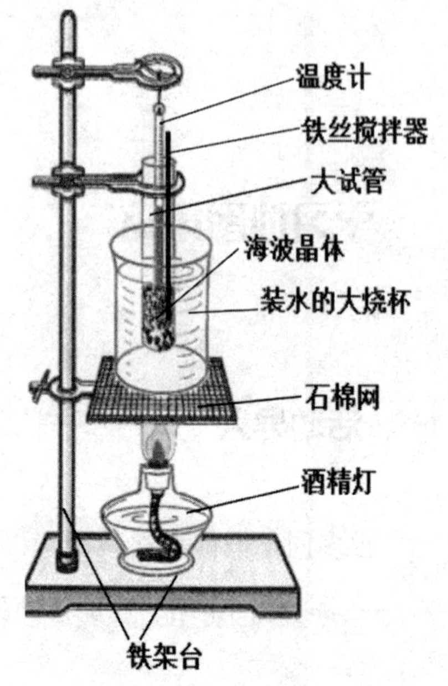


以上是人教版初中物理课本中的一个实验，文中在介绍此实验时尽力使用了引导性的语言。然而，这段文字和实际操作还有较大的距离，对于大部分学生来说，要把实验内容转化成具体操作，存在着不少困难。

使用学习地图策略可以帮助同学们解决这些困难。

第一步，提出几个问题。

（1）实验需要用到哪些器材？

（2）实验的操作流程有哪几个主要步骤？

（3）是定性观察，还是定量观察？观察的主要目标是什么？

（4）影响实验成败的关键点有哪些？

（5）本实验的注意事项。

第二步，解答问题。

（1）根据实验装置图清点实验器材，并绘制清查表格。

| 器材名称 | 数量 | 画√ | 器材名称 | 数量 | 画√ | 器材名称 | 数量 | 画√ |
| --- | --- | --- | --- | --- | --- | --- | --- | --- |
| 实验室温度计 | 1支 | | 带铁圈和铁夹的铁架台 | 1台 | | 大烧杯 | 1个 | |
| 大试管 | 1支 | | 石棉网 | 1张 | | 火柴 | 1盒 | |
| 铁丝搅拌器 | 1支 | | 酒精灯 | 1个 | | 秒表 | 1块 | |
| 药品名称 | 海波晶体 | | | 说明：海波晶体在大试管中大约装入3～5cm，掩盖住温度计的玻璃液泡即可 | | | | |
| 放置 | 装在大试管内 | | | | | | | |

（2）写出关键步骤，并连成路径。

组装 ⟶ 加热 ⟶ 搅拌 ⟶ 停止加热 ⟶ 整理

（3）本实验是定量观察，主要观察海波的状态变化和温度计的示数。

（4）本实验用到了水浴加热，使海波的温度缓慢上升，因此关键点有以下几点：海波应全部浸没在水面以下；海波应适量，若太多，水也多，需要的时间太长，在一节课的时间内难以完成；按酒精灯的高度调节铁圈的高度；搅拌要充分，正确使用温度计。

（5）加热后，石棉网和铁圈（包括调节杆）均很烫，不要用手直接接触；停止加热后，等仪器稍凉再拆卸。

第三步，补充重难点，画出学习地图。

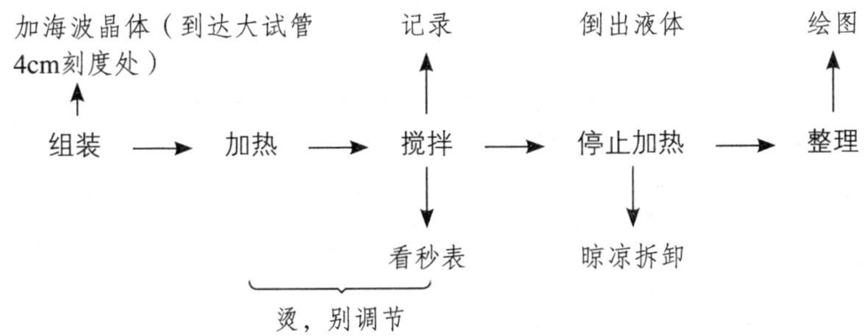

第四步，按照学习地图所指示的路径，参考装置图，即可完成实验。

学习地图策略的主要优点在于，能够帮助同学们理清实验的主要操作步骤，强调关键点，促使学生快速掌握实验内容，从而有条不紊地操作，使其在有限的时间内成功地完成实验。

## （二）策略运用

1. 探究平面镜成像的特点。

设计和进行实验：在桌面上铺一张大纸，纸上竖立一块玻璃板作为平面镜。沿着玻璃板在纸上画一条直线，代表平面镜的位置。把一只点燃的蜡烛放在玻璃板的前面，可以看到它在玻璃板后面的像。再拿一支外形相同但不点燃的蜡烛，竖立在玻璃板后面移动，直到看上去跟前面那支蜡烛的像完全重合。这个位置就是前面那支蜡烛的像的位置。移动点燃的蜡烛，重做实验。用直线把每次实验中蜡烛和它的像在纸上的位置连起来，并用刻度尺分别测量它们到玻璃板的距离。

分析和论证：蜡烛及蜡烛的像在位置上有什么关系？它们的大小有什么关系？

2. 测量盐水和小石块的密度。

（1）一杯盐水因溶入不同质量的盐而密度不同。请你用盐和水配置一杯盐水，利用天平和量筒测量所配置的盐水的密度。将测量数据及计算结果记录在下表中。

| 杯和盐水的质量 | 杯和剩余盐水的质量 | 量筒中盐水的质量 | 量筒中盐水的体积 | 盐水的密度 |
| --- | --- | --- | --- | --- |
| | | | | |

（2）用天平和量筒测量小石块的密度。

## 三、活动反思

1. 学习地图策略在使用过程中的核心内容是提出什么问题？在提出问题及寻找答案的过程中，我们需要达到什么目的？

2. 怎样绘制出简明扼要的学习地图是本策略的关键所在。那么，绘制学习地图时如何抓住关键环节？

【参考答案】

策略运用

1. 注意玻璃板和白纸垂直，用毛玻璃更好。答案略。

2. 用简图表示操作顺序。

（1）

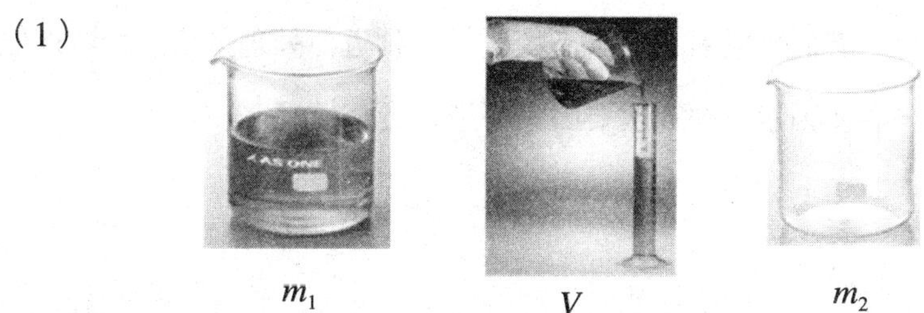


注意事项：操作顺序应当为“先测较多盐水的质量，再测较少盐水的质量”。

（2）

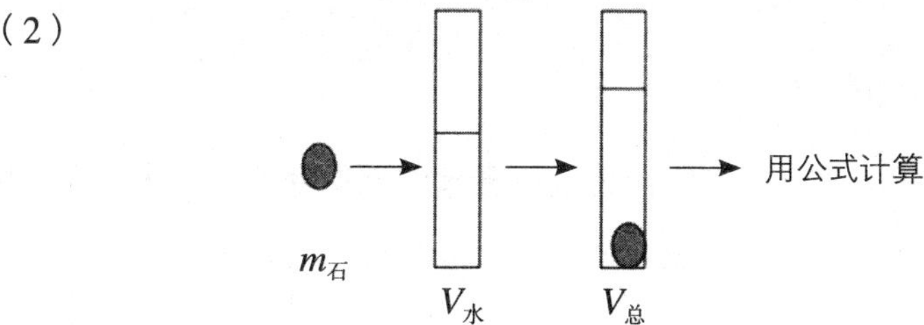


注意事项：使用排水法测量石块的体积应用滴管控制，加入整数毫升的水，避免两次体积的读数均要估读的情况。

（深圳中学　姜灵斐）

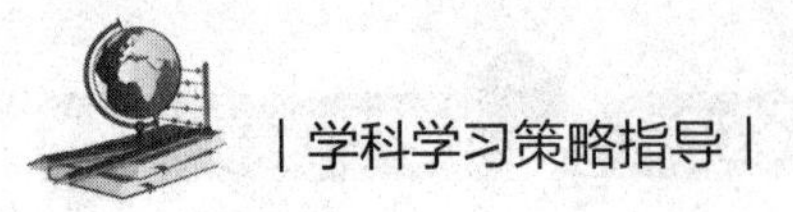



# 近似处理策略

## 一、活动导入

同学们在学习电学部分的知识时，是否有过这样的困惑：在实验中，我们发现灯丝的电阻会受到温度的影响，但在解题时，有时会把灯丝电阻看成一个不变量，有时又必须考虑温度对它的影响！其实，这并不矛盾，灯丝电阻的确随着温度的变化而变化，有时把它看成一个不变量是一种近似处理策略。所谓近似处理策略，就是突出主要因素，摒弃次要因素，进行近似处理。

## 二、活动过程

### （一）策略剖析

对于学习者来说，善于对实际问题进行合理的近似处理，简化过程，找到简明的解决问题的方法，是科学素养和综合能力的体现。特别值得强调一点，运用近似处理策略解决物理问题，可以避免不必要的复杂推导和演算，能够从复杂的现象中揭示问题的本质。下面，我们来总结一下初中阶段常见的近似处理策略的应用。

| 分类 | 说明 | 举例 |
| --- | --- | --- |
| 将某些变化的物理量近似看成不变的物理量 | 有些物理量受客观因素影响，难以做到绝对不变，通常情况下作为近似不变进行处理，把复杂的实际过程简化和纯化为理想模型和理想过程 | 在平直公路上行驶的汽车，可以近似看成直线运动 |
| 忽略次要影响因素 | 对于受多个因素影响的物理量或物理过程，若一个量比另一个量大得多或小得多时，即可突出大得多的主要物理量，而忽略小得多的次要物理量，进行近似处理 | 电路中，导线电阻与用电器电阻相比可忽略不计 |
| 简单估算 | 利用物理概念、规律、物理常数和常识对物理量的数值和数量级进行快速计算和取值范围合理估测的方法 | 估计一个成年人所占的体积 |

面对实际问题，我们可以按以下三个步骤来分析并解决问题。

第一步，从上表寻找依据，确定近似处理的类型。

第二步，寻找关键词，挖掘隐含的题设条件。

第三步，寻找关键词，建立理想化模型以求解。

例如，一只普通家用照明白炽灯泡正常发光时，通过它的电流强度与下列哪一组数据较接近？

A. 20A　　B. 2A　　C. 0.2A　　D. 0.02A

第一步，由上表可知此类问题属于简单估算。

第二步，寻找关键词，并挖掘隐含的题设条件。本题的关键词是“家用”，家用白炽灯额定电压是220v。

第三步，寻找关键词，建立理想化模型以求解。关键词是“灯泡正常发光”，正常发光时功率在20W ~ 60W之间，由$I = P/U$可得，答案应选C。

再如，如图1（见下页），小车从光滑斜面由静止向下滑动到光滑水平面的过程中，重力势能转化为____能；到达水平面后，小车将做________运动。

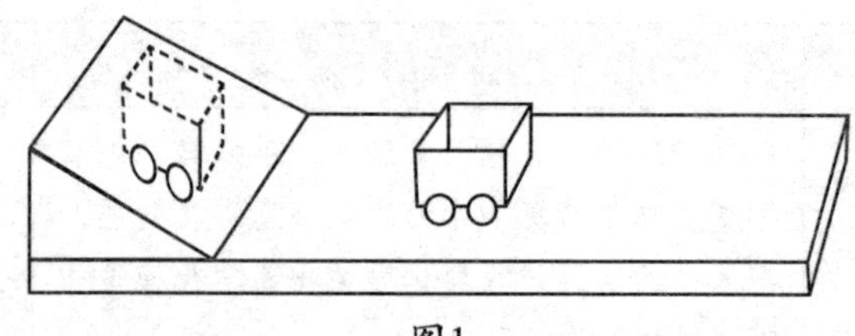

图1

第一步，此题属于近似处理中的忽略次要影响因素的方法，把研究对象进行科学的抽象，使其抽象成为理想模型。这里的次要影响因素有两个，分别是小车所受水平面的摩擦阻力和所受空气阻力。

第二步，寻找关键词，并挖掘隐含的题设条件。关键词是“光滑”，暗示着可以忽略小车在斜面和水平面上所受的摩擦阻力。

第三步，寻找关键词，建立理想化模型以求解。由第二步已知此题可以忽略小车所受接触面的摩擦阻力，而所受空气阻力过小也可忽略不计，故机械能守恒，重力势能仅转化为动能，到达水平面后，小车将做匀速直线运动。

对于近似处理的问题，同学们平时应该充分积累相关经验，边学习边总结，不断完善下表。

| | 举例 |
|---|---|
| 常见近似不变的情况 | 直线运动、灯丝的电阻…… |
| 常见次要影响因素 | 导线的电阻、电流表的电阻、空气阻力、“光滑”水平面的摩擦力、轻质弹簧的重力…… |
| 近似值 | 成年人的体重是50kg、步行的速度是1.1m/s、水的密度是1g / cm$^3$、光速是3×10$^8$m/s、声速是340m/s…… |

## （二）策略运用

1. 中考体育跳绳项目测试中，小明同学在1min内跳了120次，则他跳绳时的功率大约是(　　)。

A. 0. 5 W　　B. 5 W　　C. 50W　　D. 500 W

2. 斜面高为1m，长为3m，工人用400N沿斜面方向的力缓慢地将重为840N的箱子推到车上。在这一过程中，工人做的有用功是____J，机械效率是____%。若斜面光滑，则所需的推力为____N。

## 三、活动反思

1. 物理实验中也常用到近似处理策略，如伏安法测电阻，忽略了导线和电流表的电阻，同时把电压表所在支路近似为断路。你熟悉的实验中还有哪些用到了近似处理？

2. 近似处理策略也有一定的局限性，使用前要注意哪些事项？

【参考答案】

策略运用

1. C。

此题属于简单估算。小明自身重力近似为500N，跳绳所跳高度近似为5cm。根据 $P=W/t$，$W=Gh$，可解得 $P=50W$。

2. 840，70%，280。

解析：$W_{有}=Gh=840J$，$\eta=W_{有}/W_{总}=70\%$，关键词是“缓慢”，可将推箱子的过程近似看成匀速直线运动。

关键词是“斜面光滑”，可认为不计摩擦。由 $W=Gh=FS$，得 $F=\frac{Gh}{S}=\frac{840N\times 1m}{3m}=280N$。

（深圳第二实验学校 庞丕石）

# 类比策略

## 一、活动导入

在学习新知识时，我们可以运用一些已学过的知识进行联想，猜想类似的属性和规律，然后通过实验来检验猜想的正确性，这就是类比。类比策略按对象来分可分为三种：一是局部性质的类比，即某个概念或概念的某种性质的类比，如水位与电位、容量与电量、质量与电量等。二是整体间的类比，如电学与磁学规律的类比。三是体系之间的类比，如力学规律的类比。这里，我们要学习如何用类比策略来进行复习。

## 二、活动过程

### （一）策略剖析

在运用类比策略时，应充分注意以下几点：在A、B两个对象间进行类比时，它们所拥有的相似属性越多，以此推测其他属性相似的可能性就越大；类比所根据的相似属性之间的联系越紧密，推理也就越有效，推理结论的可靠性也就越大。因此，我们应当尽可能地找到被比较对象之间本质上的相似点，也就是这些对象最典型的属性。值得注意的是，在这种情况下得出的结论仅仅是一种推测，其正确与否要由实验来检验。

同学们可以先尝试着在复习中运用这种学习策略，以帮助我们更好地理解和记忆相关的知识点。我们可以用表格的形式对相关知识点进行罗列。

<table>
<tr><th>物理量、现象或定律</th><th>本质相似点</th><th>类比更多相似点</th></tr>
<tr><td></td><td></td><td rowspan="2"></td></tr>
<tr><td></td><td></td></tr>
</table>

例如，学完声现象和光现象两节内容之后，我们可以试着用类比策略总结一下它们的相似点。

第一步，列出需要进行类比的物理量、现象或定律，也就是光和声。

第二步，寻找相似的知识点。光和声都是以波的形式传播，从源头以一定速度向四周传播，遇到障碍物会反射，均可应用于测距和传递信息。

第三步，完成表格。

<table>
<tr><th>物理量、现象或定律</th><th>本质相似点</th><th>类比更多相似点</th></tr>
<tr><td>光</td><td>以光波形式传播</td><td rowspan="2">由光源或声源处以一定速度向四周传播，遇到障碍物会反射，均可应用于测距和传递信息</td></tr>
<tr><td>声</td><td>以声波形式传播</td></tr>
</table>

## （二）策略运用

1. 类比电和磁。

<table>
<tr><th>物理量、现象或定律</th><th>本质相似点</th><th>类比更多相似点</th></tr>
<tr><td>电</td><td></td><td rowspan="2"></td></tr>
<tr><td>磁</td><td></td></tr>
</table>

2. 类比功率、密度和速度。

| 物理量、现象或定律 | 本质相似点 | 类比更多相似点 |
|---|---|---|
| 功率 | | |
| 速度 | | |
| 密度 | | |

3. 类比密度、比热容和电阻。

| 物理量、现象或定律 | 本质相似点 | 类比更多相似点 |
|---|---|---|
| 密度 | | |
| 比热容 | | |
| 电阻 | | |

## 三、活动反思

1. 随着学习的深入，同学们会发现越来越多的相似关系，如水流和电流，电场力、磁场力和重力。你能用表格的形式将它们之间的相似点罗列出来吗?

2. 运用类比策略的前提条件是什么?

## 四、活动拓展

各学科之间也不是彼此孤立、互相脱节的。将物理学科与其他学科中具有相似性的知识进行类比，既能加强各学科间的横向联系，又能降低某些物理知识的难度，同时可以启发思维，变抽象为形象，加深对物理知识的理解和掌握，有利于培养观察和分析事物的能力。请试着总结数学、化学和物理各学科知识之间的联系。

1. 数学知识和物理知识之间的联系。

| 数学： | 物理： |
|---|---|
| | |

2. 化学知识和物理知识之间的联系。

| 化学： | 物理： |
|---|---|
| | |

【参考答案】

策略运用

1.

| 物理量、现象或定律 | 相似点 | 类比更多相似点 |
|---|---|---|
| 电 | 正、负电荷 | 同名相斥<br>异名相吸 |
| 磁 | 南、北两极 | |

2.

| 物理量、现象或定律 | 相似点 | 类比更多相似点 |
|---|---|---|
| 功率 | 由比值定义 $P=\frac{W}{t}$ | 与分子、分母所示物理量分别无关 |
| 速度 | 由比值定义 $v=\frac{s}{t}$ | |
| 密度 | 由比值定义 $\rho=\frac{m}{V}$ | |

3.

| 物理量、现象或定律 | 相似点 | 类比更多相似点 |
|---|---|---|
| 密度 | 由物质本身决定 | 可用来鉴别物质种类 |
| 比热容 | | |
| 电阻 | | |

## 活动拓展

1.

| 数学：轴对称图形特点 | 物理：平面镜成像特点 |
|---|---|
| 成轴对称的两个图形是全等的 | 像与物大小相等 |
| 对称轴两侧的对应点到对称轴的距离相等 | 像与物到平面镜距离相等 |
| 对称轴两侧的对应点被对称轴垂直平分 | 像与物的连线与平面镜垂直 |

2.

| 化学：质量守恒定律 | 物理：能量守恒定律 |
|---|---|
| 在化学反应中，参加反应的各物质的质量总和等于反应后生成各物质的质量总和 | 能量既不会凭空产生，也不会凭空消失，它只会从一种形式转化为另一种形式，或者从一个物体转移到其他物体，而能量的总量保持不变 |

（深圳第二实验学校　庞丕石）

# 求比策略

## 一、活动导入

有一种物理计算题，我们并不需要知道各个物理量所对应的具体数值，只需要知道彼此之间的比值关系，这就是求比问题。很多同学习惯于按照数学中求比值的思路，直接设置数值代入，这既不能体现物理解题的思路，也容易出现比值颠倒的错误。针对这一类问题，其实是有法可循的，我们可以运用求比策略。

## 二、活动过程

### （一）策略剖析

遇到这类问题，我们可以通过以下三个步骤来解决。

<table>
<tr><th colspan="2">步骤</th><th>内容<br>（将题目中的相关数据填入此栏）</th></tr>
<tr><td colspan="2">第一步，找出题目中各物理量之间的相关公式或变形公式</td><td></td></tr>
<tr><td rowspan="2">第二步，写出比例式</td><td>（1）公式之比</td><td></td></tr>
<tr><td>（2）已知物理量或物理量比值关系（如果两个量相等，比值为1∶1）</td><td></td></tr>
<tr><td colspan="2">第三步，代入比值并化简求比</td><td></td></tr>
</table>

例如，已知甲、乙两物体做匀速直线运动，其运动的路程之比是2∶3，所用的时间之比是3∶2，则它们的速度之比是多少?

按照表格中的步骤要求，将题目中的相关数据按顺序填入“内容”一列。

| 步骤 | | 内容 |
|---|---|---|
| 第一步：找出题目中各物理量之间的相关公式或变形公式 | | $v=\frac{s}{t}$ |
| 第二步：写出比例式 | （1）公式之比 | $v_甲:v_乙=\frac{s_甲}{t_甲}:\frac{s_乙}{t_乙}$ |
| | （2）已知物理量或物理量比值关系（如果两个量相等，比值为1∶1） | $s_甲:s_乙=2:3$<br>$t_甲:t_乙=3:2$ |
| 第三步，代入比值并化简求比 | | $v_甲:v_乙=\frac{s_甲}{t_甲}:\frac{s_乙}{t_乙}=\frac{2}{3}:\frac{3}{2}=4:9$ |

再如，如图1所示，电源电压保持不变，当开关S闭合时，$R_1$所消耗的功率为48W；当S断开时，$R_2$消耗的功率为9W，且比这时$R_1$消耗的功率小，求这时$R_1$消耗的功率?

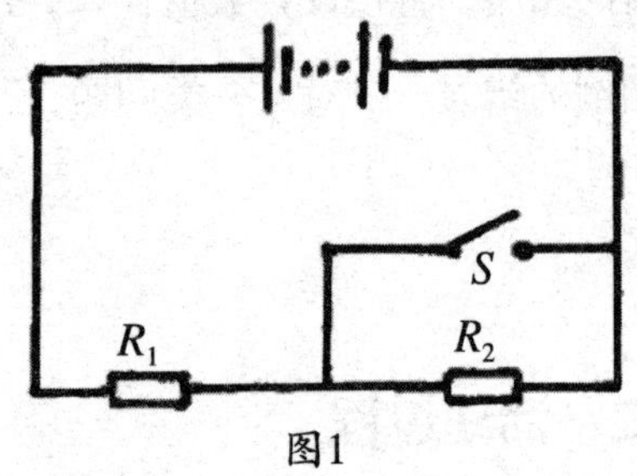

图1

先把S闭合和断开看成一个求比问题。

| 步骤 | | 内容 |
|---|---|---|
| 第一步，找出题目中各物理量之间的相关公式或变形公式 | | $P=\frac{U^2}{R}$ |
| 第二步，写出比例式 | （1）公式之比 | $P_闭:P_断=\frac{U_闭^2}{R_闭}:\frac{U_断^2}{R_断}$ |
| | （2）已知物理量或物理量比值关系（如果两个量相等，比值为1∶1） | $U_闭:U_断=1:1$<br>$R_闭:R_断=R_1:(R_1+R_2)$<br>$P_闭=48W \quad P_断=P_1+P_2 \quad P_2=9W$ |
| 第三步，代入比值并化简求比 | | $48W:(9W+P_1)=(R_1+R_2):R_1$ |

然后把$S$断开后也看成一个求比问题。

| 步骤 | | 内容 |
|---|---|---|
| 第一步，找出题目中各物理量之间的相关公式或变形公式 | | $P=I^2R$ |
| 第二步，写出比例式 | （1）公式之比 | $P_1:P_2=I_1^2R_1:I_2^2R_2$ |
| | （2）已知物理量或物理量比值关系（如果两个量相等，比值为1：1） | $I_1:I_2=1:1$<br>$P_2=9w$ |
| 第三步，代入比值并化简求比 | | $P_1:9W=R_1:R_2$ |

最后，将两次求比之后所得的方程组联立，并求解，便可得出$P_1$=27W或3W，根据题意，取$P_1$=27W。

### （二）策略运用

1. 两个实心物体的质量之比为4：5，体积之比为3：4，其密度之比应为（　　）。

A. 4：3　　B. 3：4　　C. 15：16　　D. 16：15

2. 甲、乙两个物体的质量之比为3：1，比热容之比为3：2，当它们吸收了相同的热量后，甲、乙升高的温度之比为多少？

3. 如图2所示的电路中，$R_1$=30Ω，$R_2$=10Ω，当开关S闭合后，电流表A的示数为0.4A，求此时通过$R_2$的电流大小。

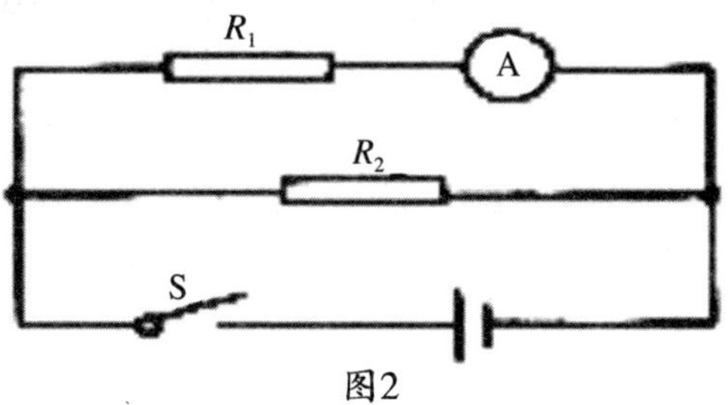

图2

## 三、活动反思

运用求比策略的关键还是在于熟练掌握公式，同学们对物理公式的理解到位了吗？请把初中所学过的物理公式分类列举出来。

| 内容 | 公式 |
| --- | --- |
| 力学 | |
| 热学 | |
| 电学 | |

【参考答案】

策略运用

1. D。

解析：由$\rho=\frac{m}{V}$，得$\rho_1:\rho_2=\frac{m_1}{V_1}:\frac{m_2}{V_2}=\frac{4}{3}:\frac{5}{4}=16:15$。

2. 2∶9。

解析：由$\Delta t=\frac{Q}{cm}$，得$\Delta t_1:\Delta t_2=\frac{1}{3\times3}:\frac{1}{2\times1}=2:9$

3. 1.2A。

解析：由$I=\frac{U}{R}$得$I_1:I_2=\frac{U_1}{R_1}:\frac{U_2}{R_2}=\frac{1}{R_1}:\frac{1}{R_2}$

$I_2=3I_1=1.2\text{A}$

（深圳第二实验学校　庞丕石）

# 画一画策略

## 一、活动导入

人要看到自己的全身像，至少需要多大的平面镜呢？如果镜中的时间显示为15∶01，真实的时间是多少呢？……物理来源于生活，这些有趣的物理现象是怎样发生的？如果你想了解其中的道理，又困扰于某些问题的复杂和抽象，那现在我们就来学习一种十分有趣的学习策略——画一画策略，即以画图的形式来构建物理模型，画出物理情景图。

## 二、活动过程

### （一）策略剖析

画一画策略，是用简明的几何图形形象地重现特定的物理情景，可以使抽象的知识变得更具体更简单。画图法和实物演示法比较相近，并且能够将物理现象直观地表现出来。由“物”向“图”转化时，要明确主要因素，画出能反应问题的情景和研究对象，根据需要适当放大某些现象，同时忽略无关因素。

第一步，确定物理情景中的主要因素——对象和事件。

第二步，用简单的几何图形画出物理情景中出现的对象。

第三步，用线条等符号来表达物理情景或研究对象间的关系，必要时加上少量文字说明或用不同颜色的线条区分不同的过程。

例如，小明至少要买多大的平面镜，才能看到自己的全身像?

第一步，确定物理情景中的主要因素。

对象——小明、镜子、小明的像。

事件——小明通过镜子看到自己的全身像。

第二步，用简单的几何图形画出物理情景中出现的对象，如图1。

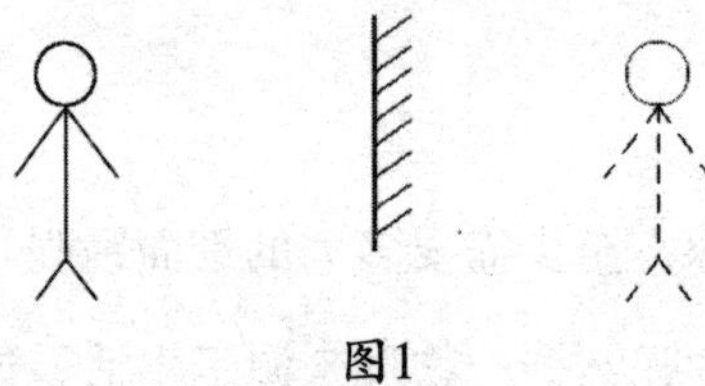

图1

第三步，用线条等符号来表达物理情景或研究对象间的关系，必要时加上少量文字说明或用不同颜色的线条来区分不同的过程（光学问题中要注意线条的虚实），如图2。

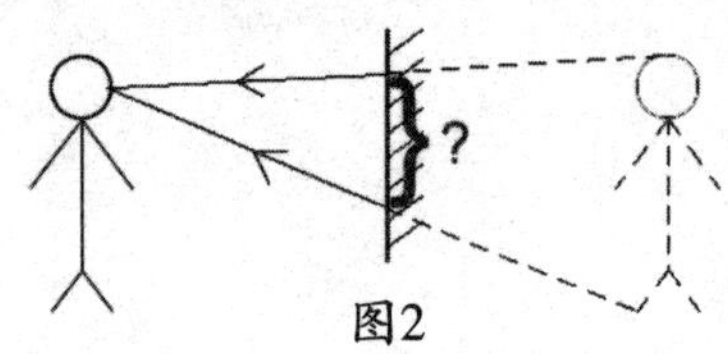


图2

通过把物理问题转换为情景图，确定所求的目标后，便能巧妙地利用几何知识求出平面镜的大小。

（二）策略运用

针对以下具体物理现象和问题，画出对应的物理情景图。

1. 当人路过路灯时，人影长度如何变化?

2. 渔夫该如何叉鱼?

3. 一辆汽车以30m/s的速度向大山方向行驶，它鸣笛后4s听到回声，求车鸣笛处距离大山的距离？

## 三、活动反思

1. 如何将画图的方法应用到热学、电磁学等方面的学习中去？

2. 如何用画图的方法构建知识结构网络图，来巩固所学的知识？

【参考答案】

策略运用

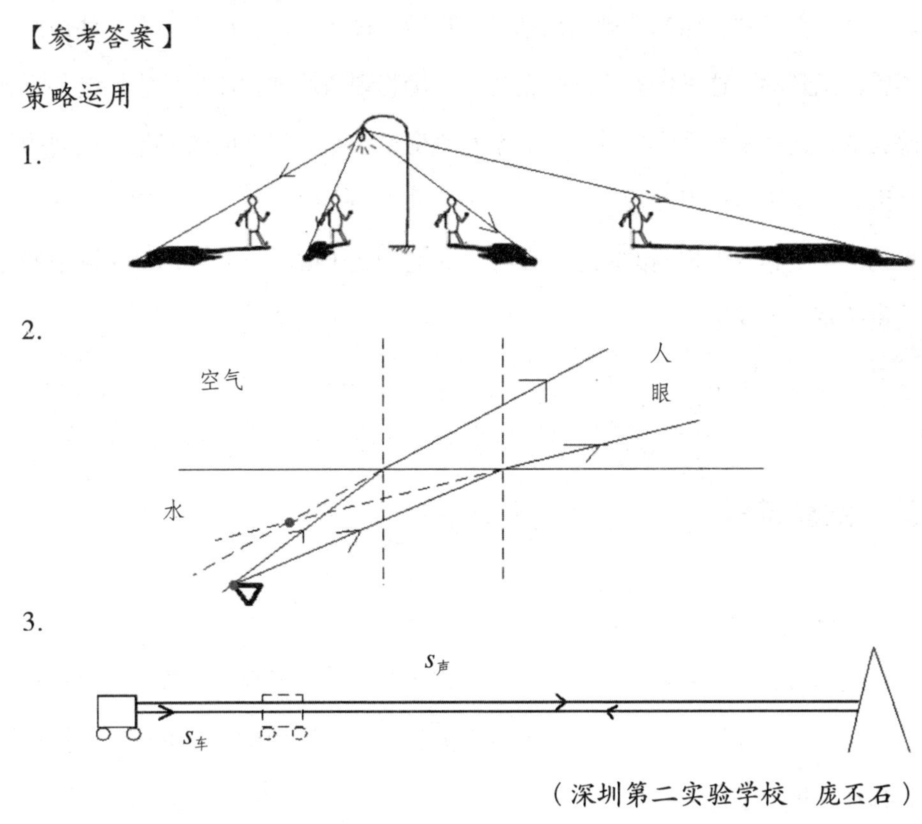


（深圳第二实验学校　庞丕石）

# 以不变应万变策略

## 一、活动导入

同学们在学习中一定遇到过这种情况：某些问题的题目给出的条件太少，看似无从下手解题，而当老师给出解题过程后，你才发现，原来还有一些信息是你不曾注意到的。这其中有一部分信息，不论物理情境如何改变，它们是一直不会改变的，这就是物理学中的等量关系和不变量，它们很多时候正是解决问题的关键因素。要正确认识和运用好它们，需要同学们平时善于思考和用心积累，认清事物的本质和各事物间的联系。现在，我们一起了解一下经常隐形于题中的那些等量关系和不变量。

## 二、活动过程

（一）策略剖析

想利用好等量关系或不变量，我们要认真做好以下两个步骤。

第一步，寻找相对不变的量或等量关系，主要从物质的基本属性、物理规律和物理变化的过程中寻找。

| 不变的物理量 | 等量关系 |
| --- | --- |
| 定值电阻的阻值<br>电源电压<br>物质的比热容<br>物态变化中的质量<br>物质的密度 | 平衡状态下受力平衡<br>相遇问题中时间相等<br>能量守恒<br>完全浸没时排开液体的体积和物体体积相等 |

第二步，遇到具体物理问题，找出具体的等量关系或不变量，构建数学模型，然后列方程，再解方程。

电学知识中经常有一个隐含信息——总电源电压不变。利用好这一点，很多难题都能迎刃而解。

例如，将标有“10Ω 1A”的滑动变阻器的滑片从最左端移动到最右端，电流表的读数由0.4A变化为0.2A，求$R_x$的阻值是多少？

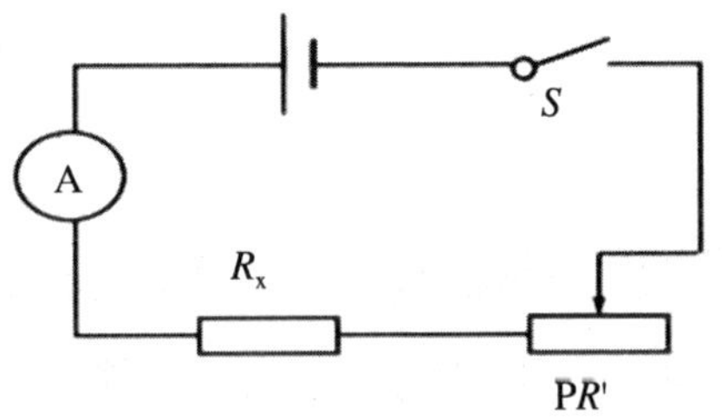


第一步，寻找相对不变的量或寻找等量关系。仔细看题目，不管滑动变阻器如何移动，都有一个不变的量——电源电压！

第二步，抓住电源电压不变这一点，列出相关方程。

因为$U_{总}=U_{总}$，$IR=I'R'$

所以

$$0.4\text{A}\times R_x=0.2\text{A}\times(10\Omega+R_x)$$

解得

$$R_x=10\Omega$$

这种解法比常规解法省时省力，能达到事半功倍的效果。

力学中也有类似的应用。

例如，在一静水湖的南北两岸，有两只船同时相向开出，各自以一定的速度垂直于湖岸匀速驶向对岸，两船在离北岸800m处迎面相遇，然后继续驶向对岸，两船靠岸后又继续返航，又在距离南岸600m处迎面相遇。不计两船靠岸时间，求湖宽。

第一步，寻找相对不变的量或寻找等量关系——时间相等。

第二步，根据两次相遇时两船行驶的时间相等可列两个方程组。

第一次相遇时所用时间相等：

$$\frac{800\text{m}}{v_1}=\frac{s-800\text{m}}{v_2}$$

第二次相遇时所用时间相等：

$$\frac{s+600\text{m}}{v_1}=\frac{2s-600\text{m}}{v_2}$$

求出

$$s_{湖}=1800\text{m}$$

## （二）策略运用

1. 一个桶中装有一块体积为10L的冰块，已知冰的密度为$0.9\times10^3\text{kg/m}^3$。求这块冰全部融化成水之后体积有多大？

2. 小明把一个标有“PZ220-60”的灯泡，连接到了电压为110V的电路中，这时它的实际功率是多少瓦？

3. 一块漂浮在水面上的木块，它露出部分的体积为总体积的2/5，求此木块的密度是多少？

## 三、活动反思

1. 在学习中继续总结，进一步完善此表格。

| 不变的物理量 | 等量关系 |
| --- | --- |
| 定值电阻的阻值<br>电源电压<br>物质的比热容<br>物态变化中的质量<br>物质的密度<br>…… | 平衡状态下受力平衡<br>相遇问题中时间相等<br>能量守恒<br>完全浸没时排开液体的体积和物体体积相等<br>…… |

2. 在等量观念的基础上形成的等效替代方法，是在解决问题、科学研究、发明创造中常用的方法之一。回顾所学过的物理实验，找出可以运用等效替代方法来进行实验的例子。

## 四、活动拓展

物质的某些特性在一般情况下作为不变量出现，但在有些特殊情况中却成了变量，这要求同学们准确理解每个物理量的含义。

例如，某医院有一个装满氧气的钢瓶，其中氧气的密度为8kg/m$^3$，经过一段时间后，病人用去了瓶内氧气的3/4，则瓶内剩余氧气的密度为______kg/m$^3$。

【参考答案】

策略运用

1. 9L。

解析：根据融化过程中物体的质量不变，即$m_{冰}=m_{水}$，可知$\rho_{冰}V_{冰}=\rho_{水}V_{水}$，

代入数据后解得$V_{水}=9L$。

2. 15W。

解析：此题中的不变量为灯丝电阻，根据$R=\frac{U^2}{P}$可知，$\frac{U^2_{额}}{P_{额}}=\frac{U^2_{实}}{P_{实}}$，代入数据后解得$P_{实}=15w$。

3. $0.6\times10^3kg/m^3$。

解析：漂浮时物体所受重力和浮力相等，即$G_{物}=F_{浮}$，又由$G_{物}=\rho_{物}V_{物}g$，$F_{浮}=\rho_{液}V_{排}g$，可得$\rho_{物}V_{物}g=\rho_{液}V_{排}g$，分别代入数据，可解得$\rho_{物}=0.6\times10^3kg/m^3$。

活动拓展

答案：$2kg/m^3$。

解析：因为容器为钢瓶，所以氧气的体积不变（始终等于钢瓶的容积），即$V_{前}=V_{后}$，又由$V=m/\rho$，可得$m_{前}/\rho_{前}=m_{后}/\rho_{后}$，分别代入数据可解得$\rho_{后}=2kg/m^3$。

（深圳第二实验学校　庞丕石）

# 第五章

# 化学学习策略指导

# 气体的发生装置和收集装置选择策略

## 一、活动导入

气体的发生装置和收集装置是中考化学的必考内容之一。气体的发生装置和收集装置选择策略将帮助同学们迅速解决这类问题。

## 二、活动过程

### （一）策略剖析

简而言之，发生装置就是气体的“制”，收集装置就是气体的“取”。

1. 发生装置的选择。

气体的发生装置是根据反应物的状态和反应所需的条件来选择的。

如药品状态为固 + 固，且反应需要加热的，可选择图1的方法制取。

如药品状态为固 + 液，且反应在常温下进行，不需要加热，可选择图2的方法制取。

图1

图2

那么，如何快速选出所对应的发生装置呢？

第一步，了解反应原理（一般指制取该气体时所选的化学反应方程式）。我们重点看题目中是否有“加热”这个词或化学反应方程式的条件上是否标注了“加热”或“Δ”（化学中加热的符号）。

第二步，进行准确判断。

当反应需要加热且药品是固体高锰酸钾$KMnO_4$（$2KMnO_4 \xlongequal{\Delta} K_2MnO_4 + MnO_2 + O_2\uparrow$）；或者反应条件是加热，反应物是固体氯酸钾$KClO_3$和固体二氧化锰$MnO_2$时（$2KClO_3 \xlongequal[\Delta]{MnO_2} 2KCl + 3O_2\uparrow$），选图1装置来制氧气$O_2$。

当反应不需要加热且药品是液体过氧化氢$H_2O_2$和固体二氧化锰$MnO_2$时（$2H_2O_2 \xlongequal{MnO_2} 2H_2O + O_2\uparrow$），选图2装置制氧气。

实验室制取氢气$H_2$（$Zn + H_2SO_4 \xlongequal{} ZnSO_4 + H_2\uparrow$）、二氧化碳$CO_2$（$CaCO_3 + 2HCl \xlongequal{} CaCl_2 + H_2O + CO_2\uparrow$）等不需加热的气体，用图2装置来制取。

图2中的长颈漏斗和锥形瓶有如下一些替代品。

| 仪器 | 替代品 | 仪器 | 替代品 |
|---|---|---|---|
|  | 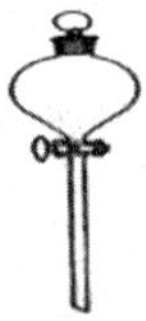  | 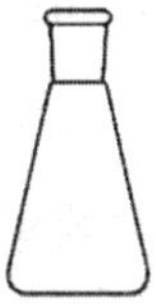 |    |

所以，图2有如下的简易装置或改进装置。

| 装置图 | 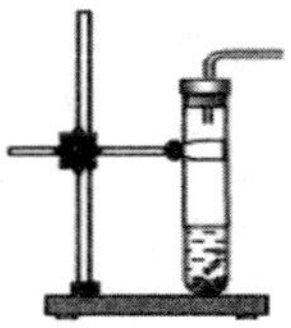 |  | 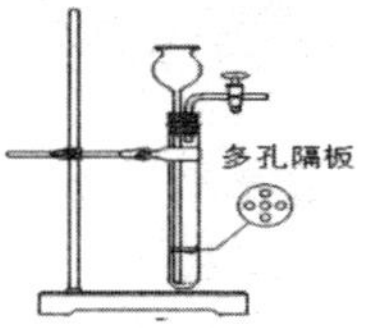 多孔隔板 |
|---|---|---|---|
| 装置特点 | 安装简单 | 可控制反应速率 | 可随时控制反应的发生和停止 |
| 适用范围 | 用于制取少量气体 | 用于剧烈反应并制取较多气体 | 用于平稳反应并持续时间较长的制取气体 |

2. 收集装置的选择。

收集装置是依据气体的密度和溶解性来选择的。

第一步，先判断气体是否与空气各成分发生反应。如果气体与空气各成分发生反应，那么一定只能用排水法收集，如图3，不能用排空气法收集。若气体不与空气各成分反应，则进行第二步。

第二步，计算气体的密度比空气的密度大还是小。具体操作是用各气体的相对分子质量与空气的平均相对分子质量29对比。

例如，氧气的相对分子质量是$16\times2=32$，$32>29$，因此氧气的密度比空气的密度大。二氧化碳的相对分子质量是$12+16\times2=44$，$44>29$，因此二氧化碳的密度比空气的密度大。氢气的相对分子质量是$1\times2=2$，$2<29$，因此氢气的密度比空气的密度小。

第三步，如果气体的密度比空气的密度大，且不与空气各成分发生反应，则用向上排空气法收集，如图4。如果气体的密度比空气的密度小，且不与空气各成分反应，则用向下排空气法收集，如图5。

例如，氧气和二氧化碳的密度都比空气的密度大，且不与空气中各成分发生反应，可选用向上排空气法来收集，如图4。氢气的密度比空气的密度小，且不与空气各成分发生反应，可选用向下排空气法收集，如图5。

排水集气法 图3　　向上排空气法 图4　　向下排空气法 图5

第四步，判断气体是否溶于水，及是否与水发生反应。如果气体溶于水或与水发生反应，则一定只能用排空气法收集，不能用排水法收集。如果气体不溶于水也不与水反应，则可用排水法收集。

例如，氧气不易溶于水，且不与水发生反应，可以用排水法收集；二氧化碳能溶于水，一般不用排水法收集，而是用向上排空气法收集；氢气难溶于水，且不与水发生反应，可以用排水法收集或向下排空气法收集。

那么，用万能瓶怎么收集气体呢？请看下表。

| 装置图 | a b 水 | c d 上半部分 下半部分 | 上半部分 下半部分 e f |
|---|---|---|---|
| 理解方法 | 水比气体重，所以气体都从b口进入，水从a口排出 | 将集气瓶分成两部分，比空气重的气体进入下半部分，比空气轻的气体进入上半部分<br>找到对应的导管，使气体从管口进入集气瓶 | |
| 收集方法 | 气体从b口进 | 比空气轻的氢气（$H_2$）、氨气（$NH_3$）等从d口或f口进；比空气重的氧气（$O_2$）、二氧化碳（$CO_2$）等从c口或e口进 | |

## （二）策略运用

1. 请疏理初中化学课本中常见的气体如氧气、二氧化碳等的发生装置和收集装置。如果用万能瓶收集，应该从哪个导管口进气？

2. 吉林德惠宝源丰禽业有限公司发生特大火灾，引发液氨罐爆炸，造成多人伤亡。液氨是氨气加压降温液化而成的，氨气在通常情况下是一种无色、有刺激性气味的气体，密度比空气的密度小，极易溶于水。实验室常用加热氯化铵和熟石灰两种固体的混合物来制取氨气，反应的化学方程式为：$2NH_4Cl + Ca(OH)_2 \xlongequal{\Delta} CaCl_2 + 2NH_3\uparrow + 2H_2O$。请根据图6回答以下问题。

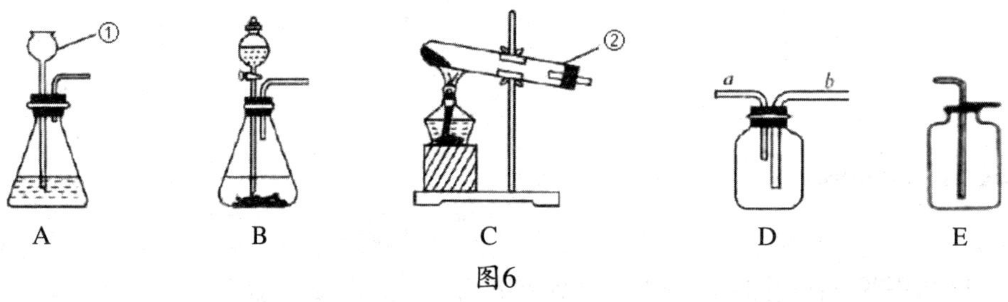


图6

（1）写出所标仪器的名称：①________；②________。

（2）A、B两装置均可供实验室制取氧气，与A装置相比较，用B装置的优点是________________________。写出用B装置制取氧气的化学方程式______________________________________________。

（3）实验室制取氨气应选择的发生装置是______（填字母）。

（4）若用D装置来收集氨气，则气体应从______（填*a*或b）口通入。

（5）二氧化硫是一种具有污染性的气体，实验室用亚硫酸钠固体和浓硫酸来制取，则进行该反应所选用的发生装置是________（填字母），收集二氧化硫选用的是E装置，由此可知二氧化硫的密度________（填“大于”“小于”或“等于”）空气的密度。若用D装置收集二氧化硫，则气体应从________（填*a*或b）口通入。

## 三、活动反思

1. 气体的发生装置和收集装置选择策略体现的是一种制取气体的学习思维方式，学完之后你能进行自我总结吗？

2. 运用气体的发生装置和收集装置选择策略学习氧气、二氧化碳等气体的制取之后，你能将其拓展到所有的气体并会应用吗？想一想应用这个策略需要哪些知识呢？

## 四、活动拓展

已知甲烷的反应原理是加热无水醋酸钠固体和碱石灰固体，其密度比空气的密度小，且不与空气和水发生反应。请设计甲烷气体的发生装置和收集装置。

【参考答案】

策略运用

1. 答案略。

2.（1）长颈漏斗；试管。

（2）能控制反应速率；$2H_2O_2 \xlongequal{MnO_2} 2H_2O + O_2\uparrow$。

（3）C。

（4）$a$。

（5）A或B；大于；b。

（深圳市西乡中学　高　晋）

# 守恒策略

## 一、活动导入

在初中阶段，质量守恒定律是解决化学问题的基本定律之一，但该定律的理论性很强，而题目又变幻莫测，因此，很多同学学习起来比较吃力。今天，我们来学习守恒策略，以帮助大家更好地理解质量守恒定律的内涵和外延。

## 二、活动过程

### （一）策略剖析

守恒策略是根据化学反应前后各物质的总质量、元素的种类和质量、原子的数目和质量保持不变的原理，来学习质量守恒定律。我们用微观模型来模拟化学反应的过程：

○和●分别表示不同元素的原子。

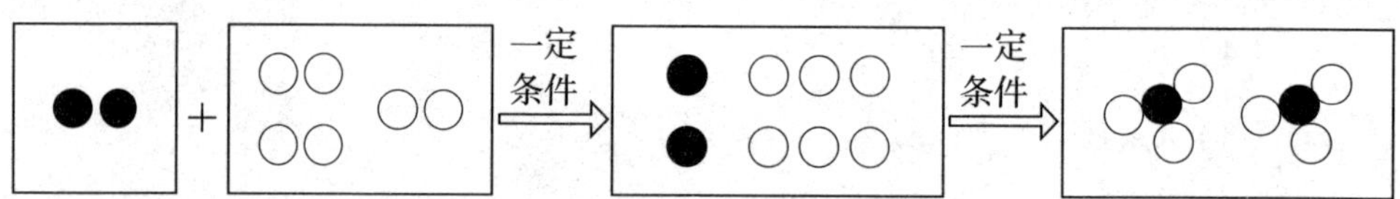


从模型中，我们可以看出，化学反应的实质是反应物的分子破裂成原子，原子又重新组合的过程。在此过程中，原子的种类、数目和质量均不变，所以反应前后各物质的质量总和必然相等。

运用守恒策略有三种思路：一是反应前后元素种类和原子个数守恒；二是反应前后各元素的质量守恒；三是反应前后物质质量守恒。

我们在运用守恒策略时，可以从以下步骤入手。

第一步，寻找与质量守恒定律相关的线索，确定思路。

第二步，根据反应前后的具体条件列出等式求解。

下面，我们结合例子来讲解如何运用这个策略。

例1　某发电厂烟气处理的新工艺为：$CH_4 + 2NO_2 = N_2 + X + 2H_2O$，则X的化学式为（　　）。

A. CO　　B. $CO_2$　　C. $O_2$　　D. C

【解析】第一步，题中给出了化学反应的方程式，要求确定物质的化学式，因此我们运用思路一，即反应前后元素种类和原子个数守恒。第二步，反应前有1个C、4个H、2个N、4个O，反应后$N_2$和$2H_2O$中有4个H、2个N、2个O，则X中含1个C和2个O。所以选B。

例2 某化合物完全燃烧需要4.8g氧气，同时只生成4.4g二氧化碳和2.7g水，则该化合物中（　　）。

A. 只含有碳、氢两种元素　　B. 只含有碳、氧两种元素

C. 含有碳、氢、氧三种元素　　D. 无法确定

【解析】第一步，根据思路一中的反应前后元素种类守恒，可判断该化合物中一定含有碳、氢两种元素，可能含有氧元素。究竟是否含有氧元素，则需通过思路二即反应前后某元素的质量守恒来确定。第二步，反应后生成物二氧化碳中氧元素的质量为4.4×32/44=3.2g，水中氧元素的质量为2.7×16/18=2.4g，生成物中氧元素的总质量为3.2g+2.4g=5.6g，而参加反应的氧气才4.8g，所以该化合物中一定含有氧元素。答案为C。

例3 在一密闭容器中，有甲、乙、丙、丁四种物质，一定条件下充分反应，测得反应前后各物质的质量如下表。

| 物质 | 甲 | 乙 | 丙 | 丁 |
|---|---|---|---|---|
| 反应前的质量（g） | 20 | 50 | 80 | 30 |
| 反应后的质量（g） | 0 | 100 | 10 | x |

请根据质量守恒定律判断x的值为（　　）。

A. 50　　B. 40　　C. 10　　D. 70

【解析】第一步，表中给出了四种物质反应前后的质量，要求计算物质的质量，因此确定运用思路三，即反应前后物质质量守恒。第二步，从表中数据可以看出，乙质量增加的50g是生成物，甲、丙各减少的20g和70g均是反应物，甲、丙共减少90g，根据反应前后各物质质量总和守恒，则丁是生成物，生成丁的质量为40g，故x的值为30g＋40g=70g。或者，同学们可以直接利用反应前的物质质量总和等于反应后的物质质量总和，即20g+50g+80g+30g=0g+100g+10g+x，求得x=70g。

（二）策略运用

1. 常用燃烧法测定有机物的组成，现取3.2g某有机物在足量氧气中充分燃烧，生成4.4g$CO_2$和3.6g$H_2O$，则该有机物中（　　）。

A. 一定含有C、H两种元素，可能含有O元素

B. 一定含有C、H、O三种元素

C. 一定含有C、O两种元素，可能含有H元素

D. 只含有C、H两种元素，不含O元素

2. 酸与醇反应生成酯和水，这样的反应叫作酯化反应，在以下酯化反应中：$CH_3COOH + C_2H_5OH \xrightarrow[\text{加热}]{\text{浓}H_2SO_4}$ 酯 + $H_2O$，生成的酯的化学式为（　　）。

A. $C_4H_{10}O_3$　　B. $C_4H_8O_4$　　C. $C_4H_8O_2$　　D. $C_3H_8O_2$

3. 一定条件下，下列物质在密闭容器内反应一段时间，测得反应前后各物质的质量如下表所示，根据表格中的信息判断下列说法中不正确的是（　　）。

| 物质 | X | Y | Z | W |
| --- | --- | --- | --- | --- |
| 反应前的质量（g） | 10 | 2.2 | 16.2 | 0.9 |
| 反应后的质量（g） | $a$ | 4.4 | 8.1 | 1.8 |

A. X、Z是反应物，Y、W是生成物

B. $a = 15$

C. 反应物中Y、W两种物质质量变化的比值为22∶9

D. Z为化合物

## 三、活动反思

1. 运用守恒策略推断元素组成时，必须寻找什么作为突破口？

2. 守恒策略除了能解决上述问题，还能解决化学方程式的配平等问题，你能举出具体的实例吗?

## 四、活动拓展

有一种含$CaCO_3$与CaO的混合物，测得其中钙元素的质量分数为50%，取该混合物16g，经高温煅烧后将剩余固体投入足量的水中，固体全部溶解生成$Ca(OH)_2$，则生成$Ca(OH)_2$的质量为多少?

---

【参考答案】

策略运用

1. B。

2. C。

3. A。

活动拓展

14.8g。根据Ca元素守恒，$Ca(OH)_2$中钙元素全部来自于混合物中的钙元素。

（福田区上沙中学　杜湘琴）

---

# 八圈图策略

## 一、活动引入

在化学学习过程中，我们已经学习了单质、氧化物、酸、碱、盐等几类物质的相关知识，对它们的性质也有了一定的了解，然而这些物质之间的相互关系比较繁杂，掌握起来有一定的难度。八圈图策略能帮助同学们及时理清并归纳各类物质间的相互转化关系及其规律，为后续的学习打下扎实的基础。

## 二、活动过程

### （一）策略剖析

八圈图策略是将已学过的单质、氧化物、酸、碱、盐之间的反应规律联系起来，通过图形的形式表达出来。目前，我们学过的物质间的规律总结起来有以下17种。

（1）金属＋氧气 $\xrightarrow{\Delta/点燃}$ 碱性氧化物

（2）碱性氧化物（可溶）＋水 → 碱（可溶）

（3）碱（难溶）$\xrightarrow{\Delta/高温}$ 碱性氧化物（难溶）＋水

（4）非金属＋氧气 $\xrightarrow{点燃}$ 酸性氧化物

（5）酸性氧化物 + 水 →（含氧）酸（大多数，难溶酸氧除外）

（6）酸 → 酸性氧化物 + 水

（7）金属 + 非金属 →（无氧酸盐）盐

（8）碱性氧化物 + 酸性氧化物 →（含氧酸盐）盐

（9）酸 + 碱 → 盐 + 水

（10）盐 + 盐 → 两种新盐

（11）酸 + 碱性氧化物 →盐 + 水

（12）碱 + 酸性氧化物 →盐 + 水

（13）酸 + 盐 → 新酸 + 新盐

（14）碱 + 盐 → 新碱 + 新盐

（15）金属 + 酸 → 盐 + $H_2$↑

（16）金属 + 盐 → 新盐 + 新金属

（17）含氧酸盐 → 酸性氧化物 + 碱性氧化物

根据以上的规律，我们可以从以下步骤中总结出各物质间相互反应的八圈图（如下所示）。

第一步，判断给定的物质所属的类别。

第二步，根据物质所属的类别，看八圈图中这一类物质引出几条射线，跟哪几类物质发生反应。

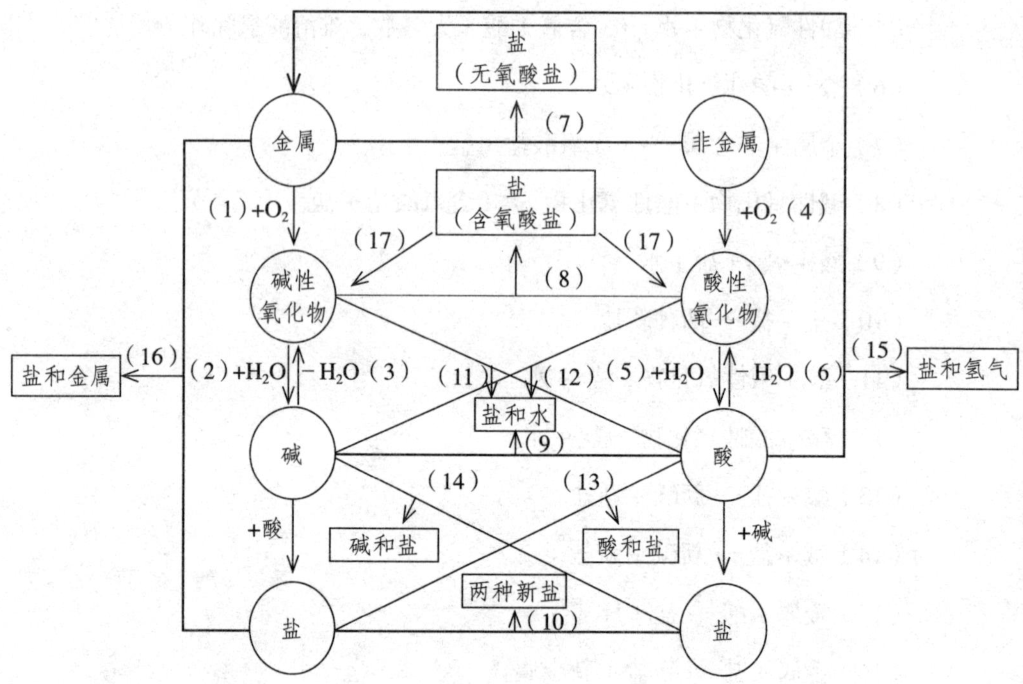


例如，现有石灰石、水和碳酸钠，怎样制取烧碱（不能引入其他物质），请写出化学方程式。

【解析】此题是物质的制备题，除了依据八圈图，还要掌握酸、碱、盐的溶解性。本题应采用倒推法，即从产品（烧碱）出发向原料倒推。

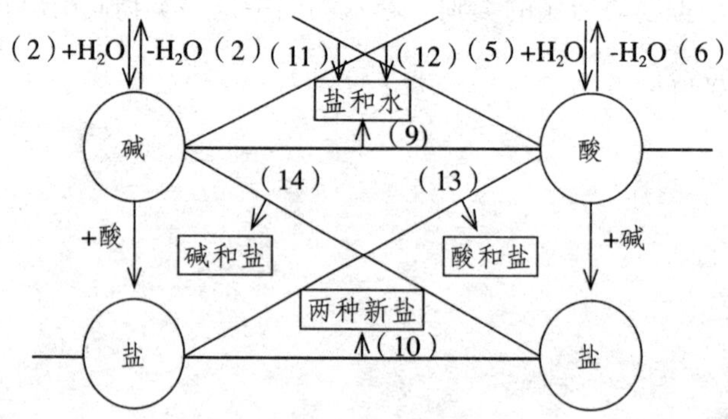


第一步，烧碱属于碱，并且是一种可溶性碱。

第二步，由八圈图中指向碱的箭头可知，碱有两种制取方式，即“碱性氧化物（可溶）+水→碱（可溶）”和“碱+盐→新碱+新盐”，而题目所给的物质中并没有可溶性碱性氧化物，也不能通过所给物质制取，因此只能利用“碱+盐→新碱+新盐”这一规律。烧碱是一种可溶性碱，应用此规律的条件是，反应物都是可溶于水的物质，且生成物的新盐必须难溶于水，此复分解反应才能发生，而且能把烧碱分离出来。再考虑给出的物质中，还缺少可溶性的一种碱，必须从石灰石和水两种物质中制备，由八圈图中第2条规律可知氧化钙溶于水可得氢氧化钙。

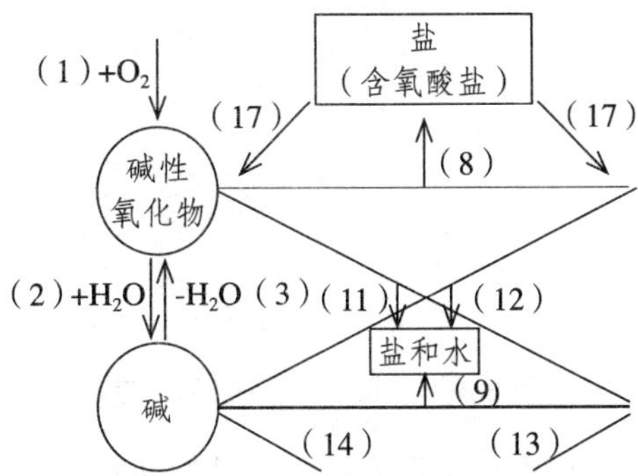


最后考虑如何制得氧化钙，我们已很熟悉煅烧石灰石这一反应，也是八圈图中的第17条规律。

因此，该题用倒推法的解题思路如下。

$$
\mathrm{NaOH}\begin{cases}\mathrm{Na_2CO_3}\\ \mathrm{Ca(OH)_2}\begin{cases}\mathrm{H_2O}\\ \mathrm{CaO}\longleftarrow\mathrm{CaCO_3}\end{cases}\end{cases}
$$

化学方程式为：

（1）$CaCO_3 \xlongequal{高温} CaO + CO_2\uparrow$

（2）$CaO + H_2O = Ca(OH)_2$

（3）$Ca(OH)_2 + Na_2CO_3 = 2NaOH + CaCO_3\downarrow$

（二）策略运用

1. 有Zn、稀$H_2SO_4$、$Fe_2O_3$、$CuCl_2$溶液、NaOH溶液，哪两种物质间能发生化学反应，写出有关化学方程式。

2. 写出下列一系列变化的化学反应方程式（不得重复）。

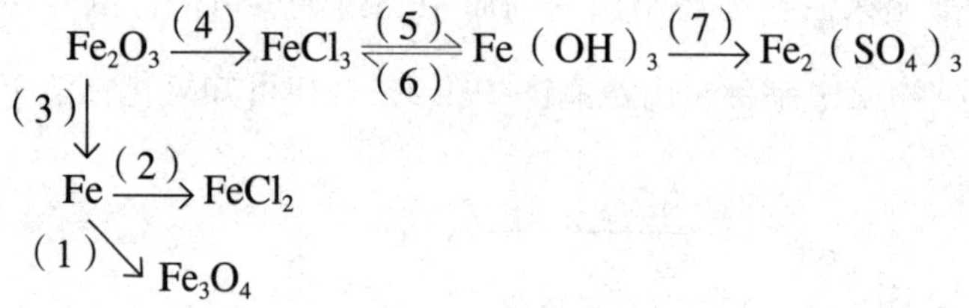

$$Fe_2O_3 \xrightarrow{(4)} FeCl_3 \underset{(6)}{\overset{(5)}{\rightleftharpoons}} Fe(OH)_3 \xrightarrow{(7)} Fe_2(SO_4)_3$$

$$Fe_2O_3 \xrightarrow{(3)} Fe \xrightarrow{(2)} FeCl_2$$

$$Fe \xrightarrow{(1)} Fe_3O_4$$

## 三、活动反思

1. 在运用八圈图策略时，我们必须先掌握哪些知识点？

2. 八圈图策略中，你觉得最难掌握的是哪几条规律？

---

【参考答案】

策略运用

1.

$Zn + H_2SO_4$（稀）$=\!=\!= ZnSO_4 + H_2\uparrow$

$3H_2SO_4 + Fe_2O_3 =\!=\!= Fe_2(SO_4)_3 + 3H_2O$

$H_2SO_4 + 2NaOH =\!=\!= Na_2SO_4 + 2H_2O$

$CuCl_2 + 2NaOH =\!=\!= Cu(OH)_2\downarrow + 2NaCl$

$Zn + CuCl_2 =\!=\!= ZnCl_2 + Cu$

2.

（1）$3Fe + 2O_2 \xlongequal{点燃} Fe_3O_4$

（2）$Fe + 2HCl =\!=\!= FeCl_2 + H_2\uparrow$

（3）$3CO + Fe_2O_3 \overset{高温}{=\!=\!=} 2Fe + 3CO_2$

（4）$Fe_2O_3 + 6HCl =\!=\!= 2FeCl_3 + 3H_2O$

（5）$FeCl_3 + 3NaOH =\!=\!= Fe(OH)_3\downarrow + 3NaCl$

（6）$Fe(OH)_3 + 3HCl =\!=\!= FeCl_3 + 3H_2O$

（7）$2Fe(OH)_3 + 3H_2SO_4 =\!=\!= Fe_2(SO_4)_3 + 6H_2O$

（福田区上沙中学　杜湘琴）

# 科学探究实践策略

## 一、活动导入

化学是一门自然科学，那么科学的本质是什么？科学家的工作方式是怎样的？我们能像科学家那样进行学习吗？接下来，我们就来讲一讲科学家的工作方式——科学探究实践策略。

## 二、活动过程

### （一）策略剖析

科学探究实践策略是指围绕核心问题，学习者自主地进行各种探究活动。

它包括六个基本程序，即发现问题—提出问题—提出假设—设计方案、实验探究（收集证据）—得出结论（表达与交流）—反思创新，这样的科学探究过程实际上就是实现知识建构的过程。当然，在实际的探究活动中，有可能并不包括上述所有步骤。下面，我们以人教版九年级化学下册第八单元的“实验活动4金属的物理性质和某些化学性质”为例来具体说明。

在已发现的一百多种元素中，其中大约五分之四是金属元素，那么这些金属元素有哪些共同的物理性质和化学性质呢？又有哪些不同呢？如何对金属的物理性质和化学性质进行科学探究呢？

1. 金属的物理性质探究。

第一步，提出问题。

金属共同的物理性质有哪些？不同的金属其物理性质都相同吗？（我们可以根据所学知识得出：金属大多为银白色、有金属光泽的固体，有良好的导电性、导热性和延展性）

第二步，设计方案，进行实验探究。

（1）观察镁、铝、铁、铜的颜色和光泽。

| 金属材料 | 镁 | 铝 | 铁 | 铜 |
| --- | --- | --- | --- | --- |
| 颜色和光泽 | 银白色<br>有光泽 | 银白色<br>有光泽 | 银白色<br>有光泽 | 紫红色<br>有光泽 |

（2）用互相刻画的方法比较铜片与铝片、黄铜与铜片的硬度。

| 金属材料 | 铜片与铝片 | 黄铜片与铜片 |
| --- | --- | --- |
| 硬度比较 | Cu>Al | 黄铜>Cu |

（3）证明金属具有导电性、导热性和延展性。

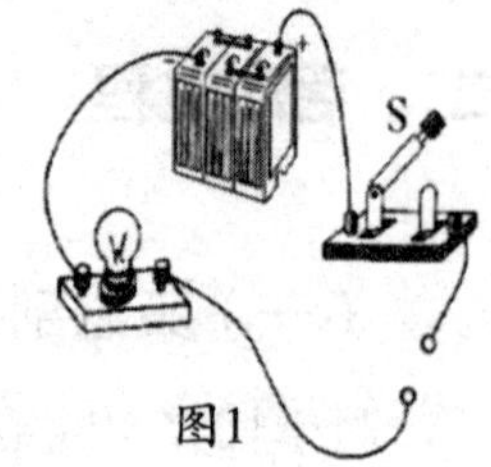

图1

① 证明金属具有导电性。

操作：按图1分别将铜丝、铁丝、铝线、黄铜片接入图示装置中，闭合开关，观察灯泡是否发光。

现象：灯泡发光。

结论：上述金属均具有导电性。

② 证明金属具有导热性。

操作：分别用坩埚钳夹持铝丝、铜丝、铁丝、黄铜片的一端，放在酒精灯的火焰上加热一会儿，然后用手触摸另一端。

现象：未加热的另一端也热，但热的程度不同。

结论：上述金属均具有导热性，导热能力不同。

③ 证明金属具有延展性。

操作：用锤子反复敲打铝片、铜片、黄铜片、铁片，观察现象。

现象：上述金属均有一定程度的变薄。

结论：上述金属均具有延展性。

第三步，根据实验结果，进行交流，得出实验结论。

金属共同的物理性质：大多数为银白色、有金属光泽的固体，少数例外，如铜为紫红色，具有良好的导电性、导热性和延展性。不同金属的物理性质有所不同。

2. 金属的化学性质探究。

第一步，提出问题。

金属有哪些共同的化学性质呢？又有哪些不同的化学性质呢？（根据经验推测金属大多能与氧气反应，活泼金属能和酸反应产生氢气，活泼性强的金属一般能将位于其后的金属从其盐溶液中置换出来）

第二步，设计方案，进行实验探究。

（1）金属与氧气反应。

| 操作 | 现象 | 方程式 |
| --- | --- | --- |
| 用坩埚钳夹取一小块铜片，在酒精灯火焰上灼烧 | 铜片表面变黑 | $2Cu + O_2 \xlongequal{\Delta} 2CuO$ |
| 用坩埚钳夹取一小块镁片，在酒精灯火焰上灼烧 | 发出耀眼的强光，生成白色固体 | $2Mg + O_2 \xlongequal{点燃} 2MgO$ |

（2）金属与酸反应。

向5支试管中分别放入少量镁条、铝条、锌粒、铁片、铜片，然后分别加入5mL等浓度的稀盐酸（或稀硫酸），观察现象。

| 金属 | 镁 | 铝 | 锌 | 铁 | 铜 |
| --- | --- | --- | --- | --- | --- |
| 现象 | 迅速反应，产生大量气泡 | 较迅速反应，有较多气泡产生 | 较迅速反应，有较多气泡产生 | 缓慢反应，有气泡产生 | 无明显现象 |
| 结论 | 位于H前的金属能和酸反应产生氢气，位于H后的金属不能和酸反应产生氢气，金属越活泼，与酸反应越剧烈 | | | | |

（3）设计实验，比较铁、铜、银的金属活动性强弱。

| 实验操作 | 实验现象 | 实验结论 |
| --- | --- | --- |
| 将铁片插入硫酸铜溶液中 | 铁片表面有红色固体析出 | Fe>Cu |
| 将铜片插入硝酸银溶液中 | 铜片表面有银白色固体析出 | Cu>Ag |
| 分别取少量硫酸亚铁溶液、硝酸银溶液分装于两支试管中，向两支试管中分别插入铜片 | 硫酸亚铁溶液无明显变化，硝酸银溶液变成蓝色，铜片表面有银白色固体析出 | Fe>Cu>Ag |

第三步，根据实验结果，进行交流，得出实验结论。

金属大多能与氧气反应生成金属氧化物，排在金属活动性顺序中H前面的金属能与酸反应产生氢气，活泼性强的金属能将位于其后的金属从其盐溶液中置换出来。

第四步，反思创新。

（1）金属除了能跟氧气反应外，还能与其他非金属单质反应吗？

（2）硝酸具有强氧化性，它跟活泼金属反应产生氢气吗？

### （二）策略运用

1. 活泼金属能否将较不活泼的金属从它的盐溶液中置换出来？小明同学做了金属钠与硫酸铜溶液反应的实验：把一块比绿豆略大的金属钠放入盛有20mL硫酸铜溶液的烧杯中，发现金属钠浮在液面上不停打转，并发出嘶嘶声，烧杯发烫，表层溶液中出现了蓝色絮状物，絮状物慢慢下沉并渐渐增多，并没有出现紫红色的铜。小明同学正准备整理器材时，突然发现蓝色沉淀渐渐变黑。请问蓝色沉淀是什么？为什么会渐渐变成黑色？钠究竟能否将铜置换出来呢？

2. Ti的性能是人们较为关注的，已知Ti比Ag活泼，某化学实验小组欲探究Ag、Ti、Mg 的金属活动顺序。请你提出科学探究的方案。

## 三、活动反思

1. 科学探究实践中提出假设的依据是什么？是否可以漫无根据地提出假设呢？

2. 你在进行科学探究实践时遇到了哪些困难？

## 四、活动拓展

小明同学欲通过实验证明“二氧化锰是过氧化氢分解的催化剂”这一命题。他设计并完成了下表所示的探究实验。

1. 请你帮小明同学填写下表中未填完的空格（见下页）。

2. 在小明同学的探究实验中，实验一和实验二起的作用是________。

3. 小英同学认为仅由上述实验还不能完全得出表内的总结，她补充设计了两个方面的探究实验，最终完成了对命题的实验证明。

第一方面的实验操作是将实验三反应前和反应后的二氧化锰进行称量，其目的是__________。

第二方面的实验是__________，其目的是验证二氧化锰在化学反应前后化学性质不变。

| | 实验操作 | 实验现象 | 实验结论或总结 | |
|---|---|---|---|---|
| | | | 各步骤结论 | 总结 |
| 实验一 | 取5%的过氧化氢溶液放入试管中，伸入带火星的木条 | 有气泡产生，木条不复燃 | 过氧化氢分解产生氧气，但是反应__①__，反应方程式为__②__ | 二氧化锰是过氧化氢分解的催化剂 |
| 实验二 | 向盛水的试管中加入二氧化锰，伸入带火星的木条 | 没有明显现象 | __③__ | |
| 实验三 | __④__ | __⑤__ | 二氧化锰能加快过氧化氢的分解 | |

【参考答案】

策略运用

1. 第一步，发现问题。没有出现预期的紫红色的铜，出现的是蓝色沉淀，且蓝色沉淀渐渐变黑了。

第二步，提出问题。为什么钠没有将硫酸铜溶液中的铜置换出来呢？蓝色沉淀应该是氢氧化铜，为什么会渐渐变黑呢？生成的黑色固体是什么物质呢？

第三步，查阅资料，提出假设。假设一：黑色固体全部是氧化铜。假设二：黑色固体是氧化铜和铜的混合物。（结合常见黑色固体物质及质量守恒定律推导而出）

第四步，设计方案，进行实验探究。

| 实验操作步骤 | 实验现象和结论 |
|---|---|
| 步骤一：搭建分离装置，经过滤、洗涤、干燥，得到少量的黑色粉末 | |
| 步骤二：取少量该粉末放入试管，加入一定量稀硫酸溶液，略微加热 | 若黑色固体全部消失，则假设一正确<br>若黑色固体部分消失，则假设二正确 |

第五步，根据实验结果，进行交流，以得出实验结论。钠与硫酸铜溶液反应生成的黑色固体全为氧化铜，即特活泼金属不能将较不活泼的金属从它的盐溶液中置换出来。

第六步，反思与创新。蓝色絮状沉淀应为$Cu(OH_2)$，它怎么会变成黑色固体CuO的呢？Na为何没将Cu置换出来呢？为确保蓝色沉淀不分解，你能想到哪些方法呢？

通过查阅资料得知：（1）$Cu(OH)_2$的起始分解温度约66℃；（2）Na与$H_2O$剧烈反应放热，方程式为$2Na+2H_2O = 2NaOH+H_2\uparrow$。

至此，谜底全部解开。由于Na与$H_2O$生成NaOH，NaOH继而与$CuSO_4$反应生成$Cu(OH)_2$蓝色沉淀，因此反应中无Cu产生。又由于Na与$H_2O$反应剧烈放热，导致$Cu(OH)_2$分解产生黑色CuO。为确保蓝色沉淀不分解，在实验过程中要注意：（1）控制实验的初始温度；（2）放入的金属钠需适量，不能太多；（3）使用足量的$CuSO_4$溶液（$CuSO_4$溶液用量多了可以吸收一部分热量，使溶液温度达不到氢氧化铜分解的温度）等。

2. 第一步，提出问题。Ti和Mg究竟哪个更活泼呢？

第二步，提出假设。假设一：Mg的金属活动性弱于Ti。假设二：Ti 的金属活动性介于Ag与Mg之间。

第三步，查阅资料，设计方案，进行实验探究。

通过查阅资料得知：前提相同，某金属与酸发生反应，金属的活动性与气泡产生的速率成正比。

【设计方案】

| 实验操作步骤 | 预期实验现象和结论 |
| --- | --- |
| 步骤一：用砂纸打磨金属表面以去掉其表面的氧化膜 | 去掉氧化膜，增强反应的直观性 |
| 步骤二：取等质量、等表面积的Ti、Mg、Ag，分装于三支试管中，再分别滴加足量等质量份数、等体积的稀硫酸溶液 | 若Mg反应剧烈，则假设二成立；若Ti反应更剧烈，则假设一成立 |

【实验探究，记录现象】

| 金属 | Mg | Ti | Ag |
| --- | --- | --- | --- |
| 现象 | 缓慢产生气泡 | 快速产生气泡 | 无现象 |

第四步，根据实验结果，进行交流，得出实验结论。根据实验现象可知，假设一成立，金属活动性排序为Ti>Mg>Ag。

第五步，反思创新。

（1）在该实验设计中，若硫酸溶液质量份数存在差异，则结论是否一定合理？

（2）酸与金属反应时，哪些因素影响其速率？如温度、接触面积、酸浓度等。

活动拓展

1. ① 慢；②$2H_2O_2 \xlongequal{\quad} 2H_2O+O_2\uparrow$；③二氧化锰不与水反应产生氧气；④向盛有5%过氧化氢溶液的试管中加入少量二氧化锰，将带火星的木条伸入试管；⑤有大量气泡产生，带火星的木条复燃。

2. 对比。

3.（1）对比二氧化锰在过氧化氢溶液中反应前后的质量。

（2）收集反应后的催化剂，加入新的反应物溶液中，观察现象（仍可起催化作用）。

（深圳市沙井中学　张成志）

# “结构—性质—用途”策略

## 一、活动导入

同学们在学习元素化合物这部分内容时，总觉得内容多而杂，知识点分散，不便于记忆和理解。有什么好的策略可以帮助我们更好地学习元素化合物这一部分知识呢？现在，我们一起来学习“结构—性质—用途”策略。

## 二、活动过程

### （一）策略剖析

所谓“结构—性质—用途”策略，是按照“结构决定性质，性质决定用途”的思想和方法来学习元素化合物知识。下面，我们以金刚石和石墨为例来讲解这个策略。

第一步，搞清楚它们的结构，并把结构和性质结合起来，从结构上了解它们性质的异同。

金刚石和石墨都是由碳元素组成的，但二者的结构截然不同。金刚石为空间网状结构，如图1（见下页），这样的结构非常坚固，所以非常坚硬是金刚石的一个重要物理性质。而石墨是层状结构，如图2（见下页），层与层之间的作用力很小，所以石墨的一个重要物理性质就是质地很软。

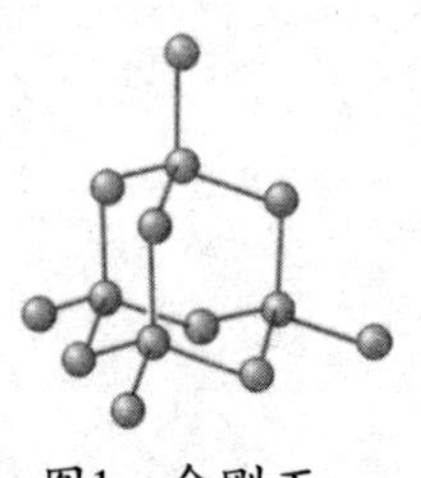

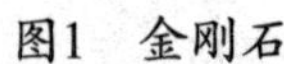

图1　金刚石

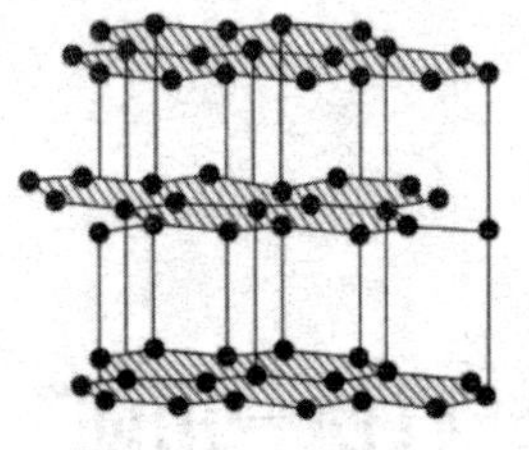

图2　石墨

下表是金刚石和石墨物理性质的比较，这些差异和它们的结构是紧密相关的。

| | 金刚石 | 石墨 |
|---|---|---|
| 外观 | 无色透明的正八面体状的晶体 | 深灰色的细鳞片状固体 |
| 光泽 | 加工打磨后有夺目光泽 | 有金属光泽 |
| 硬度 | 天然物质中最硬 | 较软 |
| 导电性 | 无 | 良好 |
| 导热性 | 良好 | 良好 |

物质的化学性质是否相同或者相似，主要看其在结构上是否具有相同的原子、分子或离子。金刚石和石墨都是由碳原子构成的，都属于碳单质，所以金刚石和石墨的化学性质几乎是相同的——常温下化学性质都很稳定，这和它们在物理性质上有很大差别是不同的。我们还可以进一步来分析它们的化学性质为什么很稳定，这是因为碳原子有这样的结构，如图3：碳原子最外层电子数为4，不容易失去电子，也不容易得到电子，因此在常温下碳单质的化学性质是很稳定的。

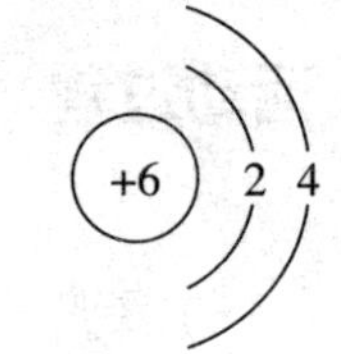


图3　碳原子结构示意图

第二步，把性质和用途结合起来理解，从性质上了解其用途的异同。

金刚石很坚固，所以金刚石可以用来制作玻璃刀或钻头。另外，由于金刚石打磨后有夺目光泽，所以它还可以用来做装饰品等。而石墨质地很软，所以它可以用来做铅笔芯、润滑剂等。另外，由于石墨可以导电，所以它还可以用来做电极。

从化学性质来讲，由于常温下石墨的化学性质很稳定，所以石墨可以用来制作墨汁，方便长期保存。

## （二）策略运用

1. 请运用“结构—性质—用途”策略来认识和梳理氧气的性质和用途。

2. 下列关于物质的性质和用途没有直接联系的是（　　）。

| 选项 | 结构特点 | 性质 | 用途 |
| --- | --- | --- | --- |
| A | 碳原子最外层电子数为4 | 常温下碳的化学性质不活泼 | 用墨汁绘制字画 |
| B | 醋酸能电离出H+ | 醋酸显酸性 | 用醋酸除去热水瓶中的水垢 |
| C | NaOH能电离出OH- | NaOH能与油脂反应 | 用NaOH除去油污 |
| D | 氦原子最外层电子数为8 | 氦气化学性质不活泼 | 氦气可以做飞艇的填充气体 |

3. 2013年3月，浙江大学的实验室里诞生了世界上最轻的材料——“碳海绵”。它具备高弹性和疏松多孔的结构，主要成分是石墨烯和碳纳米管（两者都是碳单质）。下列关于“碳海绵”的说法中不正确的是（　　）。

A. 常温下化学性质活泼

B. 具有吸附性

C. 在一定条件下可还原氧化铜

D. 在氧气中完全燃烧的产物是$CO_2$

## 三、活动反思

1. “结构—性质—用途”策略体现了物质的结构、性质和用途之间什么样

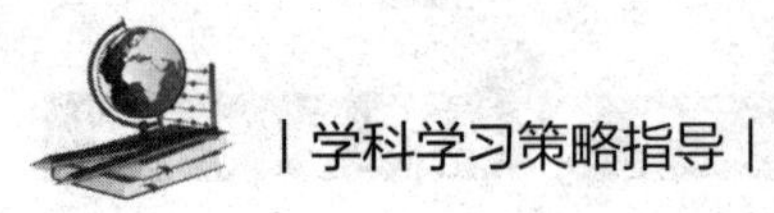


的相互关系？你能把它们之间的联系应用在对其他物质的学习上吗？

2. 运用“结构—性质—用途”策略学习元素化合物知识时，主要有哪几个步骤？每个步骤要抓住的主要问题是什么？运用本策略之后，你有什么心得体会？

## 四、活动拓展

请以某物质为中心，将其性质、制法、用途、保存、鉴别等方面的知识串成知识链，建成知识网络。如以$CO_2$为中心，构建碳及其化合物的知识网络。

【参考答案】

策略运用

1. 答案略。

2. D。

3. A。

（深圳第二外国语学校　刘英琦　　深圳市观澜中学　陈晓锋）

# 网络资源利用策略

## 一、活动导入

当前，网络在生活中的运用是非常广泛的，我们的学习也离不开网络。“有形的网络，无限的空间”，它能打破课堂的空间局限，使课堂延伸至广阔的社会，实现课内与课外的沟通与融合。那么，在日常学习中，我们应该如何有效地利用网络资源进行学习呢？

## 二、活动过程

### （一）策略剖析

网络资源利用策略，就是利用网络资源来辅助我们的学习，解决在课堂学习、课后练习和日常生活中产生的疑惑。下面，我们结合一些具体的事例来讲解这一策略。

我们知道，较活泼的金属可以把较不活泼的金属从其盐溶液中置换出来，钾、钙、钠则不能把排在它们后面的金属从其盐溶液中置换出来。例如，铁可以把$CuSO_4$溶液中的铜置换出来，但是钠就不行，为什么呢？对此，我们可以利用网络资源进行全面而深入的学习。

第一步，我们可以进行关键词搜索，如图1。

图1

我们可以从搜索的相关结果中选择其中几个靠前的不同网页进行阅读，找到对我们有帮助的资料，如图2。

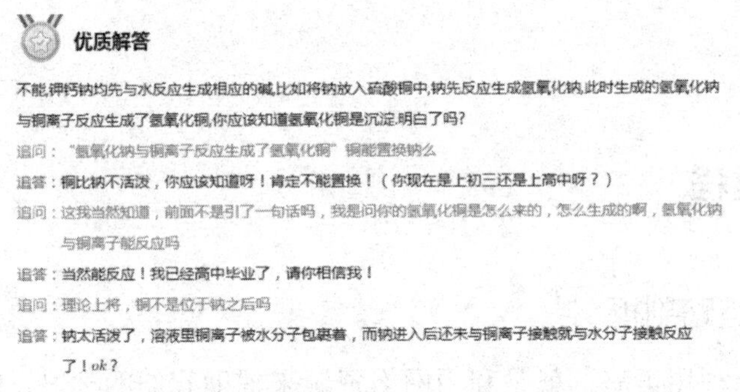


图2

从而，我们清楚了钾、钙、钠不能把其他金属从其盐溶液中置换出来的原因：钾、钙、钠先与水发生了反应，然后生成的碱再与盐反应。这里，我们又会产生其他的疑惑，如最后一条追答中说："钠太活泼了，溶液里铜离子被水分子包裹着，而钠进入后还未与铜离子接触就与水分子接触反应了！"为什么铜离子被水分子包裹着呢？会不会是物质在水中溶解都是这样的呢？但是，溶解的过程是肉眼看不到的，该怎么办呢？

第二步，我们可以搜索一些物质在水中溶解过程的动画或视频，如图3。我们可以搜索出很多相关结果，可以选择一些视频进行学习了解，如图4。

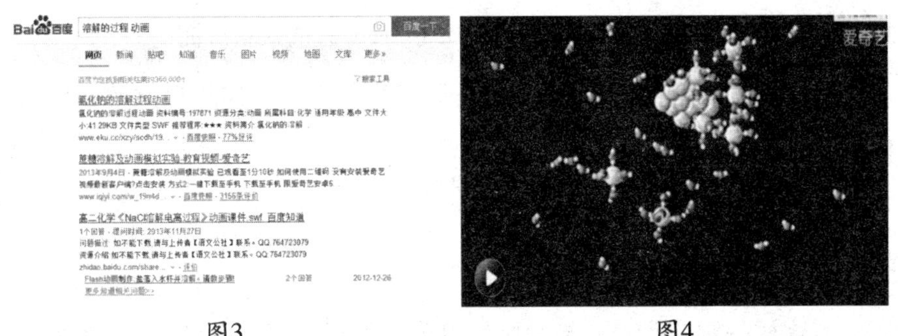


图3　　　　图4

从而，我们就可以清楚地知道，在溶解的过程中，在水分子的作用下，物质以分子、离子等形式从固体中脱离出来，水分子包围在该分子或离子的周围。因此，我们可以举一反三地理解：$CuSO_4$固体在水中溶解时，水分子把$CuSO_4$固体拆成单个的$Cu^{2+}$、$SO_4^{2-}$，并使其脱离出固体进入水中，并有水分子包裹在$Cu^{2+}$、$SO_4^{2-}$的周围。

既然Na不能把铜从$CuSO_4$溶液中置换出来，那么Na加入$CuSO_4$溶液中有什么现象产生呢?

第三步，我们可以搜索一些关于反应现象的实验视频。我们输入“钠与硫酸铜溶液的反应视频”，会找到很多相关结果，如图5。我们可以点击进入其中的一个视频，如图6。

图5

图6

通过视频，我们可以看到，钠浮在水面上，四处游动，并有蓝色絮状沉淀产生，是因为钠与水反应生成了氢气，推动钠在水面上游动。同时生成了NaOH，NaOH与$CuSO_4$发生复分解反应生成了$Cu(OH)_2$蓝色絮状沉淀。

这样，我们通过网络资源的学习，清楚地了解了钠不能把硫酸铜溶液中的铜置换出来的原因。

### （二）策略运用

1. 有这样一则广告："给健康加道菜，第五道菜，天地一号，它是碱性食品。"据称，天地一号的有效成分是醋，醋是酸性物质，为什么说是碱性食品呢？你能通过网络资源找到原因吗？

2. 质量守恒定律的相关应用题型很多，不同类型的题所用的方法又有所不同，你能从网络资源中找到一些解题的方法和技巧吗？你能找到在线课堂的课堂视频来学习质量守恒定律的应用吗？学习完后，你能总结出各种方法和技巧吗？

3. 自来水有一股刺鼻的味道，不能直接饮用，这是为什么呢？人教版九年级化学上册简单地介绍了自来水厂净化水的过程，那么自来水厂的具体净化流程和每一个环节的目的是什么呢？刺鼻的味道又是怎么产生的呢？这种产生刺鼻气味的物质对人身体有害吗？你能通过网络资源找到这些问题的答案吗？

## 三、活动反思

1. 网络资源利用策略给我们的学习带来了哪些方便呢？你知道如何把网络资源和课堂学习有机地结合在一起吗？

2. 运用网络资源利用策略学习各种知识时，关键是要有什么样的学习品质呢？运用本策略之后，你有什么心得体会？

（深圳市观澜中学　陈晓锋）

# 五法配平策略

## 一、活动导入

书写化学方程式一般有“写、配、标、查”四个步骤，其中最关键的一步是化学方程式的配平。如何准确、快捷地把化学方程式配平呢？下面，我们一起来学习五法配平策略。

## 二、活动过程

### （一）策略剖析

所谓五法配平策略，是指化学方程式配平中的五种常见方法，即最小公倍数法、观察法、奇数配偶法、得失氧法和定一法。

最小公倍数法是一种最常见的方法，主要是找出两边个数最多且前后各出现一次的同种原子进行配平，一般先配平某个原子，再根据这个原子的情况来配其他原子或物质的化学计量数。

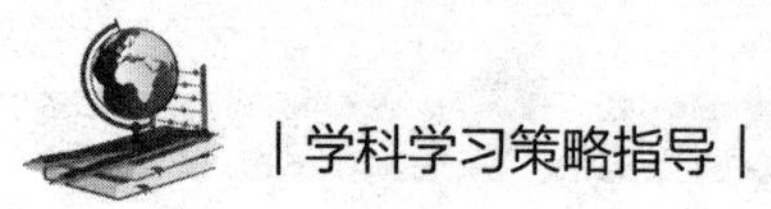



观察法是一种应用较广泛的配平方法，通常从方程式中化学式比较复杂的物质着手，通过这个复杂的化学式去推导其他物质的化学计量数。

奇数配偶法适用于反应前后出现次数多，且前后原子总数总是一奇一偶的化学方程式。一般先从原子数量为奇数的化学式入手，配最小偶数2，把奇数变成偶数。然后，推导其他物质的化学计量数。

得失氧法是一种适用于还原反应化学方程式配平的方法，如$H_2$、C、CO还原金属氧化物冶炼金属的反应。一般根据还原剂的去向（如$H_2 \rightarrow H_2O$、$C \rightarrow CO_2$、$CO \rightarrow CO_2$）来分析，一个氢分子参与反应可以夺取1个氧原子，1个碳原子参与反应可以夺取2个氢原子，1个一氧化碳分子参与反应可以夺取1个氧分子。再根据金属氧化物中的氧原子数量推导还原剂的化学计量数，最后推导其他物质的化学计量数。

定一法适用于有机物燃烧反应和某些分解反应。通常情况下，先设定有机物或分解反应中反应物的化学计量数为1，再推导其他物质的化学计量数。

下面，我们结合具体例子来讲解这个策略。

例如，配平下列化学方程式。

1. $P + O_2 —— P_2O_5$

2. $Fe + H_2O —— Fe_3O_4 + H_2$

3. $H_2O_2 —— H_2O + O_2$

4. $CO + Fe_2O_3 —— Fe + CO_2$

5. $C_2H_4 + O_2 —— CO_2 + H_2O$

第一步，从原子的种类和数量、化学方程式的复杂程度、物质的类别等角度分析化学方程式的特点，再选择适合的方法进行配平。

| | 化学方程式的特点 | 适合的方法 |
|---|---|---|
| 1 | 反应前后原子种类比较少，但反应前氧原子数量为2，反应后氧原子数量为5，为了使其相等，必须取最小公倍数 | 最小公倍数法 |

（续　表）

| | 化学方程式的特点 | 适合的方法 |
|---|---|---|
| 2 | 反应前后氢原子数量相等，铁原子与氧原子反应前的数量都为1，并且都到了$Fe_3O_4$中，$Fe_3O_4$在反应中化学式最为复杂 | 观察法 |
| 3 | 反应前后氢原子数量相等，但是反应前氧原子数量为2，反应后氧原子数量共为3（$H_2O$中含有1个，$O_2$中含有2个），3种含氧原子的物质中，有一个为奇数，其他都为偶数 | 奇数配偶法 |
| 4 | 还原剂CO参与的还原反应，1个CO分子参与反应得到1个氧原子，生成1个$CO_2$分子 | 得失氧法 |
| 5 | $C_2H_4$是含碳的化合物，属于有机物，这是一个有机物燃烧的反应 | 定一法 |

观察法和最小公倍数法是最为常见的两种配平方法，我们在配平化学方程式时要优先考虑这两种配平方法，如果这两种方法都不能很快地解决配平或根本配不平，则再选择其他方法。

第二步，根据选择的方法对化学方程式进行配平。

方程式1：$P + O_2$ —— $P_2O_5$

（1）找出反应前后个数最多且前后各出现一次的同种原子。最多的是氧原子，反应前是2个，反应后是5个。

（2）求出最小公倍数：2 × 5=10。也就是，反应前和反应后氧原子都要有10个。

（3）求出相关物质的化学计量数：每个$O_2$中含有2个氧原子，则$O_2$的化学计量数为10 ÷ 2=5，每个$P_2O_5$分子中含有5个氧原子，则$P_2O_5$的化学计量数为10 ÷ 5=2，此时式子为$P + 5O_2$ —— $2P_2O_5$。

（4）进一步推导出单质P的化学计量数为4，再注明条件和短线变等号即可。

$$4P + 5O_2 \xlongequal{点燃} 2P_2O_5$$

方程式2：$Fe + H_2O$ —— $Fe_3O_4 + H_2$

（1）找出反应前后化学式比较复杂的物质。$Fe_3O_4$的化学式比较复杂，那么从$Fe_3O_4$着手。

（2）找到$Fe_3O_4$中铁元素和氧元素的来源，并对相关联的物质进行配平。$Fe_3O_4$中铁元素来源于反应前的单质Fe，氧元素来源于反应前的$H_2O$，则反应前的Fe前配3，$H_2O$前配4，则式子为$3Fe+4H_2O —— Fe_3O_4+H_2$。

（3）进一步可以推导出$H_2$的化学计量数为4，再注明条件和生成物的状态，短线改为等号即可。

$$3Fe + 4H_2O === Fe_3O_4+ 4H_2\uparrow$$

方程式3：$H_2O_2 —— H_2O + O_2$

（1）氧原子在反应前后出现次数多，反应前氧原子的个数为2，是偶数。反应后$H_2O$中氧原子的个数为1个，是奇数；$O_2$中氧原子的个数为2，是偶数。

（2）在$H_2O$前配上最小偶数2，把奇数变成偶数。则反应后氧原子总数为4，再在$H_2O_2$前配上2，此时的式子为$2H_2O_2 —— 2H_2O + O_2$。

（3）再观察一下氢原子前后个数是否相等，相等则化学方程式已平。最后注明条件和生成物的状态，短线改为等号即可。

$$2H_2O_2 \xlongequal{MnO_2} 2H_2O_2+O_2\uparrow$$

方程式4：$CO + Fe_2O_3 —— Fe + CO_2$

（1）找出还原剂和还原剂的去向，CO为还原剂，夺取氧原子生成了$CO_2$，每个CO分子可夺取1个氧原子。

（2）$Fe_2O_3$中有3个氧原子，则需要3个CO分子夺取，生成3个$CO_2$分子，此时的式子为$3CO + Fe_2O_3 —— Fe + 3CO_2$。

（3）进一步推导出Fe的化学计量数为2，再注明条件和生成物的状态，短线改为等号即可。

$$3CO + Fe_2O_3 \xlongequal{高温} 2Fe+3CO_2$$

方程式5：$C_2H_4 + O_2 —— CO_2 + H_2O$

（1）设定有机物$C_2H_4$的化学计量数为1。

（2）根据$C_2H_4$中碳原子、氢原子的个数，在$CO_2$前配上2，在$H_2O$前配上2，这时的式子为$C_2H_2+O_2$ —— $2CO_2+2H_2O$。

（3）最后推导出$O_2$的化学计量数为3，注明条件和生成物的状态，短线变等号即可。

$$C_2H_4+3O_2 \xlongequal{点燃} 2CO_2+2H_2O$$

## （二）策略运用

1. 请运用五法配平策略配平方程式。

$C + Fe_2O_3 \xrightarrow{高温} Fe + CO_2$

2. 用观察法或最小公倍数法配平以下化学方程式。

（1）$Al + Fe_3O_4 \xrightarrow{高温} Fe + Al_2O_3$

（2）$Al + O_2 \xrightarrow{点燃} Al_2O_3$

（3）$Fe_2O_3 + H_2SO_4$ —— $Fe_2(SO_4)_3 + H_2O$

3. 先用观察法或最小公倍数法试试看能否配平以下化学方程式。如不行，再用得失氧法、奇数配偶法或定一法配平下列化学方程式。

（1）$Fe_2O_3 + H_2 \xrightarrow{\Delta} Fe + H_2O$

（2）$Cu_2(OH)_2CO_3 \xrightarrow{\Delta} CuO + H_2O + CO_2\uparrow$

（3）$FeS_2 + O_2 \xrightarrow{高温} Fe_2O_3 + SO_2$

（4）$C_2H_5OH + O_2 \xrightarrow{点燃} H_2O + CO_2$

# 三、活动反思

1. 在运用五法配平策略中，你觉得什么方法对你最适用呢？对于一个化学方程式，你能用多少个方法来配平？

2. 在书写各种化学方程式时，五法配平策略对你有什么帮助和启示呢？

## 四、活动拓展

过氧化钠是一种淡黄色固体，由单质钠与氧气在加热条件下反应得到，它的组成与过氧化氢类似，在潜水艇中被用作供氧剂。当它与人体呼出的二氧化碳气体反应后，生成氧气和一种盐，这个反应的化学方程式为______________。

---

【参考答案】

策略运用

1. $3C + 2Fe_2O_3 \xlongequal{高温} 4Fe + 3CO_2$

2.

（1）$8Al + 3Fe_3O_4 \xlongequal{高温} 9Fe + 4Al_2O_3$

（2）$4Al + 3O_2 \xlongequal{点燃} 2Al_2O_3$

（3）$Fe_2O_3 + 3H_2SO_4 \xlongequal{} Fe_2(SO_4)_3 + 3H_2O$

3.

（1）$Fe_2O_3 + 3H_2 \xlongequal{\Delta} 2Fe + 3H_2O$

（2）$Cu_2(OH)_2CO_3 \xlongequal{\Delta} 2CuO + H_2O + CO_2\uparrow$

（3）$4FeS_2 + 11O_2 \xlongequal{高温} 2Fe_2O_3 + 8SO_2$

（4）$C_2H_5OH + 3O_2 \xlongequal{点燃} 3H_2O + 2CO_2$

活动拓展

$2Na_2O_2 + 2CO_2 \xlongequal{} 2Na_2CO_3 + O_2$

（深圳市观澜中学　陈晓锋）

---

# 第六章

# 生物学习策略指导

# 控制变量实验策略

## 一、活动导入

初中阶段，同学们接触的生物实验基本上分为两类：一是观察生物的结构形态和功能，二是探究某种因素对生物的影响。控制变量实验策略是针对上述第二类生物实验的一种学习方法，通过该策略，我们能化繁为简，从而轻松地掌握影响生物生命活动的因素。

## 二、活动过程

### （一）策略剖析

生物的生命活动错综复杂，影响某一个生命活动产生和变化的因素也有很多。为了弄清变化的原因和规律，当研究多个因素之间的关系时，我们往往先控制住其他几个因素不变，集中研究一个因素变化所产生的影响，这就是控制变量实验策略。

例如，探究鼠妇分布的环境因素。

第一步，确定影响因素。鼠妇喜欢栖息在朽木、腐叶、石块、花盆等下面，有时也会出现在房屋或庭院内。因此，影响鼠妇分布的因素主要是光和湿度。

第二步，根据影响因素设计实验。在研究某个因素的影响时，只改变这个因素的量，而保持其他因素的量不变，从而确定这个因素所产生的影响。以此类推，对有关因素逐个地加以实验和判断，就能找出产生影响的所有因素。因此，设计实验如下，同时注意每次实验选用的鼠妇数量和大小应相同，并注意重复实验。

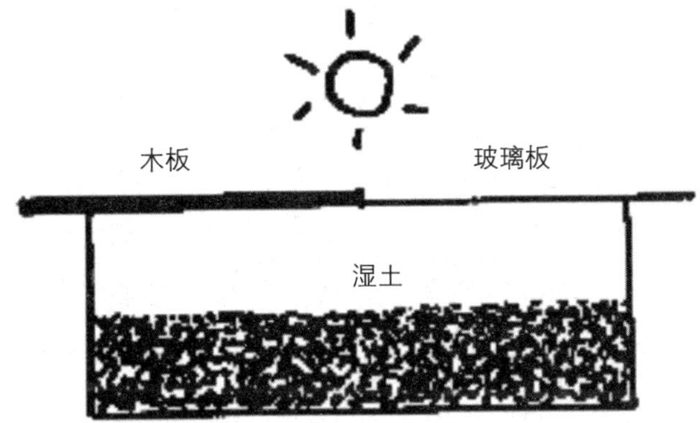


| 时间<br>环境 | 1分 | 2分 | 3分 | 4分 | 5分 | 6分 | 7分 | 8分 | 9分 |
|---|---|---|---|---|---|---|---|---|---|
| 明亮处鼠妇个数 | | | | | | | | | |
| 黑暗处鼠妇个数 | | | | | | | | | |

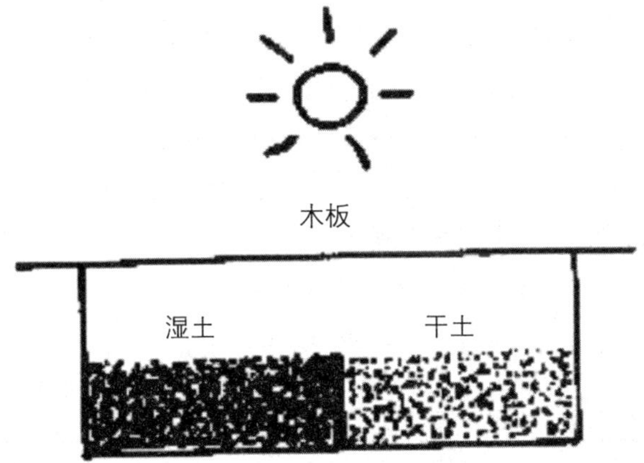


| 时间<br>环境 | 1分 | 2分 | 3分 | 4分 | 5分 | 6分 | 7分 | 8分 | 9分 |
|---|---|---|---|---|---|---|---|---|---|
| 湿土处鼠妇个数 | | | | | | | | | |
| 干土处鼠妇个数 | | | | | | | | | |

第三步，实验结论和反思。根据实验结果或现象，得出实验结论，再进行反思及讨论。根据上述的探究实验，可得出光照、湿度对鼠妇的分布有影响，鼠妇喜欢阴暗、潮湿的环境。

## （二）策略运用

1. 探究种子萌发环境条件的实验设计，可以作为对照组的是（　　）。

| 序号 | 种子 | 温度 | 水分 | 瓶塞类型 |
| --- | --- | --- | --- | --- |
| ① | 豌豆 | 15℃ | 适量 | 松软棉花 |
| ② | 豌豆 | 0℃ | 适量 | 松软棉花 |
| ③ | 豌豆 | 15℃ | 不足 | 松软棉花 |
| ④ | 豌豆 | 15℃ | 适量 | 橡胶塞 |

A. ①③　　B. ②③　　C. ③④　　D. ①②

2. 林小乔同学为了研究光照、水分对植物生长发育的影响，做了如下实验：① 取4个同样大小的花盆，分别装满同样的土壤，并编号；② 再选取4株同样大小的大蒜幼苗分别植入花盆土壤中，处于适宜的、相同的深度；③ 将这4个花盆分别放在不同的环境中，连续管理20天，观察并记录。

| 编号 | 环境条件 |
| --- | --- |
| 1 | 室温（20°C），光照充足，适量浇水 |
| 2 | 室温（20°C），黑暗中，适量浇水 |
| 3 | 室温（20°C），光照充足，不浇水 |
| 4 | 室温（20°C），光照充足，过量浇水 |

请回答下列问题。

（1）生长状况最好的应是________号花盆的幼苗。

（2）将1号与3号、4号花盆进行比较，可以研究________对幼苗生长发育的影响。

（3）这个实验在设计上存在缺陷，体现在________________________。

## 三、活动反思

控制变量实验策略有几个步骤？你觉得其中关键的步骤是什么？

## 四、活动拓展

请以微生物生长条件的探究为例，写出控制变量实验策略需要注意的事项。

【参考答案】

策略运用

1.A、D。

2.（1）1。

（2）水分。

（3）样本的数量较少。

（福田外国语学校　陈建香）

# 结构与功能相适应策略

## 一、活动导入

不同的动物、植物有着不同的形态结构与功能，如何将数以亿计种的生物进行分类？如何记忆各类生物的特征？对此，结构与功能相适应策略可以帮助我们。

## 二、活动过程

### （一）策略剖析

这里，我们以动物与植物的划分为例，来详细了解这一策略。

第一步，搞清楚两者的细胞结构，从细胞结构中了解动植物的异同点。

动物和植物都能进行新陈代谢，都属于生物。动物与植物的细胞结构的异同点如下。

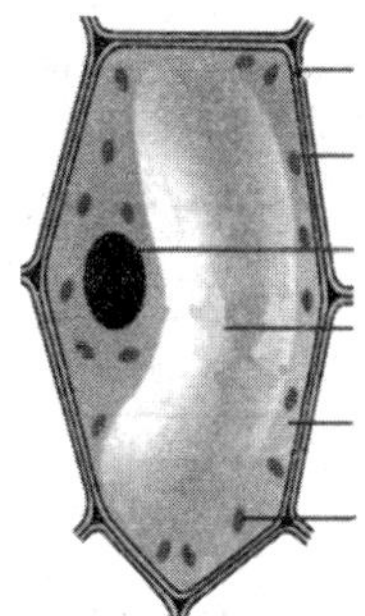

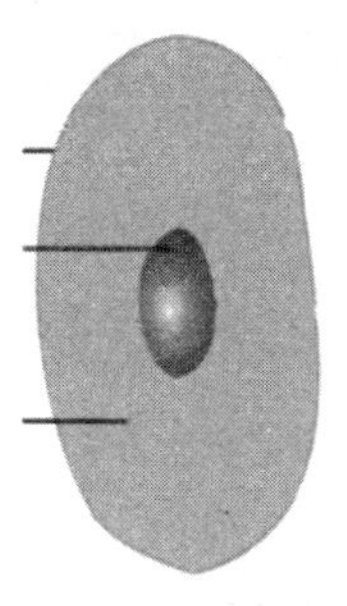

图1　动物细胞与植物细胞的结构示意图

| | 动物细胞 | 植物细胞 |
|---|---|---|
| 细胞膜 | 有 | 有 |
| 细胞质 | 有 | 有 |
| 细胞核 | 有 | 有 |
| 叶绿体 | 无 | 有 |
| 细胞壁 | 无 | 有 |
| 液泡 | 无 | 有 |

第二步，把不同点联系起来，加以理解。

叶绿体是进行光合作用以制造有机物的场所，植物细胞具有叶绿体而动物细胞没有叶绿体。所以，植物具有自己制造有机物的功能，而动物不能自己制造有机物。这就是动物和植物的最大区别。如眼虫（结构如图2），有鞭毛，所以可以游动，有眼点能够感光。但是，眼虫属于植物，因为它具有叶绿体这一结构，能够自己制造有机物。

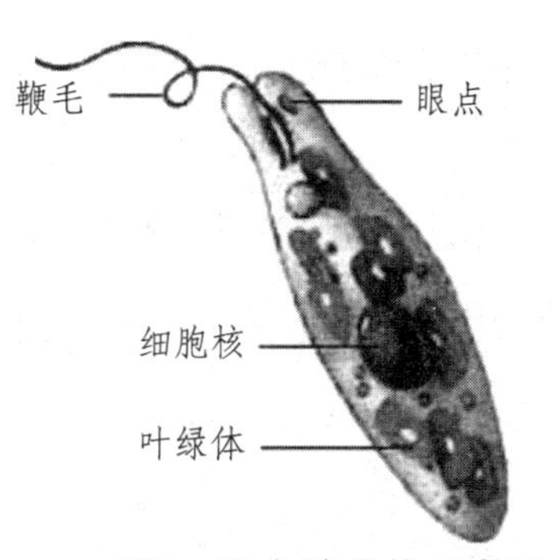


图2　眼虫的结构示意图

再如，鸟类具有与肺相连的气囊，主要分布在内脏器官之间。吸气时，吸进的空气一部分在肺内进行气体交换，一部分则直接进入气囊。呼气时，气囊内的气体又返回肺内进行气体交换。这就是双重呼吸。

图3　鸟体内的气囊

## （二）策略运用

1. 小肠是人体消化和吸收的主要器官，请你分析下列各项中不与小肠的消化

和吸收相适应的特点是（　　）。

A. 小肠内壁有小肠绒毛

B. 小肠中有很多消化腺，能分泌消化液

C. 小肠上端与胃相通，下端与大肠相通

D. 小肠绒毛壁仅有一层上皮细胞

2. 爬行动物是真正的陆生动物，请你运用结构与功能相适应策略，分析爬行动物有哪些特点是与它们的陆生生活相适应的。

## 三、活动反思

结构与功能相适应策略在生物学习中的应用是非常广泛的，在其他学科中同样也适用，如化学中的微粒结构与其物理性质和化学性质密切相关。你还能想到这一策略在其他方面的应用吗？

## 四、活动拓展

请以某种生物的某一结构为例，将其结构特点与功能联系起来，构建成知识网络。如以心脏的结构为例，将心脏的各部分结构与其功能联系起来。

【参考答案】

策略运用

1. C。

2. 爬行动物被称为真正的陆生动物，因为它们具有以下特点：（1）皮肤干燥，有利于防止水分蒸发；（2）具有结构完整的肺，靠肺呼吸；（3）体内受精，受精卵的发育完全摆脱了水的限制。

（福田外国语学校　陈建香）

# 图表策略

## 一、活动导入

初中生物课程标准中要求学生要基本懂得人体的消化系统、呼吸系统、泌尿系统、血液循环系统等方面的知识。这些知识既是重点又是难点。对此，我们可以应用图表策略。

## 二、活动过程

### （一）策略剖析

图表策略就是将较为复杂的人体生理过程，用图或表格的形式直观呈现出来的一种学习策略，有利于我们全面理解人体各系统的生理过程及相关的物质变化。

接下来，我们以尿的形成为例，详细了解如何运用这一策略。

第一步，依据所学知识，理顺某个系统的生理过程。

每个肾脏由约100万个肾单位组成。尿的形成主要与肾单位有关。肾单位中的肾小球和紧贴着它的肾小囊内壁起过滤作用，形成原尿。当原尿流经肾小管时，全部葡萄糖、大部分水和部分无机盐等被肾小管重新吸收，形成终尿，也就是尿液。

第二步，用坐标图或表格的形式，把整个生理过程体现出来，如图1。

这一步稍有难度，需要对知识有全面的理解。

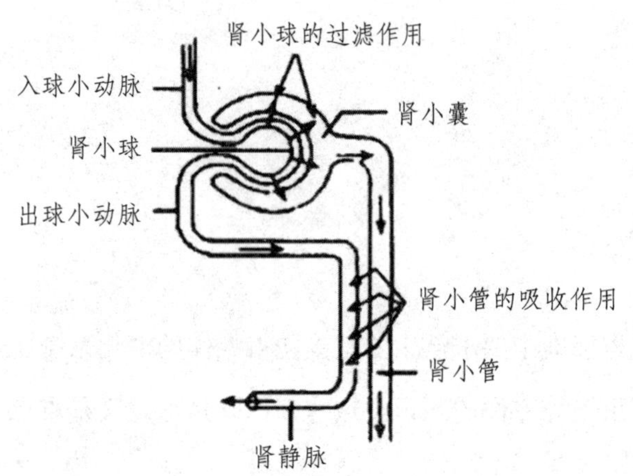


图1　肾单位的结构与尿的形成过程示意图

健康人体中血浆、原尿和尿液中主要物质的区别如下所示。

| | 血细胞 | 蛋白质 | 葡萄糖 | 水 | 无机盐 | 尿素 | 尿酸 |
|---|---|---|---|---|---|---|---|
| 血浆 | 有 | 有 | 有 | 有 | 有 | 有 | 有 |
| 原尿 | 无 | 微量 | 有 | 有 | 有 | 有 | 有 |
| 尿液 | 无 | 无 | 无 | 有 | 有 | 有 | 有 |

## （二）策略运用

肺与外界气体交换的过程叫作肺的通气，是通过呼吸运动来完成的。请运用图表策略归纳出呼吸肌的收缩与舒张、肺内气压与大气压的关系。

# 三、活动拓展

图表策略是否能综合整理两个或两个以上的生理系统过程？例如，人进食米饭后，米饭在体内是如何被消化吸收的？米饭被吸收进入血液循环系统后，经过哪些途径最终在组织细胞内被利用？

【参考答案】

策略运用

| 呼吸运动 | 膈肌 | 肋间肌 | 肺容积 | 肺内气压与大气压的关系 | 气体出入肺 |
|---|---|---|---|---|---|
| 吸气 | 收缩 | 收缩 | 增大 | 肺内气压 < 大气压 | 入肺 |
| 呼气 | 舒张 | 舒张 | 减小 | 肺内气压 > 大气压 | 出肺 |

活动拓展

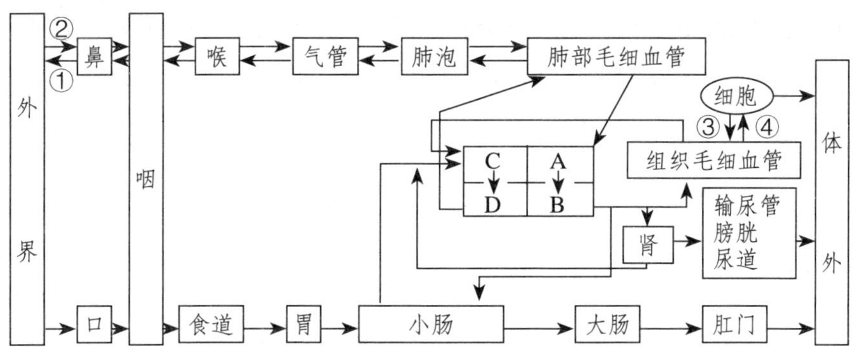


（说明：因图片位置受限，故图中部分文字用数字或字母表示。①代表呼气。②代表吸气。③代表二氧化碳及代谢废物。④代表氧气及养料。A 代表左心房，B代表左心室，C代表右心房，D代表右心室。）

该图概括了食物从外界通过消化道消化，小分子营养物质在小肠处进入体循环，继而通过循环系统送到每个细胞，在细胞处与呼吸系统送来的氧气共同作用后，产生了代谢废物及二氧化碳，代谢废物通过泌尿系统排出体外，而二氧化碳则通过循环系统送至肺部，再通过呼气排出体外。）

（福田外国语学校　陈建香）

# 制作模型策略

## 一、活动导入

生物学知识既有趣又贴近生活，因而受到学生的喜欢，但其微观性及抽象性又让人难以理解，如微生物的种类和结构、动物细胞与植物细胞的结构等。对此，我们可以运用制作模型策略，把这些微观结构制作成模型，使其扩大化和具体化。

## 二、活动过程

### （一）策略剖析

我们以制作细菌的模型为例，详细了解一下如何运用这一策略。

第一步，熟悉微生物或动植物细胞的形态结构，了解各结构之间的比例关系。

根据形态的不同，细菌分为球菌、杆菌、螺旋菌。细菌是单细胞生物，具有细胞壁、细胞膜、细胞质、核区（核区里没有真正的细胞核，仅有DNA），有些有荚膜（与保护、感染有关），有些有鞭毛（与运动有关）。

第二步，利用橡皮泥等工具制作微观模型，如图1（见下页）。

图1 杆菌模型

### （二）策略运用

请你用下列材料制作动物细胞模型。

材料用具：清水、琼脂、海棠（山楂、青梅等）制作的果脯、小塑料食品袋、线等物品。

## 三、活动反思

制作模型策略有哪些注意事项？请几位同学比赛制作细菌、酵母菌和烟草花叶病毒的模型，然后进行讨论、评比。

【参考答案】

策略运用

将琼脂倒入碗中加水，将一半果冻水倒入另一个模具或碗中，等它冷却，将海棠（山楂、青梅等）制成的果脯放进去，再倒入另一半果冻水，完全冷却成果冻，放入塑料食品袋，再用线扎紧口。

（福田外国语学校　陈建香）

# 元认知策略

## 一、活动导入

运用元认知策略指导自己的学习，我们能够更好地对问题进行分析和控制，认识到自己与目标相差多远，进而才能拉近与目标之间的距离。

## 二、活动过程

我们以人教版七年级生物下册第四章第三节“输送血液的泵——心脏”为例，来学习如何运用元认知策略。

### （一）策略剖析

第一步，课前准备工作。

对于第一节的学习来说，一个重要的步骤就是做好新知识的课前学习工作。首先，将本节内容通读一次，找出这一节的难点和重点，确定学习的目标。其次，对之前所学的血液组成和血管类型的相关知识进行复习，做到各种知识的融会贯通。

这一课的课前准备有以下几点。

（1）复习血管类型的知识，充分了解动脉和静脉的区别。

（2）在旧知识的基础上，针对心脏及血液循环的知识进行整理，找出其中不懂的地方，以便于在新课上解决。

（3）填写学习的预习自查表，针对自己的预习情况做及时全面的了解，以提高预习的效果。

（4）预习新课中几个基本的问题，并做好笔记。例如，血液循环有几条路径？体循环和肺循环是如何进行的？体循环和肺循环中物质和气体成分发生了哪些变化？

第二步，上课阶段。

这一节的知识比较复杂，特别是体循环和肺循环方面，如果没有教师的课堂指导，同学们是很难弄明白相关知识的，所以在课堂上同学们要认真聆听，充分珍惜上课的时间，及时做好记录。课堂上，我们要掌握的知识有体循环和肺循环的路径、物质和气体成分的变化，可以归纳如下，如图1和图2（见下页）。

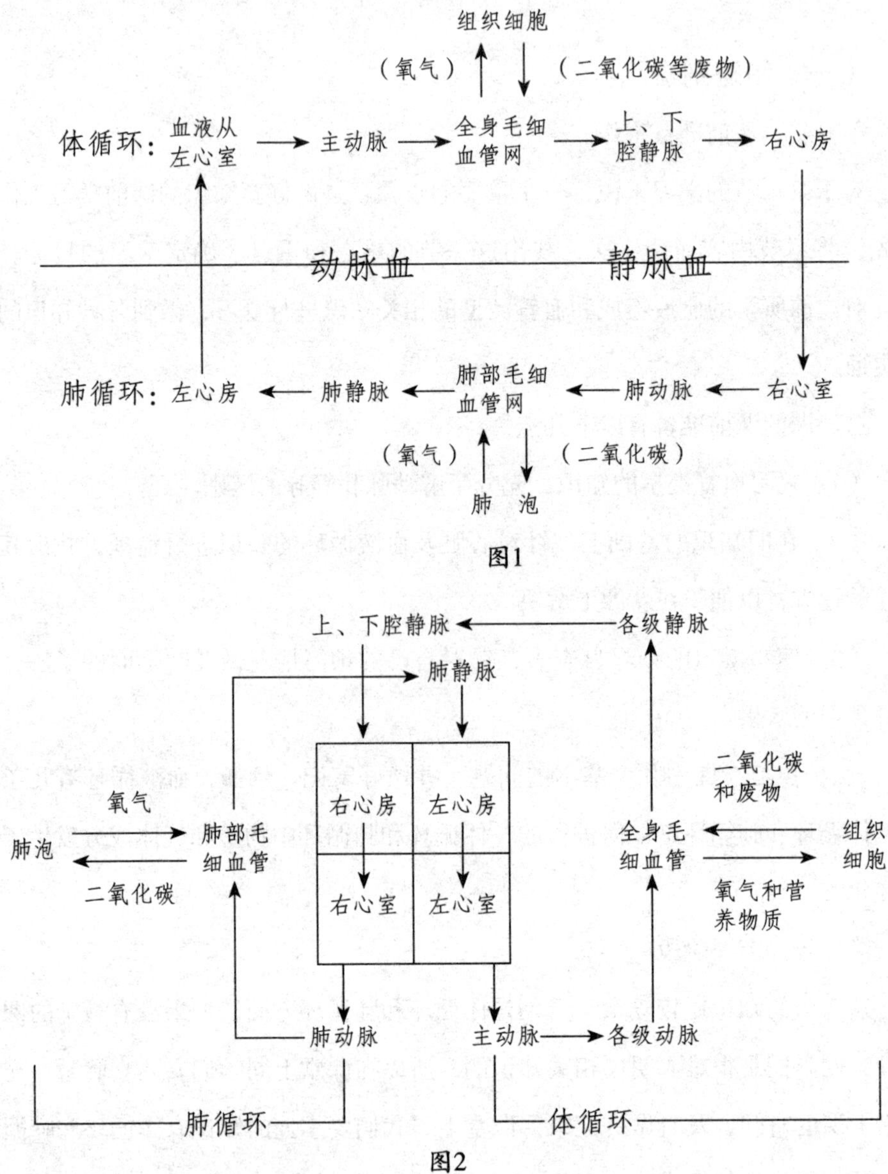


图1



图2

第三步，课后的复习与作业。

课后的复习应该做好下列几点：（1）针对课堂的重点进行再复习，人的遗忘能力是和复习次数成反比的，复习的次数越多，遗忘能力就越小。所以，同学们在课后应该对课本的重难点进行及时的复习。（2）在复习的过程中，要针对书本上的知识进行泛读，与前面的知识联系起来，在脑海里形成一定的网络结构。（3）在复习过后，同学们要进行总结，认真完成课后作业。

如学习完该节内容后，同学们需要总结的疑难点有以下几点。

1. 动脉里一定流动脉血吗？

答案：动脉内不一定都流动脉血，静脉内流的也不一定都是静脉血。在肺循环中，动脉内流静脉血，静脉内流动脉血。在体循环中，动脉内流动脉血，静脉内流静脉血。

2. 所有的血管内都有防止血液倒流的瓣膜吗？动脉瓣是否位于动脉中？

答案：人体的动脉、静脉和毛细血管中，一般只有四肢静脉内有静脉瓣，以防止血液倒流。动脉瓣只位于心室与动脉之间，动脉中无动脉瓣。

3. 血液流经某些器官后都会变成静脉血吗？

答案：肺是人体与外界进行气体交换的主要器官，当血液流经肺后，血液中氧气含量增多，二氧化碳减少，故静脉血变成动脉血。

第四步，总结和反思。

课后进行及时的总结和反思是十分重要的步骤。同学们应该结合自己的学习目标，逐一核对学习目标中的问题是否得到了解决，检查在学习的过程中还有哪些不足，对学习中出现的问题进行及时总结，并有针对性地提出优化措施，在以后的学习中改进。

### （二）策略运用

请你利用元认知策略找出“人体内废物的排出”这一章中需要重点掌握的知识点。

## 三、活动反思

元认知策略对于学习的促进作用并不是一蹴而就的，而是循序渐进的改善。同学们要在学习中学会反思，不断取长补短，向目标一步步前进，只有这样，才能促进自身综合素质和学习能力的提高。你觉得此策略在运用过程中最难坚持的地方在哪里?

## 四、活动拓展

请设计1～2道练习题来检查“输送血液的泵——心脏”这节课的学习效果。

【参考答案】

策略运用

1. 人体排泄的途径有哪些?

2. 人体泌尿系统的组成。

3. 肾单位是如何工作的?

（深圳彩田学校　彭伟林）

# 概念图复习策略

## 一、活动导入

在初中生物的总复习中，同学们总感觉要背要记的内容太繁杂，往往不知该从何下手。现在，我们就来学习概念图复习策略，将纷繁的知识点抽丝剥茧，精简并条理化，以抓住知识的脉络体系，在有限的复习时间里做到事半功倍。

## 二、活动过程

### （一）策略剖析

画概念图是一种很好的学习方法，可以帮助我们进行知识梳理，有利于将重点、易混淆概念理清，以提高学习效率。下面，我们以“人体的营养”这一章内容为例，来讲解概念图复习策略的使用方法。

第一步，梳理出关键概念。

认真阅读教材，找出该章内容中的关键概念。“人体的营养”这一章的内容较多，我们可以梳理出以下几个关键概念：食物中的营养物质；消化系统的组成；食物的消化和吸收；合理营养，保证食品安全。

第二步，构建框架。

把关键概念写在最顶端，向下依次为较为具体的概念，如图1。

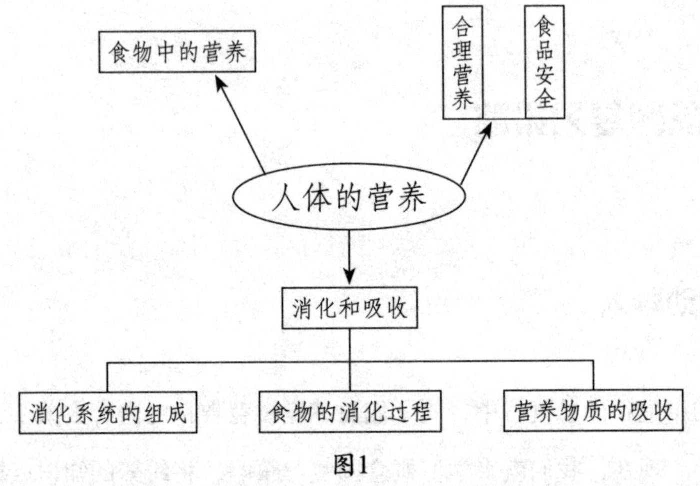


图1

第三步，逐级完善大框架下的具体内容。

完善每个大框架下的子框架，并将子框架下的具体内容逐级补充完整。

第四步，补充完善框架间的联系，提炼关联词，并写在连线旁。

寻找概念之间的横向联系，并确定适当的连接词，用连接线将其连起来，使这些知识形成一个整体。同时提炼关联词，写在连线旁。

最后，“人体的营养”这一章的概念图呈现如图2（仅供参考）。

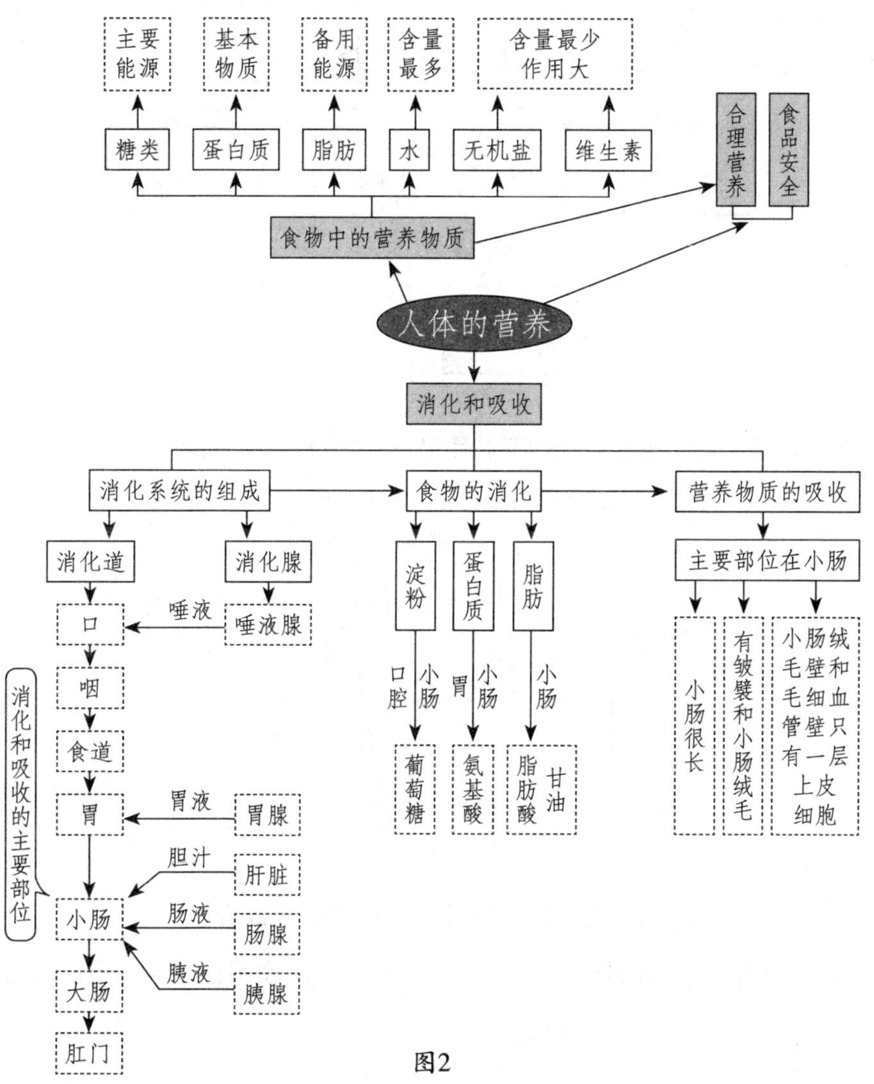

图2

## （二）策略运用

1. 请将下列概念图中序号所代表的内容补充完整。

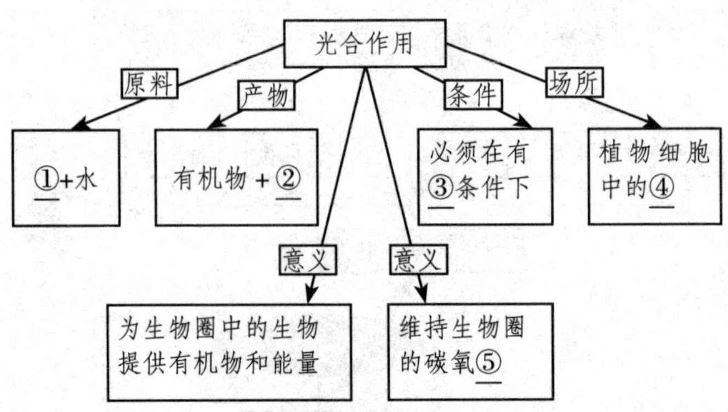


2. 该图表示的是生态系统的碳循环过程，请回答以下问题。

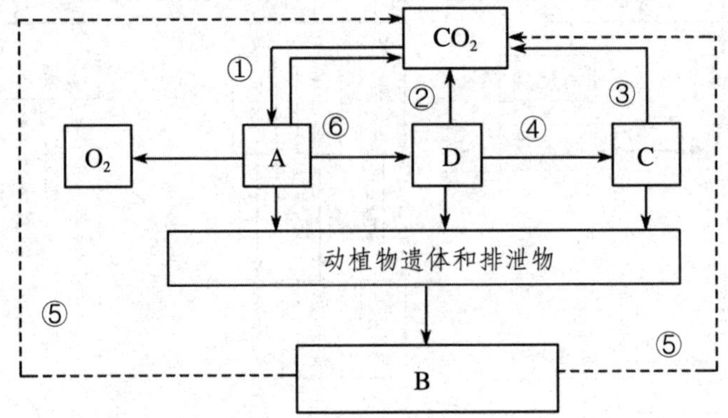


（1）A、B、C、D分别表示的是生态系统中的什么角色？

（2）图中①表示的是________________作用；②③⑤表示的是生物的________________作用。

## 三、活动反思

好的概念图具有简明和形象两个特点，即以一种简明的语言，以一种形象化的方式，显示概念及概念之间的相互关系，强调功能连接。概念图的形式可以多种多样，可以是框架式、大括号式，也可以是放射式。

## 四、活动拓展

请你画出生物的分类概念图。

【参考答案】

策略运用

1. ①二氧化碳；②氧气；③光；④叶绿体；⑤平衡。

2.（1）A 代表生产者；B 代表分解者； C 代表次级消费者；D 代表初级消费者。

（2）光合作用；呼吸作用。

活动拓展

（仅供参考，合理即可）

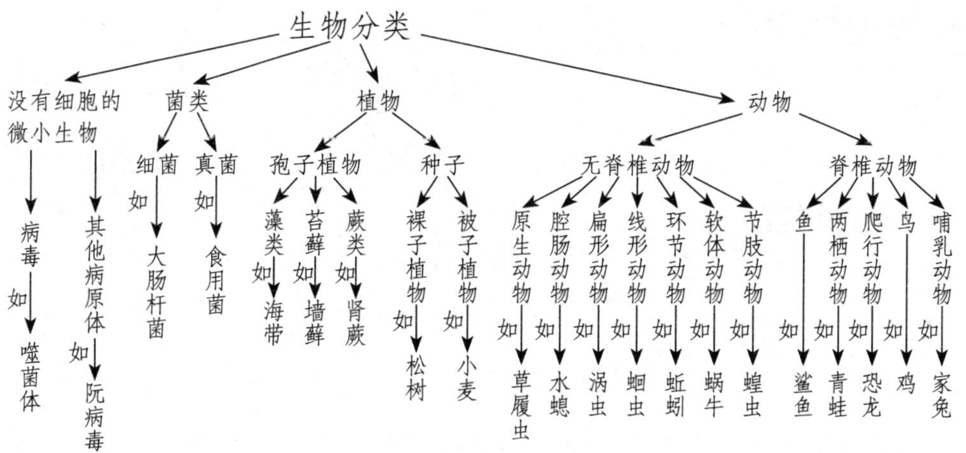


（深圳彩田学校　彭伟林）

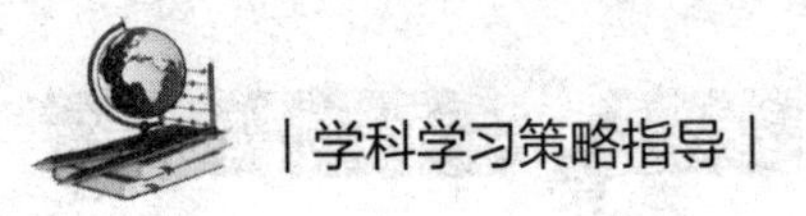


# STS策略

## 一、活动导入

生物学是一门与生产和生活联系非常紧密的科学。我们在学习生物学知识时，应该注意理解科学（science）、技术（technology）和社会（society）之间的相互关系，简化为STS，以理解所学知识的社会价值，并且运用所学的生物学知识去解释一些现象，这样既有利于更加扎实地掌握生物学知识，也有利于提高自己解决问题的能力。

## 二、活动过程

### （一）策略剖析

初中生物教材中自始至终渗透着科学、技术和社会这三者的关系，并将此作为一条潜在的线索，改变了过去教材以学科知识为中心的结构体系。中考生物试卷的命题趋势也越来越强调活学活用。因此，在学习中，我们要学会将理论与实际相结合，并理解其中的来龙去脉，做到触类旁通。

下面，我们以“克隆哺乳动物”为例，来讲述如何运用STS学习策略。

第一步，找出材料中的STS知识要点。

通过阅读材料，我们知道该则材料说到的克隆技术实际上是利用了细胞具有全能性的原理。材料谈到了克隆技术的以下要点：克隆技术的过程，克隆技术的优缺点，克隆技术的应用，克隆技术与伦理道德的冲突。

第二步，根据材料中是否提供了以上这些方面的答案，将这些要点分为两类：已提供答案的和待求证的。在这则材料中，前三点均能在书本上找到答案，只有最后一点需要我们去求证。

第三步，将提供了答案的要点进行归纳和总结，借助网络、报刊等对求证的要点进行深入的研究。

1. 克隆技术的过程。

将A奶牛的体细胞从体内取出，用细玻璃管吸出细胞核，植入B奶牛的去了细胞核的卵细胞中，再将这个整体植入C奶牛的子宫。

2. 克隆的优缺点。

（1）优点：繁殖周期短；保持了亲本的优良性状。

（2）缺点：成功率低；克隆成功的动物可能存在健康问题。

3. 克隆技术的应用。

（1）修复和重建人体缺失器官。

（2）用来大量繁殖有价值的基因，如治疗糖尿病的胰岛素、有希望使侏儒症患者重新长高的生长激素和能抗多种疾病感染的干扰素等。

（3）有利于选育遗传性质稳定的品种，培育出优质的果树和良种家畜。

（4）可保护濒危物种。

4. 克隆技术与伦理道德的冲突。

（1）使人伦关系变得模糊、混乱，乃至颠倒，进而冲击传统的家庭观以及权利与义务观。

（2）克隆人会产生新的种族歧视。

（3）破坏家庭结构的完整性。

通过对以上四个方面内容的解答，我们对细胞全能性的知识点便有了全面且深入的认识，而且通过查阅资料，还掌握了更多的实际知识，了解了科技前沿的动态，真正做到了将科学、技术和社会无缝融合。

### （二）策略运用

当前，转基因技术广泛应用于医药、工业、农业、环保、能源、新材料等领域。请列举出你所知道的有关转基因技术的应用。

## 三、活动反思

运用STS策略，对于巩固课堂所学知识、拓宽知识面都大有裨益，所以我们需要发挥主观能动性，通过各种方式去查阅资料，掌握更多的知识。

## 四、活动拓展

就自己感兴趣的某一STS内容开展深度的调查研究，并提出可行性建议。

---

【参考答案】

策略运用

1. 转基因技术在医药方面的应用包括应用该技术生产重组疫苗、胰岛素、干扰素等。

2. 转基因技术在工业中的应用主要包括纤维素的开发利用、食品工业和新型抗生素的生产等。

3. 在农业领域，转基因技术可用于培育抗虫、抗病、耐除草剂等性状的转基因作物。

此外，转基因技术还可应用于环境保护，如污染物的生物降解；应用于能源生产，如利用转基因生物发酵酒精；应用于新材料领域，如利用转基因生物生产高价值的工业品等。

（深圳彩田学校　彭伟林）

# 第七章 地理学习策略指导

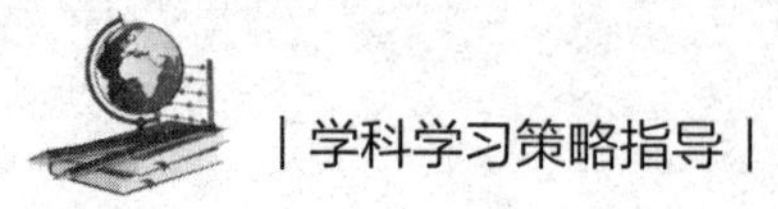


# 列图表对比策略

## 一、活动导入

列图表对比策略是将同类事物的特征、相近地区的地理概况等内容用表格的形式列出来，再用地图加以辅助说明的学习策略。

## 二、活动过程

（一）策略剖析

下面，我们结合具体例子来讲解这个策略。

教材中用了10多页的篇幅对美洲进行讲述，分为“新大陆”“南北各异的自然环境” 两个专题，“美洲的居民与经济”用阅读专栏的形式呈现，知识比较杂乱，需要对新知识进行加工处理。

第一步，确定对比对象。美洲以巴拿马运河为界，分为北美洲和南美洲，南北自然环境迥异，以他们为对比对象是最合适的。

第二步，确定对比项目。细读两大专题，“南北各异的自然环境”中可以将地理位置、气候、地形、河流等自然要素列为对比项目；“美洲的居民与经济”中可以将居民与经济列为对比项目。

| 项目＼大洲 | 北美洲 | 南美洲 |
| --- | --- | --- |
| 位置 | | |
| 气候 | | |
| 地形 | | |
| 河流 | | |
| 居民 | | |
| 经济 | | |

第三步，根据教材讲述的知识点，逐个补充完整。

| 项目 | 北美洲 | 南美洲 |
| --- | --- | --- |
| 位置 | 全部位于北半球 | 大部分位于南半球，小部分在北半球 |
| 气候 | 跨寒、温、热三带，气候类型多样，以温带大陆性气候为主 | 热带范围广阔，温带面积小，缺寒带；以热带雨林气候和热带草原气候为主；世界最湿润的大洲 |
| 地形 | 地形分为三大南北纵列带：西部是高大的山系，中部是广阔的平原，东部是低缓的山地和高原 | 西部是安第斯山脉；东部高原和平原相间分布（世界最大平原——亚马孙平原，世界最大高原——巴西高原） |
| 河流 | 密西西比河（北美洲最长，世界第四长河） | 亚马孙河（南美洲最长，世界第二长河，世界流量最大、流域面积最大） |
| 居民 | 美国和加拿大的官方语言为英语；居民主要为白色人种，土著居民是印第安人，是黄色人种 | 混血人种为主，主要通行西班牙语 |
| 经济 | 发达国家为主（美国、加拿大） | 发展中国家（经济实力最强的是巴西） |

第四步，为了加强记忆，可以在重点项目上附上地图或者示意图，如附上北美洲和南美洲的气候图、北美洲和南美洲的地形示意图。

### （二）策略运用

1. 下面有关南北美洲地理位置的说法正确的是（　　）。

A. 美洲东临太平洋，西临大西洋

B. 赤道穿过北美洲南部

C. 南美洲主要位于热带地区

D. 北美洲北临北冰洋，西北隔白令海峡与欧洲相望

2. 以下关于美洲地形特点的说法正确的是（　　）。

A. 北美洲分为三大东西纵列带

B. 南美洲分为三大南北纵列带

C. 北美洲的中部是低缓的高地

D. 南美洲西部为高大的山系

3. 读右图“美洲部分区域示意图”，判断下列说法正确的是（　　）。

A. ① 国家是美国，该国高新技术中心“硅谷”位于纽约

B. ② 界线是巴拿马运河，是南、北美洲的分界线

C. ③ 山脉是阿尔卑斯山脉，它是世界最长的山脉

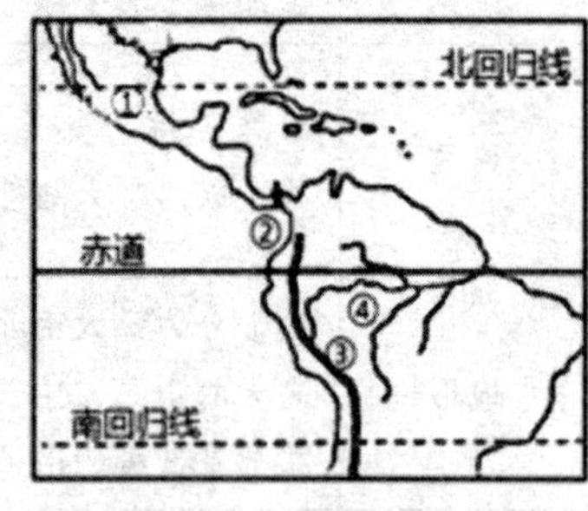

美洲部分区域示意图

D. ④ 河流是亚马孙河，它自东向西流

## 三、活动反思

1. 列图表对比策略适用于哪些知识的对比？

2. 如何更有效地使用列图表对比策略？

## 四、活动拓展

请列图表比较两个国家（如美国和俄罗斯）或两个地区（如东南亚和南亚）的地理概况。

【参考答案】

策略运用

1. C。

2. D。

3. B。

(深圳市福田区外国语学校　黄婉庆　深圳龙华中英文实验学校　吕红霞)

# 描图及绘制略图策略

## 一、活动导入

同学们，在地理学习中，你有没有“左图右书”的习惯？地理学习离不开地图，地图不仅是学习地理的工具，更是地理知识的载体。描图及绘制略图策略，是指把地理文字知识转化为略图，或把繁杂的地图进行简化、缩略，以突出某一要素、某一区域、某一问题的学习方法。

## 二、活动过程

### （一）策略剖析

下面，我们结合具体例子来讲解这个策略。

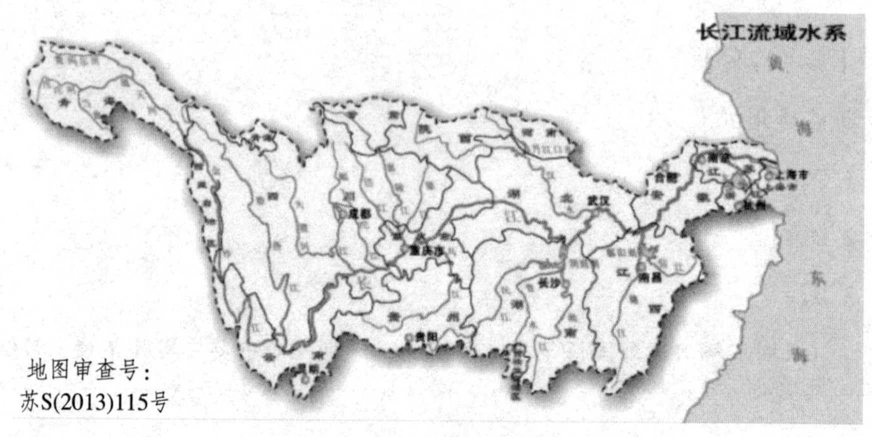


长江流域图

长江发源于青藏高原的唐古拉山脉，干流先后流经青海、西藏等11个省级行政区域单位，最终注入东海，全长6300多千米，流域面积180多万平方千米，干流年径流量约9500多亿立方米，是中国长度最长、水量最大、流域面积最广的河流。

长江从源头到湖北宜昌为上游。源头地区，冰川高悬，冰塔林立，河水涓涓。通天河流淌于地势和缓的青藏高原上，曲流发育，流速缓慢，两岸多湖泊沼泽。金沙江奔流在山高谷深的横断山区，水流湍急。长江进入四川盆地后，沿途接纳众多支流，江面展宽，流量大增。

长江上游流经中国地势第一、二级阶梯，支流众多，水量丰富，落差很大，多峡谷急流，蕴藏丰富的水能资源。上游河段形成了许多雄伟壮观的峡谷，著名峡谷有虎跳峡、三峡等。长江三峡的“西大门”——夔门壮观，素称“夔门天下雄”。

长江从湖北宜昌到江西湖口为中游。长江出三峡后，进入平原地区，在920多千米的流程中，落差约40米，流速锐减，加之众多支流汇入，形成蜿蜒曲折的河道，沿江两侧湖泊星罗棋布。这一河段的曲流甚多，素有“九曲回肠”之称，历史上水患频发。

长江从江西湖口到入海口为下游。这一江段流程超过840千米，落差不足20米，水流平稳，江面开阔，不少河流江面的宽度超过10千米。长江入海处，江面宽度超过80千米，呈现出水天一色的壮观景象。

长江流域水能资源丰富，有“水能宝库”之称，其水能资源理论蕴藏量占全国水能资源蕴藏量的$\frac{1}{3}$，可利用水能资源占全国可利用水能资源的一半。

长江是中国东西向交通的大动脉，自古以来就享有“黄金水道”的盛誉。近半个世纪以来，经过航道综合整治，加之三峡、葛洲坝等水利枢纽的建设，长江的通航条件得到显著改善。

加上阅读材料，洋洋洒洒上千字，我们如何记住其中的知识点呢？绘制略图策略能帮助我们理解并记忆这些多而杂的知识点。

第一步，通读整篇，理解文章的重点。以上文字是对长江概况和三个河段的概述。

第二步，搜索合适的辅助地图，把文字知识转化为略图，以加强理解与记忆。

例如，长江流经的11个省级行政区域单位，我们可以在中国行政区域图中将长江干流勾画一遍；长江流经的地形图和落差大小，可在中国地形图中勾画出长江自西向东流经我国哪些高原、盆地和平原，以识记长江流经我国地势的哪几级阶梯；长江各河段的支流情况，可在长江流域水系图中将支流勾画一遍。

第三步，通过三次描图，既整理了大量的文字，也熟悉了长江的轮廓，在此基础上，可自绘一幅略图，如图1（见下页）。

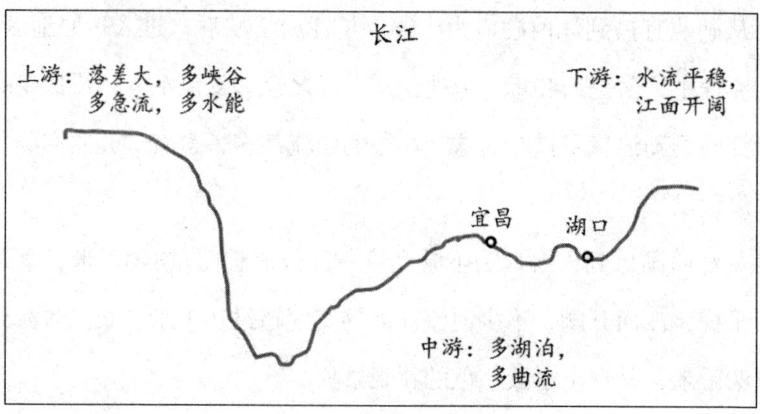


图1　长江流域略图

再结合下表，便有利于长久记忆。

| 河流 | 长江 |
|---|---|
| 源头 | 各拉丹冬峰 |
| 注入海洋 | 东海 |
| 流经省（区） | 青川藏，云渝鄂湘，赣皖苏沪 |
| 流经主要地形区 | 青藏高原、云贵高原、四川盆地、长江中下游平原 |
| 长度 | 我国最长 |
| 水量 | 我国最大 |
| 流域面积 | 我国最广 |
| 主要支流 | 雅砻江、岷江、嘉陵江、汉江、乌江、湘江、赣江 |
| 主要湖泊 | 洞庭湖、鄱阳湖 |
| 上、中、下游分界点 | 宜昌、湖口 |

## （二）策略运用

1. 下面哪一幅等高线地形图是反映山脊地形的？

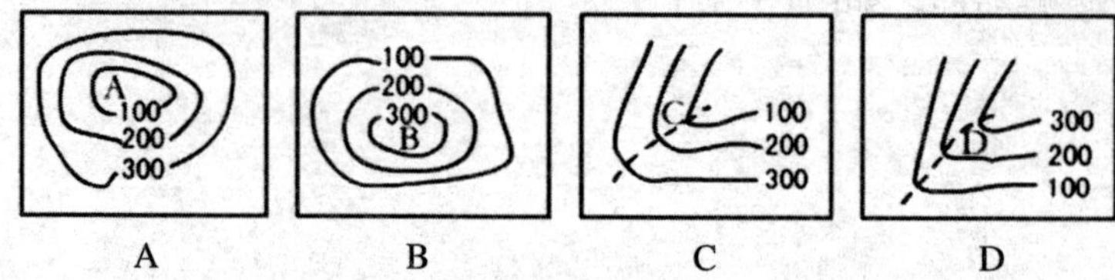

2. 下列四幅图中，能正确表示地球自转方向的是（　　）。

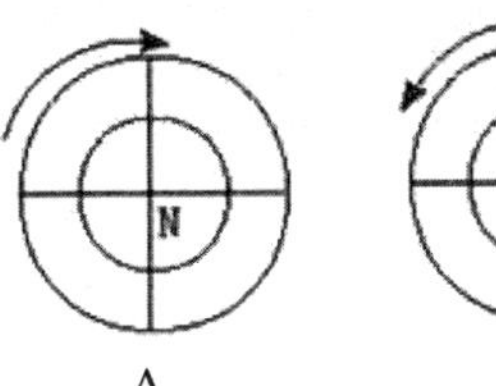

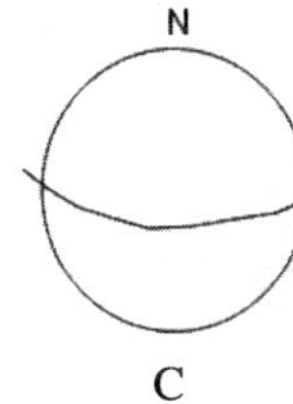

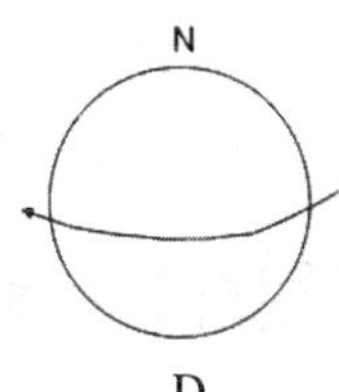


A　　B　　C　　D

## 三、活动反思

1. 描图及绘制略图策略有没有简化了教材内容?

2. 运用描图及绘制略图策略的关键是什么?

## 四、活动拓展

请绘制非洲气候分布略图。

【参考答案】

策略运用

1. D。

2. C。

（深圳市福田区外国语学校　黄婉庆）

# 图解教材阅读策略

## 一、活动导入

同学们，你们有没有觉得初中地理教材的文字很多？上课时，若稍不留神，就会不知道老师在讲什么？的确如此。初中地理的课时不充裕，往往一节课就要涉及好几幅地图和好几页的文字说明，如果同学们对教材不够熟悉，不懂如何阅读教材的话，就经常会不知老师所云，长此以往便会失去学习兴趣。现在，我们就来学习一个重要策略——图解教材阅读策略。

## 二、活动过程

（一）策略剖析

美国教育心理学家布鲁纳提出，任何学科知识都是具有结构的，结构反映了事物之间的联系或规律性。图解教材阅读策略的重点就在于找到知识之间的结构，找到各知识点之间的联系，将各知识点串联起来，以达到预期的学习效果。下面，我们结合具体例子来讲解这个策略。

教材中全面而详细地介绍了日本这一国家，那么如何将这些繁杂而零碎的知识点串联起来呢？

第一步，快速阅读专题标题，抓住该地区或国家的特殊性。

开篇就是“岛国”，可见这一位置特点对日本的自然环境与社会经济有着举足轻重的作用。根据这一点掌握日本的地理位置，包括纬度位置、海陆位置和半球位置。

第二步，理解该特殊性对其自然地理环境和社会经济的影响。

围绕“岛国”这一特征，便可以了解其受海洋影响的气候，人口稠密，用地紧张，资源和产品对国外市场的依赖度，工业高度集中分布，以及发达的海运等内容。

第三步，将这些内容联系起来，用图解分析法加以分析，如图1。

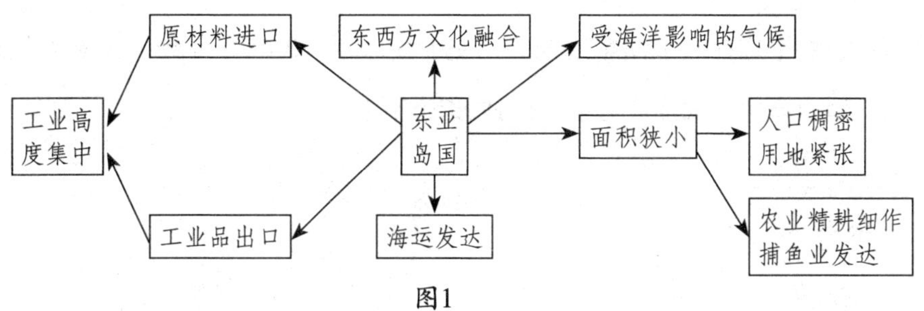


图1

## （二）策略运用

1. 小欧同学要完成下列的因果关系图，其中 ③ 号方框应该填（　　）。

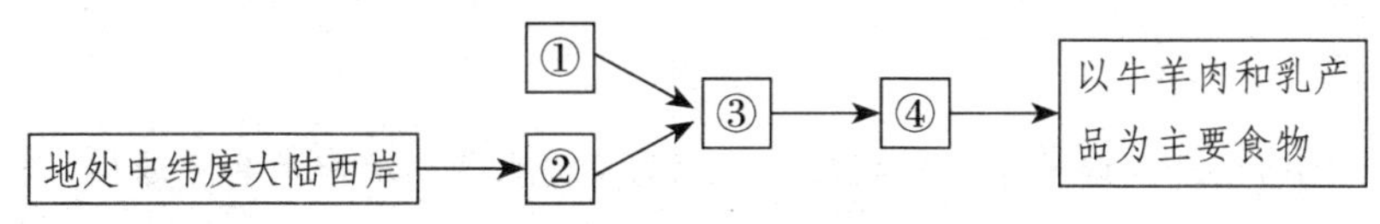


A. 地形以平原为主　　B. 草场广布，牧草多汁

C. 畜牧业发达　　D. 温带海洋性气候广布

2. 结合下图，分析南亚气候对当地农业生产的影响，序号①、②分别表示（　　）。

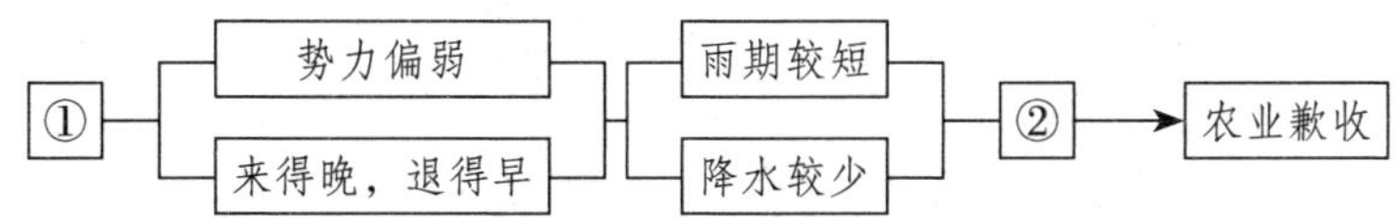


A. ① 西南季风；② 易发旱灾　　B. ① 西南季风；② 易发洪涝

C. ① 东北季风；② 易发旱灾　　D. ① 东北季风；② 易发洪涝

## 三、活动反思

1. 运用图解教材阅读策略时，如何快速理清各知识点之间的相互关系？

2. 图解教材阅读策略适用于学习哪些地理知识？请归纳出来与同伴分享。

## 四、活动拓展

请在教材中选择一个国家或地区，先细读标题，再略读全文，找出各专题间的关系，用图解的方式加以分析，建成知识网络。

【参考答案】

策略运用

1. B。

2. A。

（深圳市福田区外国语学校　黄婉庆　　上海交通大学附属中学嘉定分校　段文宁）

# “要素—问题”策略

## 一、活动导入

有什么好的策略可以帮助我们更好地学习区域地理知识呢？现在，我们来学习一个重要策略——“要素—问题”策略。

## 二、活动过程

### （一）策略剖析

地理区域是由一定的地理要素组成的，通过罗列要素，可以综合且全面地掌握某个区域的学习目标，再用问题加以指导，可以对知识进行加工，便可以形成有效的理解与记忆，这就是“要素—问题”策略。下面，我们结合具体例子来讲解这个策略。

第一步，列要素。每一个地理区域都是由一定的地理要素组合而成的，由此可见，所有的地理问题都是这些地理要素的衍生，因此，在区域学习中分析和回顾某一区域的地理环境组成要素就有提纲挈领的作用。

地理环境可以分为自然地理环境和人文地理环境。

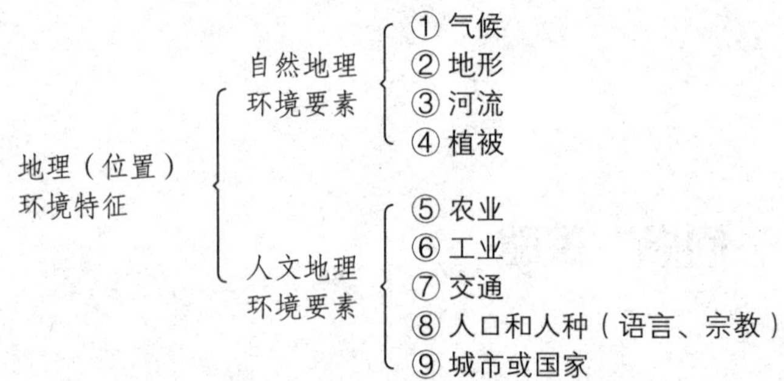


学习或者回忆某一区域时，至少得从位置、气候、地形、河流、植被、农业、工业、交通、人口和人种（语言、宗教）、城市或国家这些方面入手。由于我们要分析的是我国西北地区，所以人口与人种可以相应地换成民族。

用该方法回忆我国西北地区的内容就是：该区域大致位于中国长城－祁连山脉－阿尔金山脉－昆仑山脉一线以北。以温带大陆性气候为主，越往西离海洋越远，降水量也越少，东部是草原，西部多为荒漠。河流也稀少，且多为内流河，塔里木河是我国最长的内流河。干旱是该区域自然环境的主要特征。该区域以畜牧业为主，矿产资源丰富。汉族居多，有蒙古族、回族、维吾尔族和哈萨克族等少数民族。

第二步，任何一个区域都会有它独特的地理特征，这是学习的重点内容，也是常考内容，所以我们可以在列出该区域地理环境要素的基础上自行提出问题，再加以理解，这会很好地提高学习的效率。以我国西北地区为例，可以提出以下问题。

（1）该区域西部荒漠广布的自然原因有哪些？

（2）该区域农业为何以畜牧业为主？

（3）该区域年降水量为什么大致呈现自东向西逐渐减少的趋势？

（4）该区域瓜果为什么特别甜？

经过罗列要素，我们已经把该区域的相关知识复习了一遍，并搭建出一个整体的知识框架，再经过提问题后解题的过程，又将知识进行了组合搭配的理解与分析，使整个区域的知识结构清晰、易于理解。

### （二）策略运用

1. 读下列四个国家的轮廓图，以下叙述中正确的是（　　）。

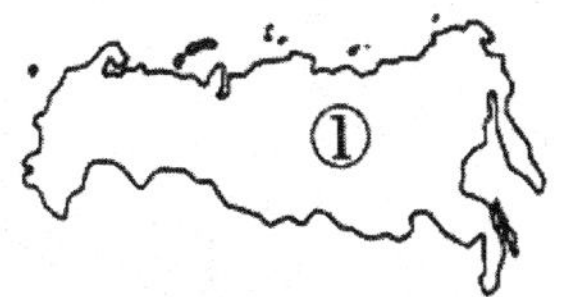

A. ① 国有世界最大的常绿阔叶林

B. ② 国的工业集中分布在太平洋沿岸和濑户内海沿岸

C. ③ 国地处欧洲西部，为经济发达国家

D. ④ 国矿产资源丰富，被称为“坐在矿车上”的国家

2. 关于西北地区的说法正确的是（　　）。

A. 本区矿产资源丰富

B. 高寒是本区最显著的地理特征

C. 本区农业发达，作物秸秆是牲畜的主要饲料

D. 本区西部的河流多为内流河，冬季是其丰水期

## 三、活动反思

1. “要素—问题”策略是否可以让你快速掌握某一区域的特征，且有利于知识再现？

2. “要素—问题”策略是否有利于快速答题，有利于提高答题的正确率？

## 四、活动拓展

请运用该策略分析我国北方地区、南方地区或青藏地区。

【参考答案】

策略运用

1. D。

2. A。

（深圳市福田区外国语学校　黄婉庆　　上海交通大学附属中学嘉定分校　段文宁）

# 构建心理地图策略

## 一、活动导入

在地理学习过程中，很多同学会感到记忆地图非常困难，而地图对于地理学习来说又非常重要，那么怎样才能更有效地记忆地图呢？构建心理地图策略是有效记忆地图的一种重要方法。

## 二、活动过程

### （一）策略剖析

我们首先来了解一下什么是心理地图。心理地图就是学习者记住的形象的地图信息。那么，怎样才能较为科学并且有序地记住这些地图信息，从而构建出心理地图呢？

我们以中国行政区划图为例，如图1（见下页），来具体了解该策略的操作步骤。

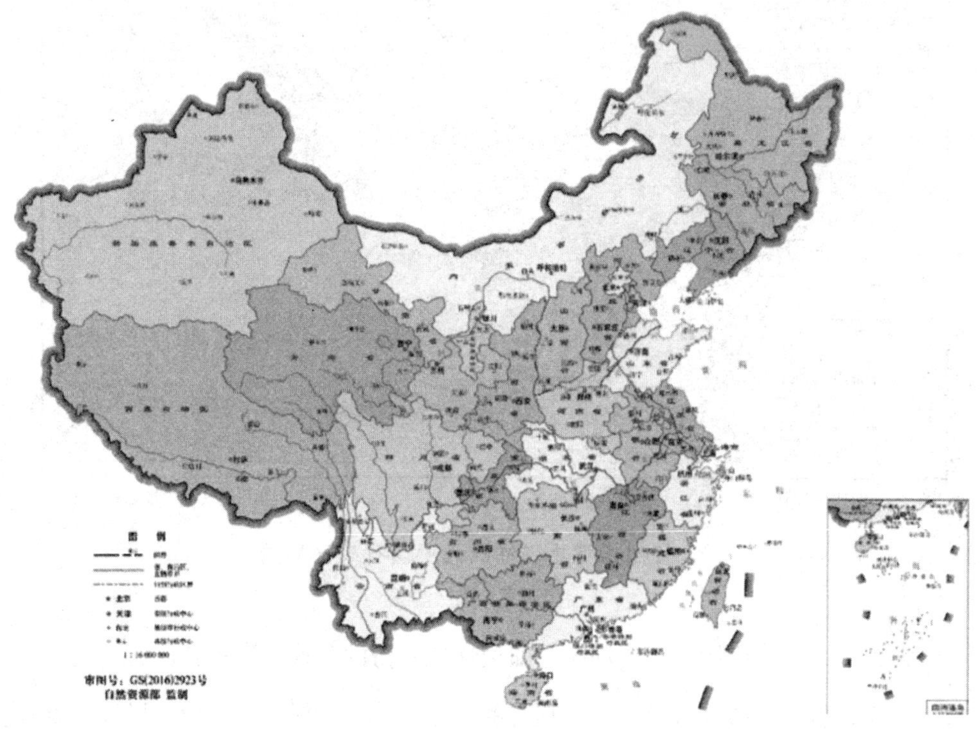


图1 中国行政区划图

中国行政区划图反映出的地图信息主要包括以下几点：34个省级行政区域单位的名称；各省级行政区域单位的位置；各省级行政区域单位的轮廓。由于包含的地图信息量很大，这幅图一直是记忆的难点，那么怎样把它有效地记住，从而构建出心理地图呢？

第一步，定位34个省级行政区域单位的绝对位置，即标注出穿过各省区的经纬线，并勾勒出海岸线或陆界线，同时可以在心中大概地感知各省份的轮廓，如图2（见下页）。

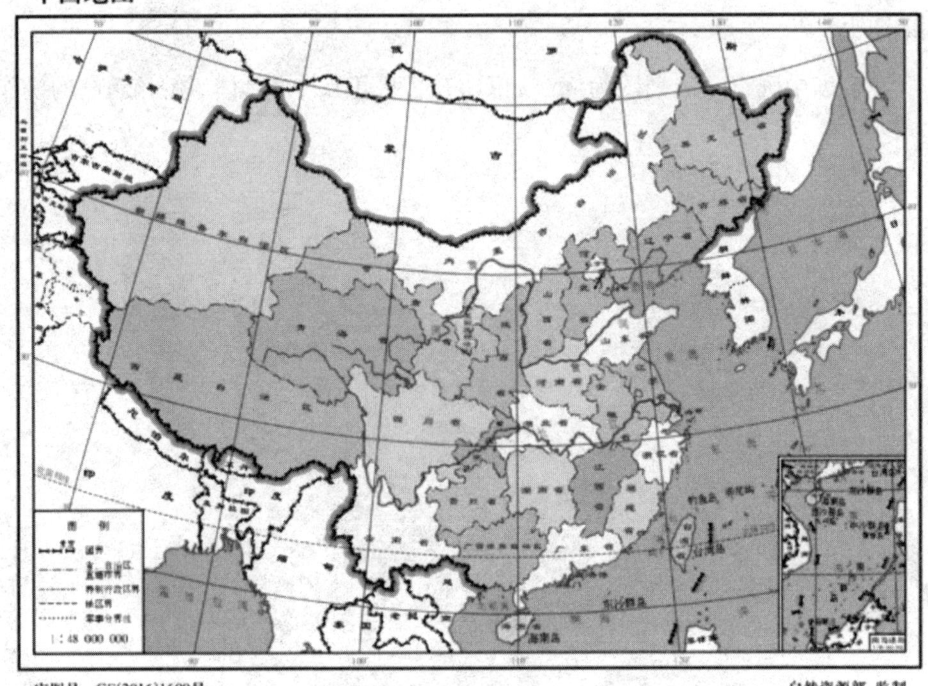


图2 标注出重要经纬线的中国行政区划图

第二步，进行识图、记图训练，即记忆各省份的名称、位置和轮廓。

首先，看各纬线和各经线依次穿过的省区，或者看沿海岸线或陆界线有哪些省区。比如，如图2所示，40°N穿过的省区从西往东依次有新疆维吾尔自治区、甘肃省、内蒙古自治区、山西省、河北省、北京市、天津市、辽宁省8个省区；北回归线穿过的省区从西往东依次有云南省、广西壮族自治区、广东省和台湾省4个省区。沿陆界线按顺时针方向看依次是广西壮族自治区、云南省、西藏自治区、新疆维吾尔自治区、甘肃省、内蒙古自治区、黑龙江省、吉林省和辽宁省9个省区，由图可知，其中我国纬度最高的省区是黑龙江省。

其次，还可以通过各省区周边有哪些“邻居”来记忆它们的位置。以湖南省为例，如图3所示。

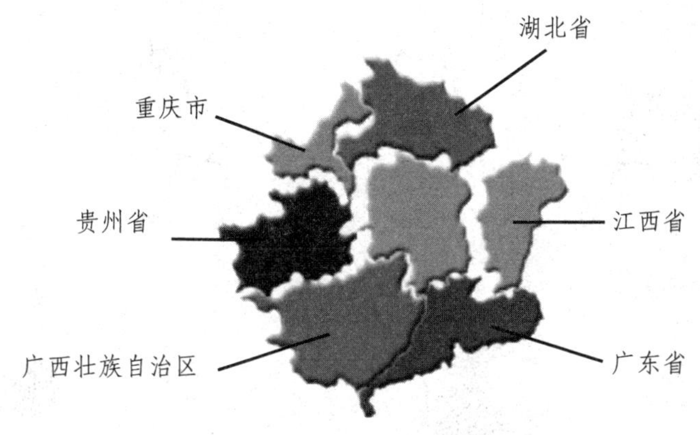

图3 湖南省周边省区图

湖南省北边是湖北省，这两个省一南一北，其实就隔了一个洞庭湖，在洞庭湖以北即湖北省，在洞庭湖以南即湖南省；湖南省东边是江西省，东南边是广东省，西南边是广西壮族自治区，广东省和广西壮族自治区也是挨在一起的；湖南省西边是贵州省，在西北边与重庆市相邻。

那么，怎样记忆各省区的轮廓呢？可采用联想记忆法，如四川省的轮廓像一只蝴蝶，云南省的轮廓像一只孔雀，海南省的轮廓像一只菠萝，如图4。

图4 各省区轮廓的联想形象

第三步，进行忆图训练，即多做填图练习，甚至可以自己动手绘制地图，在不断的填图与绘图中进行记忆，从而做到“心中有图”。

## （二）策略运用

1. 请运用构建心理地图策略记忆中国山脉图，并动手简单绘制出中国山脉图，在绘制过程中注意山脉的走向。

2. 下列四省区轮廓图中，纬度最高的是（　　）

A

B

C

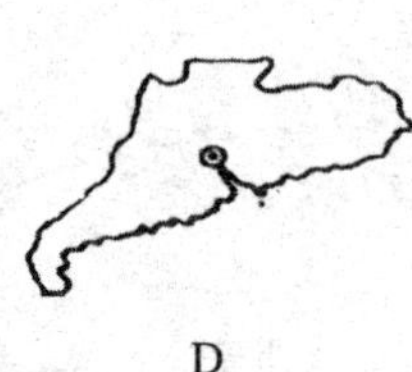

D

3. 读下图，下列叙述正确的是（　　）。

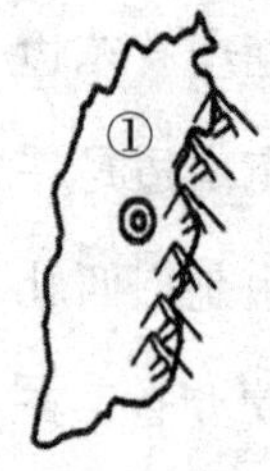

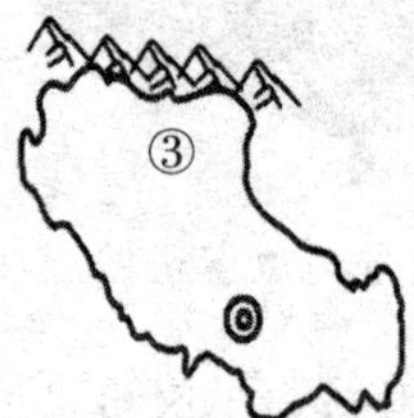


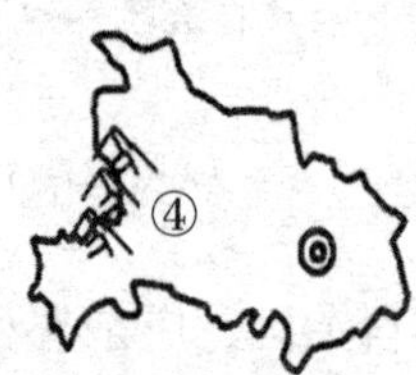


A. ① 山脉东侧为河南省　　B. ② 山脉西侧为江苏省

C. ③ 山脉为地势第二、三级阶梯分界线　　D. ④ 山脉西侧为四川盆地

# 三、活动反思

1. 上面列举的记忆中国行政区划图的例子，在识图、记图这一步骤中，除了文中提到的沿经线、纬线、海岸线和陆界线记忆各省区的位置，还可以沿哪些线路去记忆呢？

2. 除了文中所举例子，构建心理地图学习策略还能运用于哪些地图的学习？

## 四、活动拓展

山脉是地形的骨架。下面哪条山脉的两侧分别为黄土高原与华北平原？（　　）

A. 大兴安岭　　B. 太行山　　C. 南岭　　D. 巫山

---

【参考答案】

策略运用

1. 答案略。

2. C。

3. D。

活动拓展

B。

（福田侨香外国语学校　廖　乐　　深圳市龙华中英文实验学校　吕红霞）

---

# 轮廓式读图策略

## 一、活动导入

在地理学习中，地图作为各种地理信息的载体，其使用频率是非常高的。因此，如何有效读图便成为地理学习的重点。下面，我们来学习一种有效的读图方法——轮廓式读图策略。

## 二、活动过程

### （一）策略剖析

轮廓式读图策略，即以整个地图的大体轮廓为基础，先对地图的整体进行认知和感知，然后逐步缩小研究范围，以掌握地图信息的策略。下面，我们结合七大洲和四大洋分布图来具体了解这种策略的操作步骤，如图1。

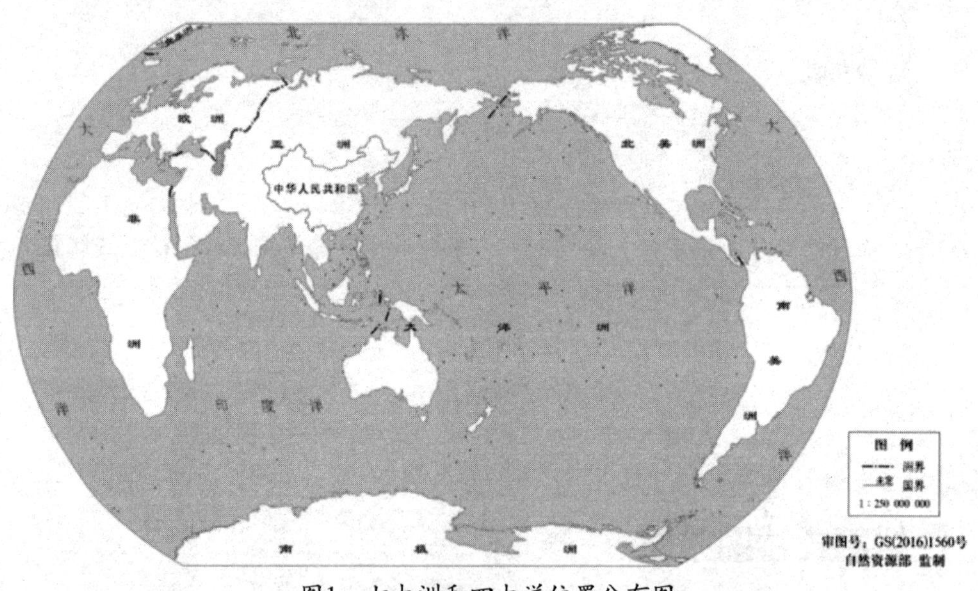


图1　七大洲和四大洋位置分布图

第一步，以整个地图的大体轮廓为基础，对地图的整体进行认知和感知。从这幅图中，我们可以得到以下信息。

（1）各大洲的轮廓形状其实都可以用几何图形画出来，如亚洲像两个组合的四边形，非洲像一个梯形加三角形，欧洲像一个四边形，大洋洲像一个缺口的四边形，北美洲和南美洲都像一个三角形，如图2。

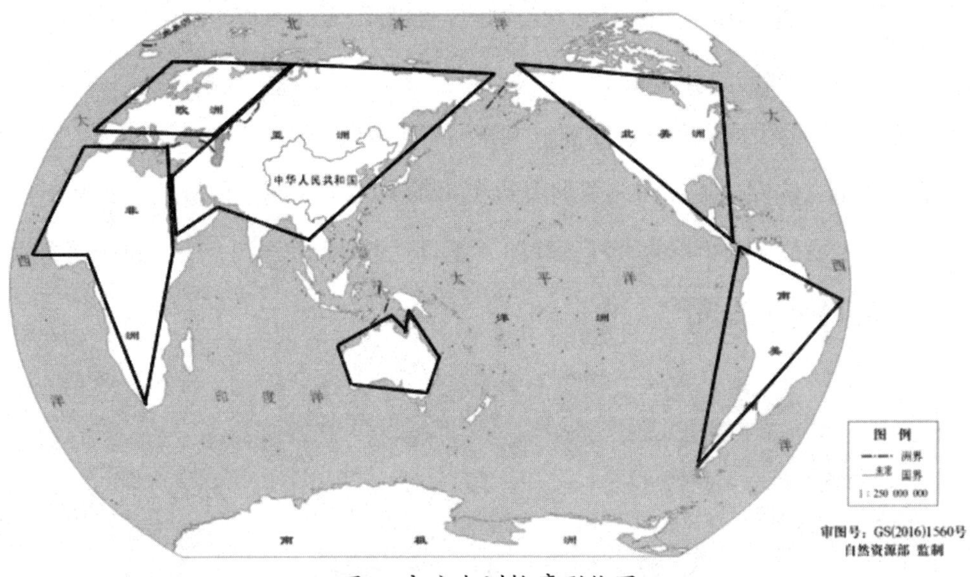


图2 部分大洲轮廓形状图

（2）欧洲与亚洲在一块大陆上（我们把它称为亚欧大陆或欧亚大陆），北美洲与南美洲仅以巴拿马运河为界，亚洲与非洲仅以苏伊士运河为界，如图3。

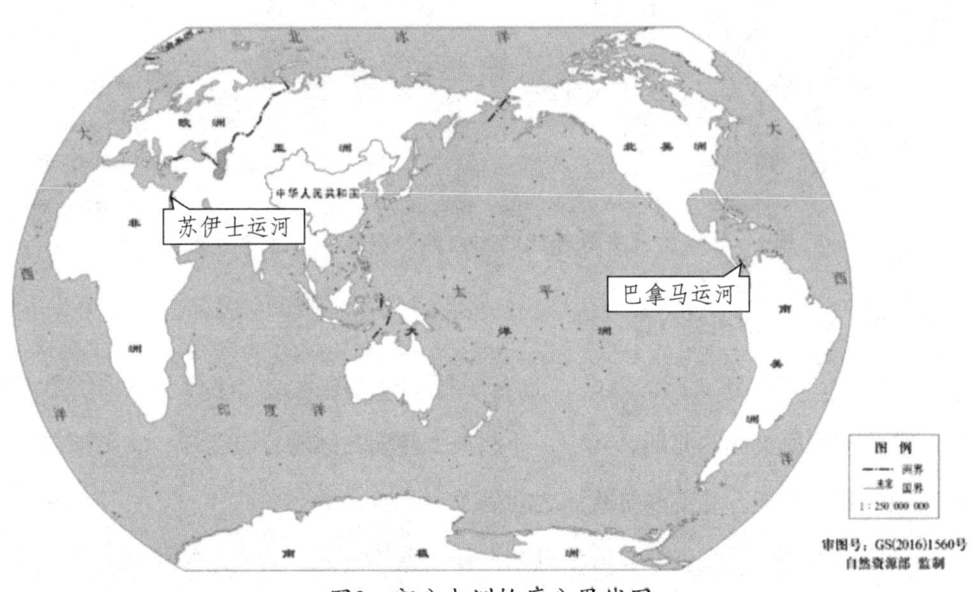


图3 部分大洲轮廓分界线图

第二步，掌握七大洲的大体轮廓之后，缩小范围，分别来看各大洲的地理位置。我们需要在图中标注出一些重要经纬线，如图4，从中可以了解到以下信息。

（1）各大洲的绝对位置。

赤道横穿的大洲有非洲、亚洲、大洋洲和南美洲，其中赤道穿过非洲中部、南美洲北部；欧洲、亚洲和北美洲大致在30°N ~ 60°N之间，南极洲大致在南极圈以内。主要位于东半球的大洲有欧洲、亚洲、非洲和大洋洲，主要位于西半球的大洲有北美洲和南美洲。

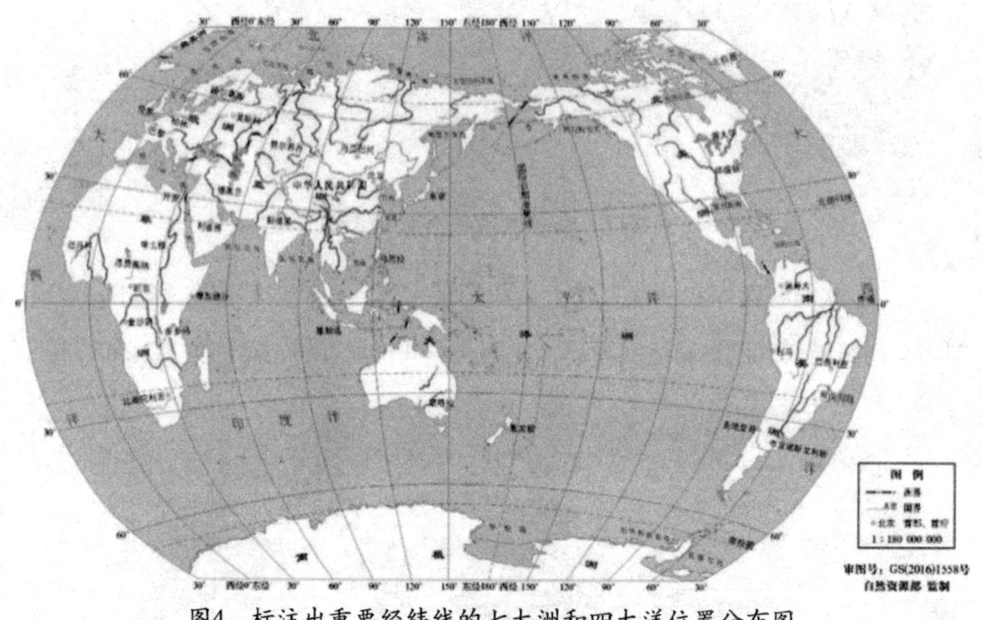


图4　标注出重要经纬线的七大洲和四大洋位置分布图

（2）各大洲的相对位置。

可以看出欧洲在亚洲的西部，非洲在亚洲的西南部，大洋洲在亚洲的东南部，北美洲在南美洲的北部。其中，非洲与大洋洲之间隔着印度洋，北美洲与亚洲之间隔着太平洋，北美洲与欧洲之间隔着大西洋。

读图的过程，其实就是提取信息和挖掘信息的过程，关键是要找到一个目标点或者带着问题去读图。

（二）策略运用

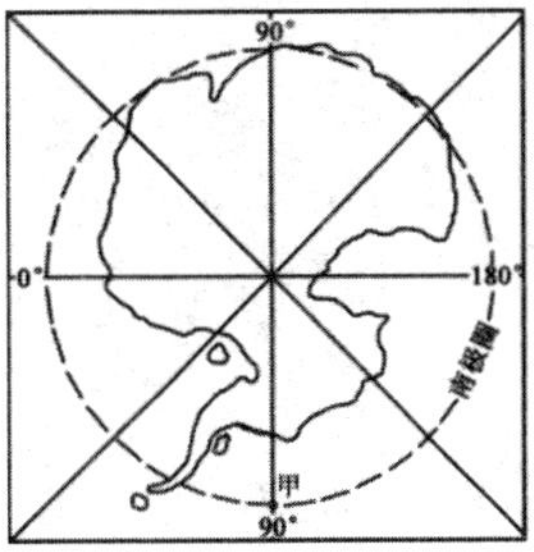

1. 运用上述策略，想一想右边图中所示的轮廓示意图表示的是以下哪个大洲（　　）。

A. 南美洲　　B. 北美洲

C. 大洋洲　　D. 南极洲

2. 与亚洲以苏伊士运河为界，且东边濒临印度洋的大洲是（　　）。

A. 欧洲　　B. 北美洲　　C. 南美洲　　D. 非洲

3. 运用上述策略去试着读取书本中的任一地图吧！你读取的地图是______。

## 三、活动反思

1. 在阅读某些地图的过程中，你会经常遇到困难吗？这些困难能用上述策略解决吗？

2. 想一想，该策略还能运用到哪些地图阅读中？能运用到中国行政区划图的阅读中吗？

## 四、活动拓展

读以下大洲轮廓图，图中代表人口最多、面积最大的大洲是（　　）。

A. 甲　　B. 乙　　C. 丙　　D. 丁

【参考答案】

策略运用

1. D。

2. D。

3. 答案略。

活动拓展

A。

（福田侨香外国语学校　廖　乐）

# 第八章

# 历史学习策略指导

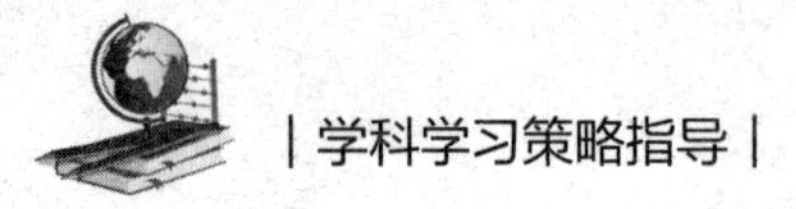



# 历史时间和空间学习策略

## 一、活动导入

一天，小明同学问老师："老师，日本曾经侵略我国，为什么鉴真还要对他们那么好？"还有一次，另外一个同学问老师："老师，我很喜欢看穿越小说。可为什么穿越小说里的古代人都那么笨？"这两个问题，听起来有一点儿关公战秦琼的意味，却恰恰反映了历史学习中的一个难题——时空观念混乱。

## 二、活动过程

### （一）策略剖析

时空观念是指对事件与特定的时间和空间的联系进行观察和分析的观念。很多同学在学习过程中常常会孤立地记忆时间和地点，从而出现张冠李戴、混淆不清的情况。

怎样能够更好地培养学生的历史时空观呢？最重要的就是要理解历史事件之间的联系，然后了解历史事件发生的地点，两者结合起来。

第一步，利用时间轴，理清事件内在的逻辑关系。

例如，以中国近代史为例，重大事件的发生时间相距很近，极易混淆，那么如何分辨呢？可以把1840年作为起点，1840年既是中英鸦片战争的开始，也是中国近代史的开端。1851年，洪秀全在广西发动起义，太平天国运动爆发。这两者之间有何内在联系？鸦片战争失败后，中英签订《南京条约》，巨额赔款加重了人民的负担，通商口岸的开通和协定关税便利了英国货品的进入，导致了一部分小手工业者的破产，人民的反抗愈加剧烈。而起义发生的广西是受害最严重的区域。

又如1860年，这一年既是第二次鸦片战争结束的时间，也是洋务运动即将开始的时间。由于第二次鸦片战争的失败，加之太平天国运动，清政府内外交困。为了摆脱困境，地主阶级洋务派于1860年发起学习西方先进技术的洋务运动。甲午战争（1894年—1895年）的失败标志着洋务运动的破产。为了救亡图存，知识分子发起了维新变法运动（1895年的公车上书揭开了维新变法运动的序幕）。

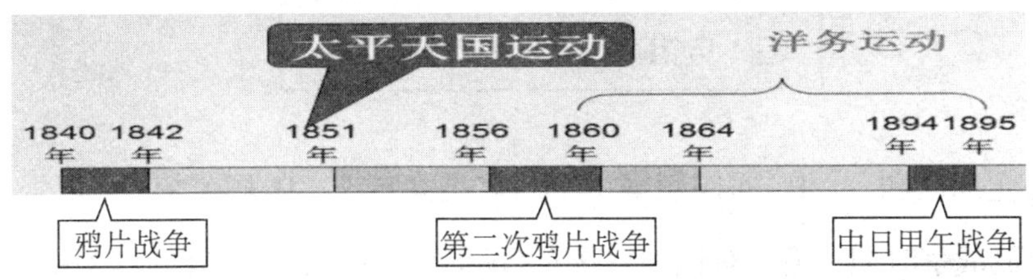


图1　鸦片战争至甲午战争的时间轴

第二步，充分利用历史地图。

例如，北宋初期，辽宋发生战争的重要原因是幽云十六州被辽占领。

仅看文字材料，我们往往难以理解此地的重要性，需要利用地图来帮助理解。

如图2，幽云十六州地势险峻，长城要隘山海关、雁门关都在这一带。高山和长城都是防御外族入侵的屏障。失去幽云十六州，中原王朝就失去了阻挡北方少数民族入侵的屏障。

可见，同学们要善于发现地域与历史事件之间的关系，形成完整的历史地理概念。这样，既能加深我们对历史的理解，又能有效地防止地域概念的混淆。

图2　幽云十六州地域图

第三步，可以利用图示法，画出简图，找准方位，记忆地理位置。

例如，三角形记忆法多用于记忆鼎足而立的国家、政权和地区，可以是正三角形，还可以是倒三角形。如魏、蜀、吴三国的位置，辽、宋、西夏的并立等。

### （二）策略运用

1. 下图是某书第二十章的目录，下列选项中最适合做该章标题的是（　　）。

| 第二十章 ？ | 350 |
|---|---|
| （一）武昌起义 | 350 |
| （二）清帝退位 | 151 |
| （三）历史意义 | 354 |

A. 走向共和　　B. 军阀割据　　C. 君主立宪　　D. 国家统一

2. 解放战争时期，毛泽东说：“蒋介石两个拳头（陕北和山东）这么一伸，他的胸膛就露出来了。所以我们的战略就是要把这两个拳头紧紧拖住，对准他的胸膛插上一刀！”这里说的“胸膛插上一刀”指的是（　　）。

A. 千里挺进大别山　　B. 百万雄师过长江

C. 挺进大西南　　D. 发动三大战役

3. 图示法是一种直观形象的学习方法。用图示法描绘隋朝大运河的大致走向，贴切的是（　　）。

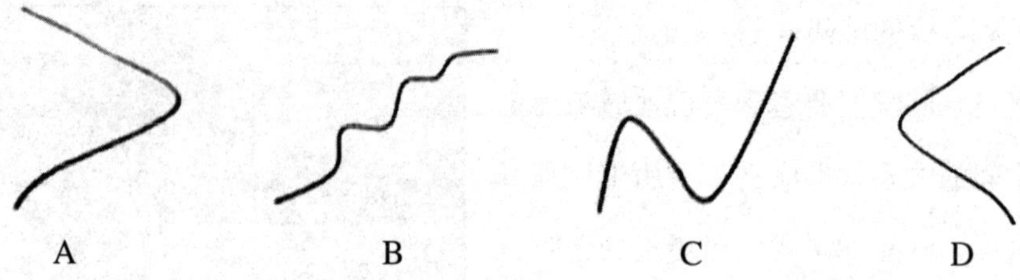

## 三、活动反思

以第二次世界大战为例，了解这场战争中各事件发生的地点以及各事件之间的内在联系。

## 四、活动拓展

下列能正确反映北宋与少数民族政权并立的示意图是（　　）。

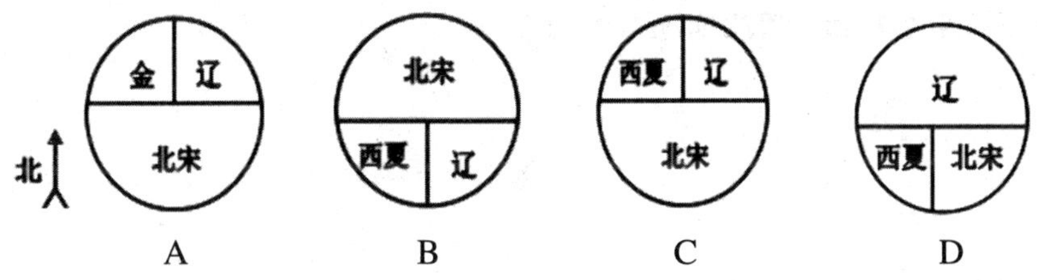


【参考答案】

策略运用

1. A。

【解析】要把这个具体事件放到一定的历史阶段去分析。武昌起义和清帝退位两件事都是发生在辛亥革命期间，而辛亥革命最大的历史意义就是废除了延续两千多年的封建帝制而走向共和。

2. A。

【解析】材料中“两个拳头（陕西和山东）这么一伸”，指的是1947年国民党发动的对陕北和山东的重点进攻。这里就需要联系地图来理解大别山的战略位置。大别山位于鄂豫皖的中间，占领了大别山，就可以对国民党的武汉和南京两个重镇构成威胁，减轻陕北和山东的压力。因此，刘邓大军挺进大别山就像一把尖刀插入国民党统治的心脏地区。

3. D。

【解析】可以对照隋朝大运河的地图，如图3，自己画出简图，能更好地帮助我们掌握一个中心（洛阳）、两个端点（东北到涿郡，东南到余杭）、四河段（自北而南）。

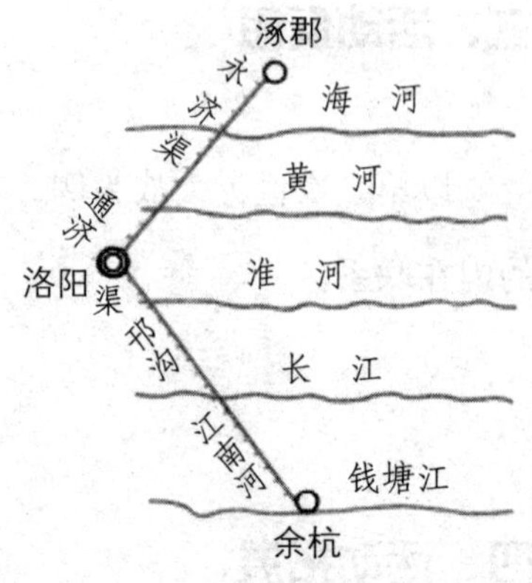

图3 隋朝大运河流域图

活动拓展

1. C。

【解析】本题可以运用方位图示法。北宋时期是宋、辽和西夏并立时期，辽在北方，西夏在西北，因此选C。

（深圳市罗湖外语学校 肖仕扬 王雁声）

# 比较策略

## 一、活动导入

有很多同学抱怨历史学习太辛苦了，只有背才能考高分，俗称“背多分”！诚然，历史学习的基本要求是记忆，然而只注重单个历史事件的死记硬背，忽视对整体历史发展规律的宏观把握，往往会造成前记后忘、张冠李戴、顾此失彼。这里，我们来学习一种有效的学习策略——比较策略。

## 二、活动过程

### （一）策略剖析

比较法策略即通过对不同时间、空间条件下的历史事件、历史现象及历史人物进行比较，从而找出异同，发现本质，探寻历史发展的共同规律和特殊规律的方法。在历史学习中运用比较策略，可以将相关的历史知识放入同一个知识体系中，不仅能增强记忆效果，而且能够使我们站在更高的层次去看待历史的发展，收到事半功倍的学习效果。

那么，在具体的学习中如何运用比较策略呢?

第一步，筛选影响人类历史进程的重大历史事件，进行比较。例如，三次科技革命、两次世界大战、思想解放运动、古今中外的著名改革等都可以进行比较。

第二步，确定了比较对象之后，要根据历史事件的要素找准比较点，并设计表格。例如，要全面掌握人类历史上的三次科技革命，可以根据三次科技革命的内容找出以下几个比较点，即开始时间、主要标志、重要发明、领先国（起源国）、使用的新能源、进入时代、影响七个方面进行比较。

**三次科技革命之比较**

| 比较项目 | 第一次工业革命 | 第二次工业革命 | 第三次科技革命 |
| --- | --- | --- | --- |
| 开始时间 | | | |
| 主要标志 | | | |
| 重要发明 | | | |
| 领先国（起源国） | | | |
| 新能源 | | | |
| 进入时代 | | | |
| 影响 | | | |

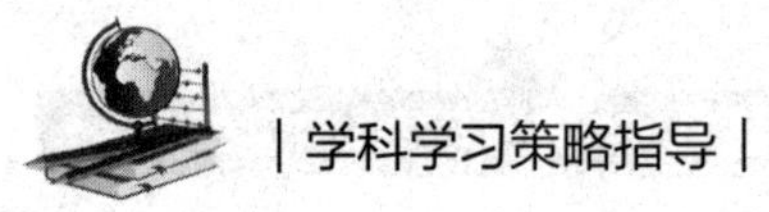



第三步，完成表格中比较项目的内容。

三次科技革命之比较

| 比较项目 | 第一次工业革命 | 第二次工业革命 | 第三次科技革命 |
|---|---|---|---|
| 开始时间 | 18世纪60年代 | 19世纪70年代 | 20世纪四五十年代 |
| 主要标志 | 蒸汽机的发明和应用 | 电力的广泛应用 | 电子计算机的广泛运用 |
| 重要发明 | 珍妮机、蒸汽机、火车、轮船 | 电灯、汽车、飞机、电话、电报 | 电子计算机、原子能、航天技术、生物工程 |
| 领先国（起源国） | 英国 | 美国、德国 | 美国 |
| 新能源 | 蒸汽 | 电力、石油 | 原子能 |
| 进入时代 | 蒸汽时代 | 电气时代 | 信息时代 |
| 影响 | 创造了巨大生产力；改变了生产和生活方式；改变了社会面貌 | | |

（二）策略运用

1. 20世纪上半期，人类历史上发生了两次世界大战，深刻影响了世界格局的发展，请你运用比较策略来学习第一、二次世界大战的内容。

2. 改革是社会发展的主旋律，请你运用比较策略来学习列宁新经济政策、罗斯福新政和中国改革开放的内容。

## 三、活动反思

在运用比较策略的过程中，你认为最难的是什么？

## 四、活动拓展

试着用比较策略来说明日本的明治维新为何会取得成功，而同样性质的中国戊戌变法却失败了？

【参考答案】

策略运用

1. 首先，要找准两次世界大战的比较点，即从起止时间、根本原因、交战双方、转折点战役、性质、战后世界格局、启示（教训）七个方面进行比较。

**第一次世界大战与第二次世界大战之比较**

| 比较项目 | 第一次世界大战 | 第二次世界大战 |
|---|---|---|
| 起止时间 | 1914年—1918年 | 1939年—1945年 |
| 根本原因 | 帝国主义政治经济发展不平衡 | |
| 交战双方 | 三国同盟（德奥意）<br>三国协约（英法俄） | （法西斯）轴心国<br>国际反法西斯联盟 |
| 转折点战役 | 凡尔登战役 | 斯大林格勒战役 |
| 性质 | 非正义的帝国主义掠夺战 | 世界人民反法西斯战争 |
| 战后世界格局 | 凡尔赛—华盛顿体系 | 两极格局 |
| 启示（教训） | 战争给人类带来了深重的灾难，我们要热爱和平，反对战争 | |

2. 找准列宁新经济政策、罗斯福新政和中国改革开放的比较点，即从背景、主要内容、效果、启示四个方面进行比较。

**列宁新经济政策、罗斯福新政和中国改革开放之比较**

| 比较项目 | 列宁新经济政策 | 罗斯福新政 | 中国改革开放 |
| --- | --- | --- | --- |
| 背景 | 经济危机引发政治危机 | 1929年至1933年的经济危机引发政治危机 | “文化大革命”结束，思想解放，中国与西方国家的差距拉大 |
| 主要内容 | 允许多种经济并存，大力发展商品经济 | 颁布《国家工业复兴法》，采取工业调整等措施 | 改革开放，以经济建设为中心 |
| 效果 | 促进经济恢复和发展，巩固政权 | 美国的经济缓慢恢复，人民生活得到改善；资本主义制度得到调整、巩固和发展 | 提高综合国力，提高人民生活水平 |
| 启示 | 制定政策要适应本国国情，符合人民利益；善于借鉴、学习和创新 | | |

（深圳市罗湖外语学校　肖仕扬）

# 理清线索策略

## 一、活动导入

很多同学认为，历史学习中需要记忆的内容很多，太繁杂了。其实不然，历史知识犹如一盘散落的珠子，只要我们用一根主线将珠子串联起来，找出不同历史时期的主脉络，理清历史发展的线索，便可以形成历史知识体系，就能轻松掌握历史知识。

## 二、活动过程

### （一）策略剖析

第一步，按照社会形态理清主线索。如对于中国历史，我们可以抓住170万年前、公元前2070年、公元前475年、1840年、1949年、1956年这六个重要年代，因为它们依次是我国原始社会、奴隶社会、封建社会、半殖民地半封建社会、社会主义社会这五种社会形态的分界点（其中，1949年到1956年又是我国由新民主主义向社会主义的过渡阶段）。按照几种社会形态来把握中国历史历程，就可以有效避免历史知识的颠倒和混乱。

第二步，按历史发展进程理清主线索。以中国古代史为例，按照历史的发展进程可分为先秦、秦汉、三国两晋南北朝、隋唐、五代十国辽宋夏金元和明清六个时期。又如社会主义现代化探索时期，可分为过渡时期（1949年至1956年）、曲折探索时期（1956年至1966年）、“文化大革命”时期（1966年至1976年）、徘徊时期（1976年至1978年）和社会主义现代化建设新时期（1978年至今）这几个时期。

第三步，从历史事件的原因（背景）、时间及影响入手，理清历史事件的因果关系。

例如，用图示法理清历史事件之间的联系是一种常用的历史学习方法。下面图中空白的方框处应填写（　　）。

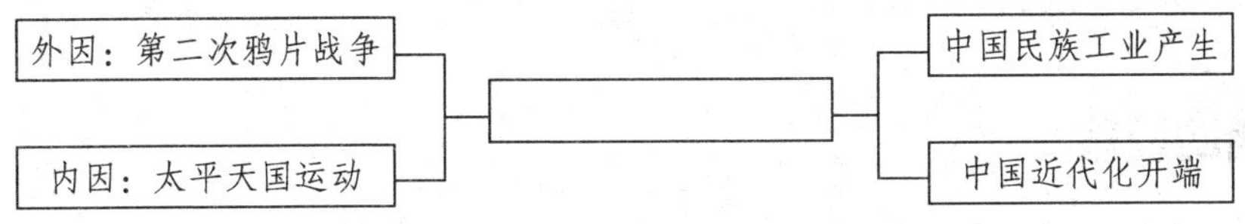


A. 洋务运动　　B. 戊戌变法　　C. 辛亥革命　　D. 新文化运动

可以看出，本题空白处的左边表述的是该事件发生的背景，右边表述的是该事件的影响。那么，选项中的四个历史事件的背景及影响就是历史进程的线索。

因此，答案应该是A。

第四步，根据国别或国际关系进行知识线索的梳理。例如，中日关系。（中国古代史阶段）唐朝时期，日本派遣唐使来到中国，鉴真东渡日本并修建唐招提寺；明朝戚继光东部沿海抗倭。（中国近代史阶段）中日甲午战争，签订《马关条约》，大大加深了中国半殖民地化程度；八国联军侵华战争，日本获益；1931年9月18日九一八事变，日本局部侵华，侵占我国东北三省；1937年7月7日七七事变，日本全面侵华，全国性抗日战争爆发。（中国现代史阶段）两极格局对峙时期，与中国敌对，呈隔绝状态；1972年，日本首相田中角荣访华，中日建交。当今中日关系既有合作，也存在分歧。

（二）策略运用

1. 请你尝试对新民主主义革命时期人民解放战争的线索进行梳理。

2. 资本主义从萌芽、产生、发展，一直到今天，是有一条清晰的线索和与之对应的历史事件的。请按照这条线索给下列历史事件或现象按照时间先后排序（　　）。

① 文艺复兴 ② 英国资产阶级革命 ③ 工业革命 ④ 资本主义世界殖民体系的确立

A. ①②③④　　B. ④③②①　　C. ④①③②　　D. ③②①④

## 三、活动反思

理清历史线索有很多方法，一般情况下我们采用由大线索到小线索、由主线索到次线索的方法进行归纳总结，可以设置分级线索，逐层进行梳理，建立历史事件之间的纵横联系，以构建整体的历史知识体系。

## 四、活动拓展

历史线索是观念化了的历史链条，它是由产生重大事件或者历史转折的年份贯穿的历史链条。下列年份在中国近代民主革命发展历程中更具标界意义的是（　　）。

A. 1860年　　B. 1894年　　C. 1917年　　D. 1949年

---

【参考答案】

策略运用

1. 转战陕北（战争爆发）⟶ 挺进中原（揭开战略进攻的序幕）⟶ 三大战役（战略决战）⟶ 渡江战役（战争胜利）。

2. A。

活动拓展

D。

（深圳市观澜第二中学　岳彩东　　深圳市罗湖外语学校　孙云玲）

---

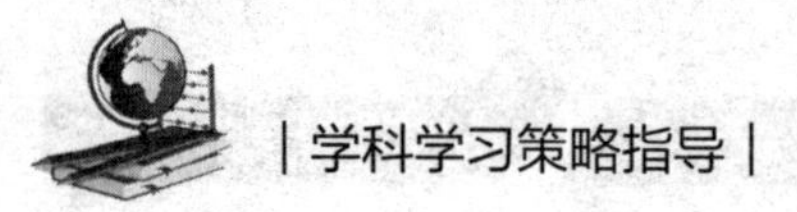


# 历史发展阶段特征学习策略

## 一、活动导入

春秋战国时期为什么会出现“百家争鸣”这一现象？魏晋南北朝时期为什么会有孝文帝改革这一事件发生？日本的明治维新和中国的戊戌变法为什么都发生在19世纪后半期？这些看似难以回答的问题，我们都可以通过历史发展阶段特征学习策略予以解决。

## 二、活动过程

### （一）策略剖析

一般而言，历史发展阶段的特征不是显而易见的，而是隐含在一系列繁杂的历史事件和现象之后的，这就需要我们在学习过程中，通过精读教材、课外阅读、合作探究等途径，透过现象认识本质，从而准确把握。

第一步，要素分析法。

这是了解历史发展阶段特征最基本、最常用的方法。要素分析法是通过某一历史阶段在经济、政治、文化、外交、民族关系等方面特征的分析，舍弃非本质特征，抓住共性因素，进而发现一个历史阶段的基本特征。以14世纪到16世纪世界历史发展阶段为例，这一时期，在经济方面，手工工场迅速发展，资本主义开始萌芽并初步发展；在思想方面，以文艺复兴为代表的思想解放运动蓬勃兴起，其本质是资产阶级的思想解放运动；在交通方面，新航路的开辟为欧洲的对外殖民掠夺开辟了道路，加快了资本主义早期原始积累的步伐；在政治方面，各国的封建专制制度逐步走向衰落。到这里，我们不难发现，这一切似乎都在指向同一个方向，那就是资本主义的形成和发展。因此，我们可以将这一阶段的特征概括为资本主义发展的奠基时期。

第二步，课文标题、单元标题的分析与证实法。

很多单元标题或课文标题都包含对历史发展阶段特征的综合或某一方面的概括。如人教版七年级历史上册第二单元的题目“国家的产生和社会的变革”，第六课的标题“春秋战国的纷争”，第七课的标题“大变革的时代”，都隐含对历史发展阶段特征的描述，那就是社会的动荡与变革。然后，我们可以带着问题去研读教材，当读到王室衰微、诸侯争霸、战国七雄、商鞅变法等内容时，便可以对自己的发现深信不疑了。

第三步，比较法。

顾名思义，就是将不同历史发展阶段从多方面进行比较而发现某一发展阶段的特征。如20世纪30年代的国际政局，其他阶段虽然也充斥着帝国主义国家之间的重重矛盾以及明争暗斗，但是只有在这一时期，由于受经济危机等因素的影响，在日本、德国等多国形成了一种特殊的政权形式——法西斯专政，所以，这一历史发展阶段的最主要问题是法西斯国家到处侵略，危及世界和平。因此，法西斯国家的侵略和世界人民的反法西斯斗争也就是这一时期国际形势的基本特征。

### （二）策略运用

下列对明清时期阶段特征的描述正确的是（　　）。

A. 统一多民族国家的初步形成　　B. 民族政权对峙和民族大融合

C. 农牧文化交融　　D. 封建制度逐渐走向衰落

## 三、活动反思

请运用所学的学习策略，分析概括我国五代十国、辽宋夏金元时期的阶段特征。

## 四、活动拓展

材料：1773年，英国马嘎尔尼使团来华，受到乾隆接见。事后，马嘎尔尼感慨道："中华帝国只是一艘破败不堪的旧船，只是幸运地有了几位谨慎的船长才使它在近150年期间没有沉没。"

——摘自（法）阿兰佩雷菲特《停滞的帝国——两个世界的撞击》

思考与探讨：为什么在"盛世"的局面下，大清王朝却被马嘎尔尼看作"一艘破败不堪的旧船"？

【参考答案】

策略运用

D。

解析：此题考察的是我们对历史阶段特征的总结、概括能力，需要从经济、政治、外交、文化等多角度对明清时期进行总的分析，然后得出结论：这一时期，我国的封建制度正在逐渐走向衰落。

活动拓展

提示：可以尝试运用要素分析法，从经济、政治、文化、外交等方面去分析那个时代的特征，进而理解这一问题。

（深圳市观澜第二中学　岳彩东）

# 历史概念学习策略

## 一、活动导入

在学习过程中，很多同学会把“资产阶级”和“资本主义”这两个概念弄混淆，遇到“应该如何正确评价工业革命”之类的问题时，也总是有“老虎吃天，无处下口”的困惑。为什么会这样呢？这是因为同学们没有准确而全面地把握历史概念。这里，我们就来了解一下历史概念学习策略。

## 二、活动过程

### （一）策略剖析

接下来，我们就以“洋务运动”这个历史概念为例，详细了解一下历史概念学习策略。

第一步，要了解这一概念产生的背景和存在的时空。

洋务运动是在两次鸦片战争失败，中国被迫签订了几个不平等条约之后开始的，这是外患；国内，太平天国的反清运动还在继续，此为内忧。国际上，西方国家特别是英国已经完成了第一次工业革命，他们的坚船利炮惊醒了国内一些较为开明的封建官僚。同时，洋务运动共进行了30多年，伴随着清朝在甲午战争中的失败而宣告破产。因此，它只是在特定的一个历史时期产生并存在

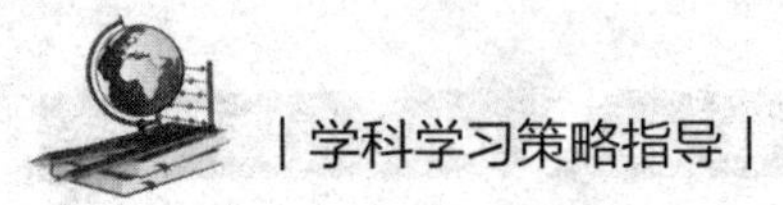


的历史概念。

第二步，要理解概念的内涵。

也就是说，这一运动为什么叫“洋务运动”？它的主要内容是什么？洋务运动分为前、后两个阶段。第一阶段以“自强”为口号，主要学习西方先进的军事技术，包括制造枪炮、战船和建立海军等，目的是在军事方面能够打败西方。第二阶段以“求富”为口号，主要是发展民用工业。因为技术都来自西方“洋人”，故被称为“洋务运动”。

第三步，要对某一历史概念有基本正确的评价。

对于洋务运动，连李鸿章本人都持否定态度，说自己“办了一辈子事，练兵也，海军也，都是纸糊的老虎……不过勉强涂饰，虚有其表”。但是，我们在学习这一历史概念的时候，要从正反两个方面去看待它的历史影响。洋务运动开了中国近代大规模学习西方的先河，是中国近代化的开端，为后来民族资本主义的发展提供了一些经验和教训。而因为这次运动只是在技术上学习西方，其根本目的是维护清朝的统治，最终没有真正实现富国强兵的梦想。这样，我们对洋务运动就有了比较客观全面的认识，就不容易被一些片面结论所蒙蔽。

## （二）策略运用

1. 曾纪泽说：“办洋务难处，在外国人不讲理，中国人不明事势……但须徐图自强，乃能为济……”洋务派“徐图自强”的最早措施是（　　）。

A. 仿效西方式政治制度　　B. 学习西方自然科学

C. 创办近代民用工业　　D. 兴办近代军事工业

2. 某同学评价洋务运动：“中国近代工业的兴起，没有让中国走上富强之路，应该予以否定。”你同意他的说法吗？为什么？

## 三、活动反思

1. 通过上述策略的学习，你对历史概念学习有了什么新体会？

2. 你认为掌握一个历史概念需要从哪些方面入手？尝试把你的收获运用到具体的学习中吧！

## 四、活动拓展

根据自己所处的年级，请说一说你对下列某一个历史概念的理解：专制主义中央集权、新民主主义革命和资产阶级革命。

做一个题目，检验一下你对历史概念的把握能力。

“保留国王，同时又通过制定宪法，限制国王权力，树立人民主权……”与这一描述最相符的概念是（　　）。

A. 专制主义中央集权制　　B. 资产阶级民主共和制

C. 资产阶级君主立宪制　　D. 古罗马元首制

---

【参考答案】

策略运用

1. D。

2. 不同意。因为洋务运动虽然没有让中国走上富强之路，具有一定的局限性，但是它开启了中国近代化的进程，对近代中国的发展是具有积极影响的。评价某一历史事件，一定要把这一历史事件放在当时特定的历史条件下一分为二地看待。

活动拓展

C。

（深圳市观澜第二中学　岳彩东）

---

# 关键词整理策略

## 一、活动导入

在历史学习过程中，同学们要学会从多角度对所学内容进行归纳整理，建构一个完整的知识体系，这样既不容易遗忘知识点，运用起来也相当高效。那么，有哪些有效的历史知识整理策略呢？在这里，我们来学习一种关键词整理策略。

## 二、活动过程

### （一）策略剖析

关键词整理策略是以原因（背景、条件、目的）、时间、地点（国家）、人物、经过、影响（性质、意义、地位）等为关键词，对某一历史事件或历史现象进行整理的一种策略。

下面，我们以“美国的诞生”一课为例，说一说如何运用关键词整理策略来整理关于美国独立战争的知识点。

第一步，仔细阅读教材中的图文内容。

第二步，结合上述关键词提示，在教材中找到对应的文字信息，并进行综合归纳。

第三步，呈现整理结果。呈现方式可以是文本式，也可以是表格式。

| 原因 | 根本原因：英国的殖民统治严重阻碍了北美资本主义的发展<br>直接原因（导火线）：1773年，波士顿倾茶事件 |
|---|---|
| 经过 | 开始：1775年，来克星顿的枪声<br>建军：1775年，召开大陆会议，组建军队，华盛顿被任命为总司令<br>建国：1776年7月4日，发表《独立宣言》，标志美利坚合众国诞生<br>转折：1777年，萨拉托加战役<br>结束：1783年，英国承认美国独立 |
| 领导人 | 华盛顿 |
| 性质 | 既是民族解放战争，又是资产阶级革命 |
| 意义 | 国内意义：结束了英国的殖民统治，实现了国家的独立；确立了比较民主的资产阶级政治体制；有利于美国的资本主义发展<br>国际意义：对欧洲和拉丁美洲的革命也起了推动作用 |

## （二）策略运用

1. 根据以下表格提供的信息，判断这一历史事件是（　　）。

| 战役时间 | 指挥者 | 组织兵力 | 破坏交通线 | 摧毁日伪军据点 |
|---|---|---|---|---|
| 1940年8月—12月 | 彭德怀 | 100多个团 | 2000多千米 | 近3000个 |

A. 平型关大捷　　B. 百团大战　　C. 台儿庄战役　　D. 淞沪会战

2. 下列选项中，最能反映我国古代文学艺术成就的一组信息是（　　）。

A.《史记》《本草纲目》　　B. 四大发明

C. 郑成功、郑和、鉴真　　D.《兰亭序》《窦娥冤》《红楼梦》

3. 近代以来，欧美日等国先后走上资本主义发展道路，建立了资产阶级民主制度。下列历史事件中，其性质明显不同于其他选项的是（　　）。

A. 英国资产阶级革命　　B. 法国大革命

C. 日本明治维新　　D. 美国独立战争

## 三、活动反思

1. 运用关键词整理策略整理某一历史事件的知识点。

2. 除此之外，你还用过什么方法对所学知识进行归纳整理？

## 四、活动拓展

如果将下列历史事件归类，你会把哪一个排除在外？

A. 北魏孝文帝改革　　B. 商鞅变法　　C. 戊戌变法　　D. 罗斯福新政

【参考答案】

策略运用

1. B。

2. D。

3. C。

活动拓展

本题的答案不是唯一的。如果按照国别归类，答案就是D。如果按照改革或者变法的成败结果来归类，答案就是C。

（深圳市福田区莲花中学　邱　玲　　深圳市罗湖外语学校　黄海英）

# 材料题解题策略

## 一、活动导入

材料题可以考查同学们综合运用历史知识的能力，包括阅读与处理信息的能力、概括分析能力和语言表达能力等。材料题往往也是很多同学的失分主阵地，很少有同学能在材料题上拿到满分。这里，我们就来学习一下材料题解题策略。

## 二、活动过程

### （一）策略剖析

第一步，仔细审读设问，弄清楚问的是什么，有几问，分数是多少，以防止漏审。

第二步，根据设问需要，审读材料。有些问题是不需要看材料就可以回答的；有些问题标有“根据材料回答”，那就需要从材料中提取有效信息；有的问题标有“综合上述材料回答”，则需要完整地阅读材料，围绕相关的主题内容或关键词来归纳综合。

第三步，根据题目要求，联系考点，组织答题语言。

第四步，动笔答题。答题时要注意以下几点。

（1）答案要和材料相符，答案要和设问相关，避免答非所问、文不对题。

（2）看分答题。分值少，答最重要的；分值多，先答最重要的，再答其他的。对于开放性问题（如后果、影响、危害、启示等），答题要点的数量要和分值相等或更多，最好用①②③等序号来标明。

（3）书写清晰准确，表达完整规范，表述准确专业，避免口头语和网络语言。

例如，阅读下列材料，回答相关问题。

材料一：新中国成立初期我国主要农产品产量表（单位：万吨）。

| 种类 | 1950年 | 1951年 | 1952年 |
|---|---|---|---|
| 粮食 | 13213 | 14369 | 16392 |
| 棉花 | 50.2 | 103.1 | 130.4 |

材料二：“一五”时期我国各部门投资比例表。

| 部门 | 重工业 | 农林水利 | 交通运输 | 文化教育 | 其他 |
|---|---|---|---|---|---|
| 投资比例 | 58.2% | 7.6% | 19.5% | 7.2% | 7.5% |

问题一：根据材料一并结合所学知识，说一说材料中的情况和什么历史事件直接相关？（1分）这一事件有哪些重要意义？（2分）

参考答案：土地改革。土地改革的意义是，彻底摧毁了我国存在2000多年的封建土地制度；农民得到了土地，成为土地的主人；人民政权更加巩固；大大解放了农村生产力，促进了农业的发展，为国家的工业化建设准备了条件。（回答出其中两点得2分）

问题二：材料二表明“一五”期间我国国民经济投资的重点是什么？（1分）“一五”计划的完成有什么历史作用？（2分）

参考答案：优先发展重工业和交通运输业。其历史作用是我国开始改变工业落后面貌，向社会主义工业化迈进。

## （二）策略运用

1. 材料：主要资本主义国家工业生产次序排列表。

| 排名＼年份 | 1860年 | 1870年 | 1880年 | 1900年 |
| --- | --- | --- | --- | --- |
| 第1位 | 英国 | 英国 | 美国 | 美国 |
| 第2位 | 法国 | 美国 | 英国 | 德国 |
| 第3位 | 美国 | 法国 | 德国 | 英国 |
| 第4位 | 德国 | 德国 | 法国 | 法国 |

问题：材料中英法、美德的工业生产排序各有什么变化？（2分）发生这种变化的原因是什么？（2分）

2. 材料：1500年至1763年的这些岁月是全球开始统一的时期，是从1500年以前时代的地区孤立主义到19世纪欧洲的世界霸权的过渡时期。

——【美】斯塔夫里阿诺斯《全球通史》

问题：材料中促成1500年前后“全球开始统一”的重大历史事件是什么？（1分）此事件在“全球统一”进程中起了什么作用？（1分）中国古代四大发明中，哪一项发明为该事件提供了技术支持？（1分）

3. 阅读材料，回答问题。

材料一：陆上丝绸之路示意。

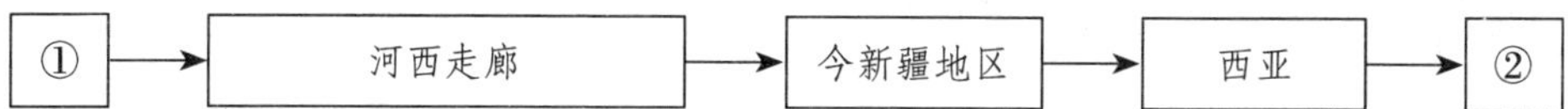


材料二：和平发展是中国长期以来一贯坚持的政策。历史上郑和下西洋，通过海上丝绸之路推行经贸和文化交流，舰队这么强大却没有进行过任何侵略，而是调解纠纷，打击海盗。中国奉行和平发展的外交政策，给予邻邦巨大帮助，交了很多朋友。

——2014年3月习近平在德国访问时的演讲

问题一：材料一中 ① 和 ② 处分别是陆上丝绸之路的起点和终点，请分别填出 ① 和 ② 所代表的地名。（2分）

问题二：陆上丝绸之路的开辟与哪一历史事件密切相关？（1分）材料二中“海上丝绸之路”的开辟，得益于我国古代哪一项科技成就？（1分）

问题三：比较材料一与材料二所反映的两个历史时期，我国对外贸易主要物品有什么变化？（2分）

## 三、活动反思

1. 关于历史材料题的解答，你还有哪些小技巧？

2. 找一份最近做过的历史试卷，运用刚刚学到的学习策略，重新做一遍试卷中的材料题。

## 四、活动拓展

请你根据下面提供的三则材料，命制一份不少于四组设问的试题（见下页）。

材料一：如图1。

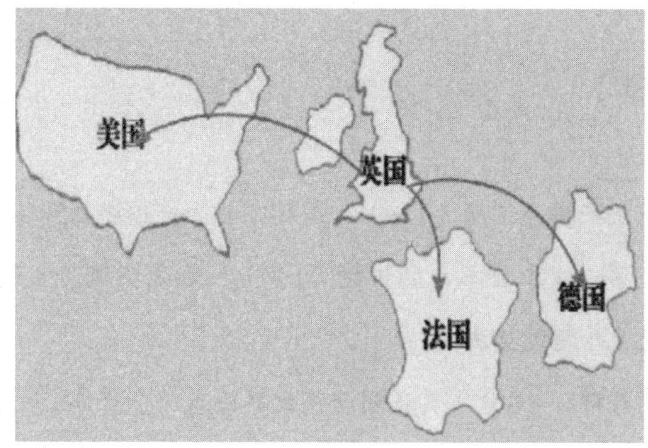


图1

材料二：如图2。

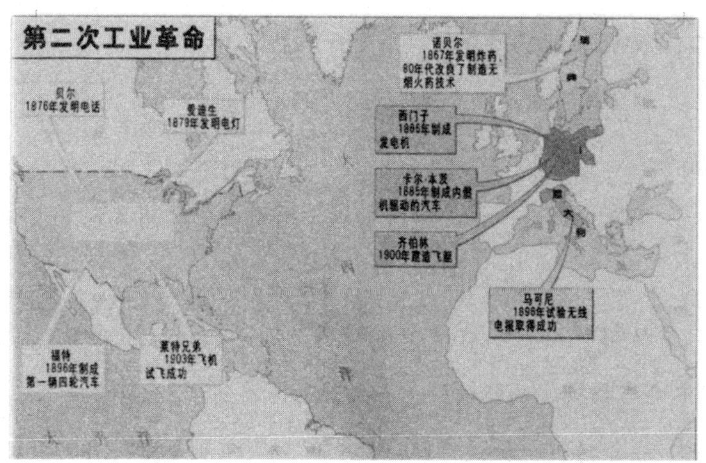


图2

材料三：如图3。摩拜单车，英文名mobike，是由胡玮炜创办的北京摩拜科技有限公司研发的互联网短途出行解决方案，是无桩借还车模式的智能硬件。人们可以使用智能手机查看单车位置，通过扫描车身上的二维码开锁，快速租

图3

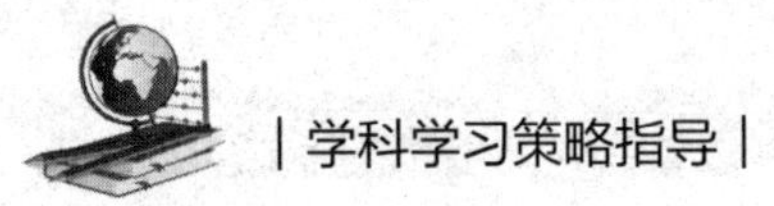


用和归还一辆摩拜单车，用可负担的价格来完成一次几千米的市内骑行。

【参考答案】

策略运用

1. 英法工业生产排序下降（1分），美德工业生产排序上升（1分）。其原因是，美德抓住了第二次工业革命的机会（1分），率先实现了电气化，使工业生产迅速发展，赶上并超过英法（1分）。

2. 新航路的开辟。（1分）其作用是使世界连成一个整体。（1分）指南针。（1分）

3. 问题一：长安或西安（1分），大秦或古罗马（1分）。

问题二：张骞通西域（1分），指南针或罗盘（1分）。

问题三：由丝绸为主到以瓷器为主（2分）。

活动拓展

问题一：阅读材料一，根据所学知识，给材料中的图片定一个合适的题目。（1分）

问题二：从材料二可以看出当时哪两个国家在科技方面领先于其他各国？（2分）图中哪些科技发明能改变人们的出行方式？（2分）

问题三：综合材料一和材料二，说一说两次工业革命对当时科技领先于世界的相关国家的历史发展分别产生了怎样的影响？（3分）

问题四：根据材料三，摩拜单车运用到了哪些科技发明？（2分）这些发明属于哪次科技革命的成果？（1分）

问题五：综合上述材料并结合所学知识，说一说科技发展对人类文明和社会进步产生了怎样的影响？（2分）

（深圳市福田区莲花中学　邱　玲　　深圳市罗湖外语学校　黄子桐）